Être emploi-jeune et après ?

Photo de couverture : Tiziana Bertani

Patricia Champy-Remoussenard et Vincent Meyer (sous la direction de), Être emploi-jeune et après ?, Copyright Presses universitaires de Nancy, 2004.
ISBN 2-86480-797-1

Collection *Questions d'éducation et de formation*
dirigée par Patrick Baranger et Eirick Prairat

Être emploi-jeune et après ?

Sous la direction
de Patricia CHAMPY-REMOUSSENARD
et Vincent MEYER

PRESSES UNIVERSITAIRES DE NANCY

CHEZ LE MÊME ÉDITEUR
DANS LA MÊME COLLECTION

Patrick BARANGER (dir.), *Cadre, règles et rituels dans l'institution scolaire,* 1999.

Marie-Florence ARTAUX, *Entre l'enfant et l'élève. L'écriture de soi. Produire, cheminer, penser, exister dans un atelier d'écriture,* 1999.

Patricia BERTAUX, Fabienne GARCIER, Claude KERVIEL *et alii, La dimension européenne dans l'enseignement : enjeux, réalités et perspectives,* 2000.

Jean-Yves BEI, Jean-Marie Gérard (dir.), *Ecole et médias : regards croisés,* 2001

Eirick PRAIRAT et Bernard ANDRIEUX (dir.), *Les valeurs. Savoir et éducation à l'école,* 2003.

PRÉFACE

Bertrand SCHWARTZ
Professeur Émérite des sciences de l'éducation
Délégué honoraire à l'insertion des jeunes

Pour comprendre un dispositif national de l'ampleur de celui des emplois-jeunes, il est important – en parallèle avec toutes les expertises savantes – de se mettre à l'écoute de ses acteurs... C'est ce que j'ai fait à l'occasion de rencontres avec les jeunes dans différentes régions. Les situations qui m'ont été relatées en disent long sur ce que fut ce dispositif.

Nous sommes dans la bibliothèque d'un quartier « très chaud ». Une « médiatrice » recouvre des livres… Quatre gamins sèment la pagaille… Je lui ai demandé comment elle avait réagi. Elle m'a expliqué qu'elle était sortie de la bibliothèque avec les jeunes et qu'elle les avait interrogés sur la raison de leurs actes. Ils ont répondu qu'ils n'avaient pas d'autres lieux… « Qu'à cela ne tienne » a dit la fille, « on va vous trouver un lieu… ». Puis, évoquant avec eux leur attitude, elle leur a expliqué qu'ils gênaient les lecteurs et, de surcroît, risquaient d'avoir des ennuis…

Un autre jour, un jeune me racontait avoir rencontré une personne âgée en détresse. Elle ne savait plus où aller et demandait de l'aide. Le jeune me dit : « Ce n'était pas mon rôle mais je l'ai fait ». Étonné, je lui ai demandé pourquoi : « Ben, on nous a demandé de nous occuper uniquement de l'insécurité et des incivilités… » et au jeune de conclure : « Mais ça, j'ai pas le droit de vous le dire puisque je n'ai pas le droit de le faire ».

Même si l'exemple ne vaut jamais constat, ces deux situations sont emblématiques des représentations et logiques d'action des emplois-jeunes notamment dans leurs missions de médiation sociale. Représentations, car ils n'avaient, souvent et au début, selon eux, pas le « droit » de s'occuper d'autre chose que ce qu'on leur avait prescrit et, en particulier, des cas de détresse et de souffrance ; logiques d'action car, bien souvent, ils sont sortis des rôles assignés et ont montré leur « utilité sociale ». Même s'il y a peu d'endroits où les emplois-jeunes ont bénéficié d'une vraie formation, les « plus » apportés par leurs activités témoignaient de leur créativité et de leur engagement.

Arrêtons-nous sur l'exemple de la médiation. Dans le dispositif « emploi-jeune » à ses débuts, elle était très peu définie. Pour les employeurs, *médiation* rimait avec *présence*. Je crains que beaucoup, encore aujourd'hui, n'y voient pas autre chose... Certains se sont tout de même rendu compte qu'ils avaient confié aux jeunes des missions peu valorisantes. Celles-ci expliquent, chez ces derniers, bien des colères et des frustrations. Disons-le tout net, le vrai problème c'est qu'on leur a parfois fait faire n'importe quoi ; et on les a parfois placés dans des situations où ils étaient ou se sentaient méprisés. Une fois sur le terrain, les jeunes ont compris qu'ils pouvaient faire beaucoup plus et... ils n'attendaient que ça.

Il faut reconnaître aujourd'hui que le dispositif ne visait pas simplement à occuper et/ou employer des jeunes. Il ambitionnait bel et bien le développement et la pérennisation de nouveaux services. Il faut, je crois, lui rendre cette justice. L'utilité sociale des activités, mise en avant par la loi, était réelle bien que n'ayant pas été suffisamment reconnue... Les missions de médiations sociales en direction des jeunes en difficulté ont largement démontré leur utilité ; il reste aujourd'hui à les développer. Dans bien des cas, si le médiateur n'avait pas été là, que se serait-il passé ? Mais certains élus préfèreront peut-être toujours un bataillon de CRS...

Écouter et restituer restent deux enjeux fondamentaux de la recherche en sciences humaines et sociales : ce livre s'inscrit pleinement dans cette perspective. C'est là aussi que réside le pari – réussi – de ses contributeurs : rendre compte de plusieurs recherches menées en Lorraine, partir des propos des jeunes et de leurs employeurs et restituer l'analyse de « petits morceaux de travail », saisis dans différents contextes et dans lesquels beaucoup de jeunes se reconnaîtront. Cet ouvrage collectif, par les paroles et trajectoires qu'il met au jour, est aussi le leur. Il porte décidément bien son titre : « Être emploi-jeune et après ? ».

Introduction

INTRODUCTION

Patricia CHAMPY-REMOUSSENARD et Vincent MEYER

Que sont devenus le conseiller économique en gestion de l'énergie, ou en communication interne et externe, l'assistant adjoint de développement d'une ludothèque, le médiateur sportif de développement associatif ou le concepteur d'animations touristiques, le coordonnateur et responsable d'actions de formation et de leur suivi dans des quartiers sensibles ou encore l'assistant de convivialité ?

Dans quelques années, après d'autres programmes de professionnalisation visant les jeunes, peut-être aura-t-on oublié ces appellations et surtout les réalités, les enjeux, les espoirs qu'elles recouvraient pour ceux qui s'en réclamaient. Au-delà d'intitulés parfois incantatoires, il s'agissait, en principe, d'activer et de promouvoir l'émergence de nouveaux emplois[1]. Les changements de dénomination du programme expriment d'ailleurs bien cette difficulté de définir ce qui était en train de se construire à partir du milieu des années 90 en France. Nous étions alors passés des « nouveaux services-nouveaux emplois » aux « nouveaux-services emplois jeunes ». Ainsi, la notion de nouveaux emplois, pourtant clairement présente dans le texte de loi, avait-elle finalement complètement disparu, traduisant peut-être l'inquiétude des pouvoirs publics – au départ, (trop ?) confiants – sur la possible émergence d'emplois nouveaux.

Si le dispositif Emploi-jeune (EJ) a donné lieu dès sa création à une abondante publicisation politique et surtout journalistique, il serait très réducteur de n'y voir qu'une mesure gouvernementale pour des jeunes plus ou moins diplômés dans leur difficile démarche de recherche d'emploi. Peut-être est-il plus intéressant de considérer ce dispositif comme une expérimentation sociale qui n'a pas toujours été présentée comme telle. En ce sens, s'il n'a pas permis de professionnaliser durablement certains secteurs (*e.g.* emplois de type culturel dans la musique, le patrimoine, etc.) et/ou des activités qui correspondaient à des besoins *a priori* non satisfaits (aide-éducateur, médiateur, etc.), il a clairement eu une fonction d'analyseur des

1. Loi n° 97-940 du 16 octobre 1997, JO du 17 octobre 1997. Circulaire CDE n° 97/25 du 24 octobre 1997 relative au développement d'activités pour l'emploi des jeunes.

transformations de l'emploi, du travail, de la formation, des compétences, mais aussi de révélateur des tensions, des questions, des débats, des contradictions sociales qui résultent des choix d'organisation de notre société, qu'ils soient explicites ou implicites, larvés ou débattus.

Une analyse rétrospective et prospective des activités et des compétences : « être EJ »

Il n'y avait pas encore eu de programme d'une telle envergure avec un double objectif d'insertion professionnelle des jeunes et de création d'emplois nouveaux. À bien y regarder, nous avons peu d'éléments de comparaison, et nous manquons de travaux qui mettent en exergue les spécificités d'un tel programme du point de vue de ses bénéficiaires[2] pour en saisir les enjeux en termes de professionnalisation et de développement de nouveaux métiers ou compétences.

Le fort mouvement de médiatisation autour des EJ n'a pas empêché que subsistent des zones floues. Paradoxalement, il arrive que, plus des activités soient placées sous la surveillance de l'opinion publique et des institutions, moins elles laissent appréhender leur véritable teneur. Or, c'est le premier objectif de ce livre, qui – s'appuyant sur différentes recherches menées entre 1999 et 2004 (Lhôtel, Higelé, 2001 ; Champy-Remoussenard, Gardin, 2002 ; Laurain, 2000 ; Meyer, 2002 ; Champy-Remoussenard, 2004) –, analyse les enjeux et les tensions auxquels ont été exposés les jeunes et leurs employeurs au cours de leurs activités, les stratégies originales qu'ils ont investies dans leurs premières situations de travail, la manière dont ils ont construit leur projet, voire créé leurs activités, aménagé ou redéfini leur rapport au travail. Ainsi les réflexions proposées s'ancrent-elles dans une logique pluridisciplinaire.

Le point de vue porté par les chercheurs d'ERAEF pour les sciences de l'éducation envisage les faits éducatifs dans leurs relations avec les questions du travail. Ainsi le détour par l'analyse des activités est-il apparu nécessaire pour réfléchir aux questions d'éducation et de formation, penser l'évolution de la relation entre emplois et système éducatif, l'analyse des besoins de formation, l'étude des modalités de construction des compétences. À l'heure d'une valorisation de la formation non formelle, il est nécessaire de comprendre comment se produit un transfert de compétences dans des contextes de travail aussi riches que complexes. Pour les chercheurs du CREM, dans les sciences de l'information et de la communication l'intérêt était double. D'une part, mettre au jour les logiques d'action et d'utilité

2. Signalons toutefois les travaux de Vasconcellos, 2002, Lhôtel *et al.*, 2002),

publiques des différentes médiations interpersonnelles dans la construction des activités. D'autre part, cerner la représentation médiatique des emplois-aidés dans l'espace public et montrer comment ces dispositifs participent de la vie politique locale et associative. Les analyses ont aussi bénéficié de l'éclairage d'autres disciplines (sociologie, droit, économie) (Champy-Remoussenard, Gardin *et al.*, 2002 ; Lhôtel, Higelé *et al.*, 2001) dans le cadre de l'Institut lorrain des sciences du travail, de l'emploi et de la formation (ILSTEF) qui regroupe une quinzaine d'équipes de recherches des universités Nancy 2, de Metz et l'Institut national polytechnique de Lorraine[3]. Les éclairages apportés par des juristes du travail et leur confrontation avec l'analyse des réalités du terrain ont apporté une plus-value spécifique aux analyses.

Si le programme « Nouveaux services - emplois-jeunes » était national, il a eu des effets différenciés selon les territoires. L'émergence de formes d'activités durables « socialement utiles, correspondant à des besoins émergents ou non satisfaits » a pris des formes variées. La mise en œuvre du dispositif manifeste les aléas complexes de l'application des décisions politiques centrales sur les territoires et par les différents types d'acteurs. Ainsi les finalités politiques sont-elles mises à l'épreuve des réalités et des besoins sociaux réels. Malgré la coordination régionale mise en œuvre, les territoires n'ont pas développé également le même type d'activité, autrement dit, le programme n'a pas pris partout de la même façon. Les caractéristiques démographiques et sociologiques des territoires ne sont pas seules en cause. Selon les politiques et les organisations régionales, l'implantation et l'antériorité des employeurs (collectivités territoriales, associations, etc.), ont été mis en œuvre des démarches et des projets qui pouvaient être très différents.

Toutes les enquêtes qui ont permis de produire les analyses présentées dans cet ouvrage ont été conduites en Lorraine. Les propos tenus par les chercheurs doivent donc être mis en perspective avec les traits dominants de la population des emplois-jeunes dans cette région. Plutôt assez diplômée en moyenne, la population des EJ s'est répartie de manière inégale selon les départements. La Lorraine a une histoire propre en matière de politiques d'insertion et de formation des adultes. Elle est l'un des berceaux de cette formation en France[4]. Les institutions chargées de l'orientation, de l'accompagnement et de l'insertion des jeunes sont, sans doute, marquées par cette histoire. Par ailleurs, la situation de l'emploi n'y est actuellement pas

3. Site de l'ILSTEF : http://www.univ-nancy2.fr/ILSTEF.
4. Avec la création du Centre universitaire de coopération économique et sociale, celle de l'Institut national de la formation des adultes dans les années 70 et les nombreuses innovations associées à la prise en charge des reconversions lors de la crise de la sidérurgie.

florissante. À n'en pas douter, les traits marquants d'une région influencent toujours la mise en œuvre locale des politiques nationales surtout lorsqu'elles concernent la professionnalisation et l'insertion des jeunes.

Le point de vue *a posteriori* développé dans ce livre offre la possibilité de revenir sur un certain nombre de notions qui accompagnent fortement les discours experts et les préoccupations des bénéficiaires : professionnalisation, compétences, formation, valorisation. Force est de constater que pendant sa mise en œuvre, le dispositif était en permanence interpellé quant à son devenir. Mais, une fois qu'il a été « supprimé », on s'est finalement fort peu préoccupé de ses effets mais intéressé plutôt à ce qu'il avait coûté, et aux éventuels dispositifs qui lui succéderaient. Ce paradoxe fait écho à la situation qu'ont vécue les acteurs eux-mêmes. Alors qu'ils exerçaient leurs activités en tant qu'EJ, ils se trouvaient en permanence en tension entre la nécessité de contribuer à la pérennisation de leur activité (solvabilisation, pérennisation furent dès lors des mots-clefs dans les institutions chargées d'animer le dispositif) et la nécessité, vitale, d'imaginer d'autres débouchés si cette pérennisation s'avérait impossible. *In fine* la question de leur devenir s'est toujours posée pour eux, retentissant de manière aiguë sur beaucoup de leurs stratégies. En cela, le dispositif permet d'étudier les effets d'un contexte de précarité au regard de l'emploi, et les conditions effectives du transfert et de la reconnaissance des compétences en dehors des cadres habituels (en particulier les correspondances traditionnelles entre métiers, diplômes et compétences). Cette précarité, au sens de « culture du risque et de l'incertitude » (Danvers, 2002 : 44), est, en partie, rejetée par les jeunes concernés, si l'on en croit certaines réactions à l'égard des diplômes et de la Validation des acquis de l'expérience, mais aussi leurs choix dans la suite de leur parcours.

Toutefois, les travaux et analyses présentés dans cet ouvrage ne relèvent pas d'une logique d'évaluation des politiques publiques. Les écarts entre les intentions du législateur (Adam, 2000 ; Champy-Remoussenard, Gardin, 2002) et les pratiques effectives soulignent plutôt des zones sensibles, des évolutions refusées, des grippages du système, des logiques de domination et/ou de distinction. Il s'est agi de comprendre de quelles manières les activités de travail évoluent et se recomposent, en nous saisissant de l'expérience emploi-jeune comme analyseur de ces transformations. Comme le souligne Yves Clot (1999 : 79), « l'examen de la division du travail – sa distribution en genres d'activités différents, subordonnés, hiérarchisés, mais aussi mouvants et mobiles – s'impose comme décisive en matière d'analyse des activités professionnelles, car elle est, en quelque sorte, leur système d'appel ». Ainsi le critère de nouveauté qui suppose que les activités des EJ ne se trouvent pas en concurrence avec d'autres activités déjà existantes apparaît *a posteriori* et *a minima* naïve, et impossible à appliquer compte tenu du déplacement permanent des frontières entre les activités professionnelles. De même, la distinction entre activités marchandes et non-marchandes (les emplois-jeunes ne devant pas exercer d'activités commerciales) dessinait les arêtes impraticables du dispositif et les paradoxes associés à la création d'emplois nouveaux. Sans conteste, les effets du dispositif sur la recomposition durable des activités et la création d'activités nouvelles ne pourront être mesurés qu'à moyen ou long terme, mais, d'ores et déjà, la manière dont les activités des EJ se sont articulées avec celles d'autres professionnels donne des indices des transformations latentes de la division du travail.

Les deux volets de cet ouvrage font donc apparaître comment les EJ ont progressivement procédé à des régulations de leurs investissements, ont mis en œuvre des compétences variées, notamment relationnelles, dans des conditions de travail parfois atypiques et comment ces compétences se sont progressivement enrichies et diversifiées pour répondre, aux demandes et aux besoins de leurs employeurs. Les activités de travail, et les modes de construction des compétences sont analysés dans la première partie. Les modalités de transfert des compétences et les processus de valorisation de l'expérience font l'objet de la seconde. L'ensemble bousculera bien des idées reçues sur la qualité et la finalité du dispositif et ses répercussions sur le devenir professionnel de ces jeunes, sur les évolutions du marché du travail et des conditions d'emploi. Enfin, l'ouvrage ouvrira des perspectives sur les effets du dispositif qui étaient attendus mais aussi ceux qui s'avèrent plus imprévus.

Écouter et entendre la parole des acteurs et restituer des travaux de recherche

La majorité des contributions mobilisent largement la parole des acteurs, le plus souvent celle des emplois-jeunes et dans une moindre mesure celles des employeurs ou d'autres acteurs qui ont contribué à la mise en œuvre du dispositif (correspondants des plates-formes régionales de professionnalisation, collègues de travail, etc.). Les travaux de recherche qui fondent les différents propos des contributeurs sont tous basés sur des investigations de terrain et des méthodes de recueil et d'analyse de données de type qualitatif. Les analyses conduites à partir de ces discours marquent, à la fois, notre intérêt pour les bénéficiaires, notre volonté de restituer dans le plus strict anonymat les propos tenus, même lorsque ces derniers expriment des tensions et des difficultés, et notre curiosité scientifique pour les bénéfices réels que les différents types d'acteurs ont retirés du dispositif notamment dans une logique d'utilité sociale. Ces discours, largement présents dans l'ouvrage, sont aussi à entendre comme des paroles qui dérangent ; mais qui sont pourtant nécessaires pour l'analyse des effets... En l'espèce, nous avons souhaité restituer les logiques de situation mais surtout les traductions que les jeunes opèrent de leurs situations et pratiques. Comme l'explique Philippe Corcuff (1995 : 70-71) dans sa présentation de l'ensemble conceptuel élaboré par Michel Callon et Bruno Latour, « les acteurs travaillent constamment à traduire leurs langages, leurs problèmes, leurs identités ou leurs intérêts dans ceux des autres. C'est à travers ce processus que le monde se construit et se déconstruit, se stabilise et se déstabilise ».

L'organisation de l'ouvrage obéit à une logique temporelle et épistémologique qui reflète la dynamique de développement des différentes recherches lorraines. La première partie – reprenant les résultats de plusieurs enquêtes – est construite autour de travaux sur le vécu d'EJ. Aussi l'analyse des activités en constitue-t-elle le fil rouge. La seconde partie restitue des travaux qui, pour certains, résultent d'une seule enquête plus récente qui considère l'expérience des jeunes en aval du dispositif. Elle accorde également une place à des analyses plus en surplomb et conduites indépendamment des matériaux collectés.

Les trois premières contributions de la **première partie** mobilisent les résultats d'une même enquête. *Patricia Champy-Remoussenard, Pierre Higelé* et *Brigitte Pagnani* proposent une analyse des activités de 34 emplois-jeunes. Après avoir caractérisé ce qu'ils appellent des configurations d'activités, ils détaillent leurs formes, les questions posées, les particularités induites par la pluriactivité qu'elles traduisent. Essentielle dans la construction et la reconnaissance des compétences, cette pluriactivité a aussi fortement structuré le rapport au travail et à la formation, en particulier, dans le secteur des services à la personne. Cette contribution soulève également un certain nombre de questions posées par l'analyse d'activités en émergence.

La diversité des expériences vécues par les emplois-jeunes a donné lieu à des expériences subjectives multiples qu'*Anne Flye Sainte Marie* et *Pierre André Dupuis* ont analysées en explorant le rapport au travail et les dynamiques de professionnalisation de 15 jeunes. Le sens donné à l'expérience dans un parcours de vie et les modalités de construction des compétences sont particulièrement mis en évidence à partir d'études monographiques.

À leur suite, *Vincent Meyer* détaille les principaux résultats d'une recherche réalisée dans neuf associations et auprès de correspondants locaux de professionnalisation. Le lecteur trouvera une modélisation de l'impact du dispositif dans le champ associatif qui part des apports indéniables de ces emplois pour ce champ, et met l'accent sur certaines traductions et certains paradoxes dans la construction des activités et des compétences professionnelles de cette professionnalisation « aidée » pour finalement mieux renseigner l'hypothétique – mais espérée – émergence de nouveaux métiers.

Dans les configurations d'activités du dispositif, on retrouve celles liées à la culture qui, dans bien des secteurs, sont apparues comme une opportunité de stabiliser professionnellement un certain nombre de dispositions personnelles et/ou de connaissances. Ainsi *Fabien Hein* analyse-t-il, sur la base d'une enquête ethnographique, celles développées pour le « monde du rock. » Cette contribution entend conserver la mémoire d'une période où projet de professionnalisation, de carrière, et passion musicale, se retrouvaient conjointement légitimés.

Dans la **deuxième partie**, *Pierre-André Dupuis* et *Anne Flye Sainte Marie* analysent le passage de l'emploi-jeune à l'emploi actuel. Les processus de transfert des compétences mis en évidence mettent l'accent sur la manière dont ces jeunes salariés réinvestissent et font reconnaître leur capacité à affronter des situations inédites, et sur la façon dont le recadrage d'expériences et de savoirs antérieurs peut s'inscrire dans un processus d'élargissement de leurs compétences.

En prenant appui sur un corpus d'une centaine d'entretiens avec des emplois-jeunes exerçant des activités de service, *Brigitte Pagnani* interroge le processus de formalisation des compétences. Elle montre comment les compétences sociales s'avèrent prépondérantes dans ces emplois et se construisent dans des situations de travail selon une logique de professionnalisation. S'agissant d'emplois émergents ou reconfigurés, et devant l'acuité du problème de l'insertion durable des jeunes sur le marché de l'emploi, ce sont finalement les questions de leur reconnaissance et de leur validation qui se trouvent placées au centre du débat.

Patricia Champy-Remoussenard développe ensuite certaines spécificités des compétences dites « relationnelles » qui, tout en constituant un pan important de l'expérience acquise, ne paraissent pas susceptibles aux yeux des acteurs de résulter d'un parcours de formation formelle. Plus globalement, une sorte d'euphémisation de ces compétences invite à s'interroger sur leur place dans les activités de service et sur leur prise en compte par le système éducatif.

La validation de cette expérience et l'acquisition d'un statut à partir de cette forme particulière d'apprentissage sont très vite devenues des préoccupations centrales. À la lumière de la loi de modernisation sociale (17 janvier 2002), *Alexandra Laroche* montre comment les implications individuelles et collectives des jeunes pourraient s'intégrer dans les nouvelles logiques de validation et de reconnaissance des acquis.

L'émergence de nouvelles activités pose *de facto* la question des diplômes. Ces derniers jouent, en France, un rôle central dans la relation entre formation et emploi. *Fabienne Maillard* analyse les évolutions de l'offre de certification (diplômes et titres) et les critiques dont elle fait l'objet en montrant comment la question de la certification manifeste la difficulté de délimiter le secteur des services, ainsi que les activités et les compétences qui y sont déployées.

On l'aura compris : « Être emploi-jeune et après ? » peut s'entendre et se comprendre de deux manières. L'interrogation peut, bien naturellement, porter sur la nature des activités et le devenir du jeune à la sortie du dispositif. Mais la formule peut aussi prendre une tournure invective, soulignant sans ambages l'acquisition d'un véritable savoir-faire dans différents champs professionnels. Ce deux dimensions sont pour nous inséparables.

Cet ouvrage s'adresse à tous les chercheurs et étudiants qui s'intéressent aux évolutions du travail, de l'emploi, de la formation. Cette lecture *a posteriori* d'un dispositif qui n'est pas nécessairement aussi connu qu'il a été médiatisé a l'ambition de donner des pistes de réflexion pour enrichir les travaux sur l'analyse des situations de travail, la construction et le transfert des compétences, la valorisation et la validation des acquis de l'expérience, le statut de la formation et des diplômes dans un contexte de valorisation accrue de la formation informelle. Il offre aussi aux professionnels concernés par ses domaines, des points d'appui théoriques pour analyser la portée d'un dispositif dans lequel ils ont œuvré ou qui les a plus ou moins directement concernés. Qu'ils soient chercheurs ou praticiens, nous espérons que les lecteurs trouveront dans les différentes contributions des éclairages pour faire évoluer leur compréhension de certaines réalités sociales, et, peut-être, imaginer d'autres recherches ou pratiques professionnelles.

Références

Adam P., 2000, « Le contrat emploi-jeune : un mécanisme juridique inédit », *Formation Emploi*, n°70, pp. 9-11.

Champy-Remoussenard P., *coord.*, 2004, *La reconnaissance de l'expérience professionnelle dans les activités de service pour une population d'anciens emplois-jeunes*, rapport de recherche pour la DESCO A5, paru dans la collection CPC Documents, *2004*/4, ministère de l'Éducation nationale.

Champy-Remoussenard P., Gardin A., 2002 *Analyse pluridisciplinaire de la mise en œuvre du programme Nouveaux-services, nouveaux emplois : réalités et perspectives de l'expérience emplois-jeunes ?* Rapport de recherche pour l'ILSTEF.

Clot Y., 1999, *La fonction psychologique du travail*, Paris, Presses universitaires de France.

Corcuff Ph., 1995, *Les nouvelles sociologies*, Paris, Nathan Université.

Danvers F., 2002, « La dynamique des professions appliquée aux emplois-jeunes : une introduction à un regard psychosociologique », *in* : M.-D. Vasconcellos, *Les emplois-jeunes : nouveaux métiers, nouvelles professionnalités*, Lille, Éd. du Conseil scientifique de l'université Charles-de-Gaulle-Lille 3, pp.31-47.

Laurain J., 2000, Étude sur la formation professionnelle des Emplois-Jeunes dans les associations de Moselle, rapport de recherche pour l'Institut européen du Loisir.

Lhôtel H., Higelé P., dirs, 2001, Les médiations sociales dans le programme Nouveaux services-nouveaux emplois. Dynamiques d'activités, perspectives de professionnalisation et pérennisation (étude sur un échantillon), rapport final destiné à la DARES.

Lhotel H., Pagnani B., Flye-Sainte-Marie A, Gardin A., 2002, « Les emplois de la médiation sociale : définitions, contours », pp 201-223. *in* : Bouygard F. et Gelot D., dirs, *Nouveaux services - emplois jeunes: regards à mi-parcours*, *Cahiers Travail et Emploi*. Paris, La Documentation française.

Meyer V., 2002, *La professionnalisation des emplois-jeunes dans les associations lorraines*, rapport final CREM/Institut Européen du Loisir/ FNDVA.

Première partie

Être emploi-jeune

CONFIGURATIONS D'ACTIVITÉS DES EMPLOIS-JEUNES ET DEVENIR DES « NOUVEAUX » SERVICES

Patricia Champy-Remoussenard
Pierre Higelé
Brigitte Pagnani

L'expérience « emplois-jeunes » a fait l'objet de lectures diverses. Si les analyses de la loi montrent qu'elle a cette particularité d'avoir voulu faire émerger des emplois nouveaux dans le secteur des services, nombreuses sont les lectures du dispositif qui l'ont plutôt présenté comme une énième mesure destinée à améliorer l'insertion et à réduire le chômage des jeunes. En juillet 2002, la création des contrats-jeunes par le nouveau gouvernement Raffarin a d'ailleurs bien souvent été comparée de façon caricaturale avec la mesure emplois-jeunes, sans que ceux-ci soient précisément resitués dans la perspective d'émergence de nouveaux emplois dans le secteur des services.

Nous évoquerons dans ce texte les questions que pose l'analyse des activités nouvelles ou supposées l'être, puis nous chercherons à comprendre ce qu'elles ont été en réalité, en prenant appui sur les résultats d'une enquête menée en Lorraine par l'ERAEF (Equipe de Recherche sur les Acteurs de l'Education et de la Formation). Sur cette base, nous proposerons quelques éléments de réflexion sur les nouveaux services, les compétences et les questions de formation qui leur sont associées, en insistant sur certains points sensibles permettant de préciser les enjeux, la portée, les limites du développement des nouveaux services.

Le programme « Nouveaux services, nouveaux emplois » n'a cessé de susciter des interrogations relatives aux activités de travail qui ont été celles de ses « bénéficiaires ». Allaient-elles constituer à l'avenir des emplois, des métiers ? Quel rôle allait jouer la formation dans cet éventuel processus de professionnalisation ? En quoi les activités proposaient-elles des réponses nouvelles à des besoins nouveaux ou auxquels on n'aurait encore pas su ou pu répondre ? Telles sont les questions qui ont été posées. De notre point de vue de chercheurs en Sciences de l'Education, la perspective d'analyse des activités a constitué une priorité, dans la mesure où nous tentions de comprendre les questions relatives aux compétences et à la formation en fonction de la réalité du travail des emplois-jeunes. L'analyse de leurs activités s'inscrit donc dans une perspective qui considère l'analyse du travail humain comme un élément de réflexion primordial pour penser les questions de formation (Champy-Remoussenard, 1997).

Le dispositif[1] emplois-jeunes a quelquefois été qualifié de « laboratoire social »[2]. Et on peut considérer que les expériences auxquelles il a donné lieu à l'occasion de sa mise en oeuvre ont effectivement été de l'ordre de l'expérimentation, avec les inévitables « ratés » associés à cette dernière. Ce statut particulier d'expérience sociale institutionnalisée et médiatisée a constitué un paramètre important dans l'analyse des activités des emplois-jeunes.

Les résultats de l'enquête menée en Lorraine montrent que les situations de travail des jeunes sont, pour partie, caractérisées par une forme de pluriactivité qui semble propre aux services à la personne, et qui constitue un analyseur possible de la nature des nouveaux services, de la teneur des activités qui les constituent, des besoins de la population, de l'utilité sociale qu'ils présentent, des formes de division du travail et des rapports aux processus de qualification qu'ils interpellent. L'analyse des activités constituant le travail réel des emplois-jeunes a été plus largement l'occasion de cerner les caractéristiques propres au travail dans ce secteur des services à la personne et d'anticiper les changements qu'elles peuvent impliquer à l'avenir pour l'organisation du travail et de la formation.

Enjeux sociopolitiques d'une analyse des activités des emplois-jeunes

La nature nouvelle, voire innovante, des activités relevant du dispositif emplois-jeunes a suscité bien des curiosités, des doutes, des critiques et des attentes. Dès lors, et depuis ses débuts, sa mise en œuvre s'est accompagnée de velléités de mieux connaître et de décrire les activités supposées nouvelles qui ont justifié la signature des conventions. Comme le montrent Didier Gelot et Jean Louis Meyer (Gelot, Meyer, 2001)), l'aide de l'Etat a été attribuée sur la base de l'adéquation entre les objectifs de création d'activité et le contenu de l'emploi. Les accords-cadres du projet rappellent cet objectif essentiel : il s'agit *d'illustrer la nature des besoins émergents, ou non couverts, ainsi que le contenu des postes de travail proposés*[3]. Une des ambitions était de produire des connaissances sur ces activités et, par

1. Nous le nommerons par commodité dispositif emplois-jeunes.
2 Voir notamment les propos de J. Teissier dans Vergnies J. F. Accélérer la reconnaissance des nouvelles qualifications : un formidable défi : entretien avec J. Teissier. *Formation-Emploi*, 2000, n°70, pp. 79-83.
3. Classeur de synthèse des accords-cadres destiné aux partenaires institutionnels du projet. MES, DGEFP, 2000.

conséquent, d'indiquer quels étaient les savoirs et les compétences dont elles supposaient la mise en œuvre. Pour démontrer le besoin justifiant ces d'activités, il était nécessaire de les décrire et de les analyser.

La formalisation du travail réalisé par les jeunes constituait donc un des enjeux majeurs du dispositif. Or, formaliser le travail c'est passer par un ensemble de processus qui ont pour but de décrire des activités, de les classer, de les nommer, de les étiqueter, de les présenter selon une organisation qui permette de mieux les cerner, les circonscrire, les identifier, les mesurer, leur attribuer une valeur et enfin les reconnaître. L'intention de formaliser traduit l'intention de produire des connaissances organisées à propos d'une réalité. Elle s'inscrit dans une quête de repères, un besoin de signalisation sociale, d'élucidation de ce qui nous entoure, qui renvoie pour partie à la visée scientifique (besoin de connaissance) mais aussi à une visée politique (besoin de légitimation, de contrôle). Si elles étaient demeurées dans l'ombre et le secret de leur processus d'émergence, ces activités n'auraient pu répondre aux attentes de légitimation sociale liées à une telle expérience. La nécessité d'analyse des activités s'est inscrite dans la perspective délicate d'une prospective des emplois à venir[4]. L'accompagnement de la mise en œuvre du dispositif a été marqué par cette préoccupation. Dans le cadre de la Cellule Nationale de Professionnalisation mise en place par le Ministère, une *attestation d'activité* a été expérimentée[5]. A partir de « *la trace écrite des activités réelles telles qu'elles ont été réalisées par les jeunes* », elle devait servir de base à diverses démarches (validation des acquis, bilans de compétences, formation, mobilité). L'effort de formalisation a donc été demandé aux jeunes salariés eux-mêmes, qui étaient supposés pouvoir décrire les activités qui étaient les leurs. La description de l'activité était d'ailleurs censée conditionner, pour partie, dans ce contexte, le devenir du jeune, et notamment la manière dont serait ultérieurement reconnue l'expérience acquise en situations de travail.

Toutefois, il faut remarquer que cette intention de formalisation du travail n'est pas propre au contexte des emplois-jeunes. Notre société semble de plus en plus soucieuse de formaliser les activités de travail alors même que celui-ci nous échappe et devient plus difficile à appréhender (Schwartz, 1997). Mais, la conscience accrue que nous avons de ses transformations

4. Perspective prospective dont l'importance est soulignée par le rapport Freyssinet constatant « *l'expansion et la diversité de la demande de prospective relative aux métiers, aux emplois, aux qualifications* » (Freyssinet, 1999).

5. *Mode d'emploi pour l'établissement d'une attestation d'activités*. Groupe de travail de l'objectif 3 de la Cellule Nationale de Professionnalisation. Programme Nouveaux services sur la mise en place d'une attestation d'activités. MES, DGEFP, Sous-direction Formation tout au long de la vie, mission Orientation/validation, 12 avril 2000.

n'empêche pas que nos outils d'analyse et l'état de nos représentations du travail soient encore peu adaptés (Borzeix, 2000). En particulier, ils sont insuffisants pour nous faire saisir ces activités qu'on ne peut nécessairement qualifier de nouvelles mais qui sont définies par une articulation d'une nature nouvelle à un contexte indéniablement transformé. En effet, ce sont à la fois les activités et les situations de travail qui se trouvent fortement redéfinies. Les métiers, eux, n'apparaissent pas du jour au lendemain. Il faut que les innovations technologiques, et les phénomènes sociaux et économiques qui influent sur eux, les fassent évoluer suffisamment pour qu'on puisse considérer qu'ils sont nouveaux.

Les situations de travail naissantes ont été, dans le cas de ce programme, pour ainsi dire placées sous haute surveillance. On oublie d'ailleurs le plus souvent que le fait qu'elles aient été à ce point observées a pu modifier leur évolution elle-même. Les acteurs concernés par cet objectif de formalisation, qu'ils soient employeurs, employés, maîtres d'œuvre de la mesure, n'étaient pas sans savoir qu'ils faisaient l'objet d'une attention toute particulière, que se jouaient dans les résultats que produiraient finalement leurs tâtonnements, des décisions déterminantes pour l'avenir, et ils ne furent pas, du même coup, sans déployer l'arsenal habituel des moyens de camouflage de leur travail réel[6]. Les acteurs des situations de travail sont, de façon générale, sans cesse dans une tension conflictuelle entre le désir de faire connaître et reconnaître leurs activités réelles et le besoin de dissimuler, de garder secrète une part de ce réel, justement pour une part en raison de l'écart entre travail réel et travail prescrit (Champy-Remoussenard, Lemius 2005). Plus que dans d'autres cas encore, les EJ ont pu vivre cette tension, écartelés qu'ils étaient entre les bénéfices associés au dévoilement du réel et ses risques.

Le dispositif a donc constitué un contexte d'analyse du travail spécifique, dans lequel, parce qu'il s'agissait d'activités nouvelles ou de contextes nouveaux de mobilisation des activités, les acteurs ne pouvaient se référer à des schémas pré-existants de définition de celles-ci. Et c'est précisément cette absence originelle de prescription et de classement qui a fait naître, sans doute prématurément, un tel besoin de formalisation des activités. Il faut, à ce sujet tenir compte des contradictions du dispositif, pris en étau entre des enjeux difficiles à concilier. Ainsi que le montrait Jean Frédéric Vergnies (2000 : p.79), « *le programme ambitionne de faire*

6. De nombreux travaux (ergonomie, psychologie du travail, sociologie du travail, etc.) ont exploré l'écart qui peut être considéré comme irréductible entre le travail prescrit (le travail tel qu'on demande qu'il soit fait) et le travail réel (tel qu'il est effectivement réalisé en situation de travail, en fonction des aléas et d'autres paramètres évolutifs qui caractérisent le contexte des activités).

fonctionner, en accéléré, des processus sociaux qui ont habituellement une autre temporalité .» Ce mouvement d'accélération qui a renforcé son côté expérimental a complexifié d'autant l'atteinte de certains objectifs associés au programme et notamment celui de cette formalisation à visée d'illustration (on a envie de dire défense et illustration). Ce qui évoluait déjà si vite, on l'a accéléré encore et on s'est donné pour objectif d'en faire une photographie... Mais était-il possible d'obtenir si vite des repères quand les situations étaient si nouvelles et si atypiques ? D'un point de vue méthodologique, le problème n'est pas mince, et il et a posé de véritables défis à tous ceux qui ont tenté de produire des connaissances sur les situations de travail.

Enjeux épistémo-méthodologiques de l'analyse d'activités émergentes

Il s'avère plus difficile de décrire ce qui n'est pas encore catalogué, classé, puisque c'est déjà par « *l'officiel et l'explicite* » (Lahire, 1998 : 15) qu'on définit. Au-delà de l'habituelle « *distorsion entre ce que les acteurs font et savent et ce qu'ils disent faire et savoir* », l'absence de prescription claire des activités a rendu, dans ce contexte, la parole sur le travail plus difficile à saisir. Les conditions de mise en mots d'activités de travail qui ne sont pas encore socialement référencées et reconnues confronte l'analyse à des contraintes particulières. Où les interviewés allaient-ils puiser les mots pour dire ce qu'ils vivaient ? Se serviraient-ils du réservoir de vocabulaire existant pour des activités déjà répertoriées, ou bien inventeraient-ils d'autres manières de dire ce qui leur paraissait différent, ou ce qu'ils avaient intérêt à faire percevoir comme différent ? Les enjeux politiques du dispositif, connus ou devinés par la majeure partie des acteurs, se trouvaient présents dans les stratégies de mise en mots des activités. Désigner l'activité avec les mots usités pour d'autres activités déjà reconnues – c'est souvent le cas pour les activités liées à la relation d'aide où les descriptions évoquent le champ du travail social, (Champy-Remoussenard, 2001) – , c'était pour les EJ risquer de désigner une superposition et une concurrence avec d'autres activités qui aurait fait percevoir le dispositif comme menaçant à l'égard de certains groupes professionnels existants. La logique de professionnalisation attachée au dispositif était-elle du coup compatible avec la mise en évidence du travail réel ? L'exemple des intitulés d'activités soulève fortement cette question. Jugés fantaisistes ou inventifs selon les cas, ils désignaient certains aspects des configurations d'activités sur lesquelles nous allons revenir. Ils donnaient souvent une vue partielle, tronquée du travail. Les jeunes ont, sans doute, dit plus aisément ce qui pouvait être perçu comme conforme à l'intitulé de leur poste, conscients des enjeux, des risques (effets pervers et potentiellement disqualifiants) qu'il y avait évoquer les dimensions de leur activité qui n'étaient pas conformes à cet intitulé. Par ailleurs, n'appartenant pas encore, la plupart du temps, à un collectif de travail constitué, les jeunes ne disposaient que peu de repères pour savoir ce qu'il convenait de dire et ce qu'on ne devait pas dire, si l'on admet que c'est une des fonctions des groupes professionnels stabilisés que de fournir ce type de repères, à la base des différentes dimensions du « *secret professionnel* » (Puget, Wenders, 1992).

Pluriactivité et mise en mots du travail

La diversité des activités a aussi été la cause de certaines difficultés à aboutir à une parole reflétant authentiquement les situations vécues. C. Goldfinger (1998) souligne ainsi l'absence d'homogénéité du secteur des services et note qu'on s'y heurte à des problèmes de définition, parce ce qu'on y trouve un large éventail d'activités. Bernard Lahire (1998 : 19), montre lui, qu' « *à la question, qu'avez-vous fait, les acteurs répondent rarement en décrivant par le détail leurs innombrables activités, mais se contentent ordinairement d'en mentionner les grands continents, les principaux temps* ». Or, pour les EJ, c'est quelquefois dans ces détails « oubliés » que s'est jouée la nouveauté potentielle de la situation et de la mobilisation des compétences.

Un des types d'activités fréquemment repéré, *l'accompagnement*, relève de ce qu'on peut appeler les services relationnels ou service de proximité (Laville, 1999). Il s'agissait pour les EJ d'accompagner, d'aider, de nouer ou de renouer des liens, d'atténuer ou de combattre l'isolement, l'exclusion sous toutes ses formes[7]. Or il a été difficile de nommer ce type d'activités et les situations de travail dans lesquelles elles s'inscrivaient. Certaines activités ont quelquefois même été niées par les salariés, particulièrement quand le projet du jeune supposait l'insertion par voie de concours dans des activités traditionnelles ne relevant pas de l'expérience emploi-jeune. Ainsi Aline (*écrivain public*) et Marc (*agent de médiation et de sécurité urbaine*) employés par deux municipalités différentes et préparant tous deux des concours (« rédacteur » et « police municipale ») ne nommaient presque jamais spontanément la dimension sociale de leur activité et insistaient sur les dimensions plus techniques, sans doute parce que ce sont celles qui relèvent plus immédiatement des postes auxquels les concours qu'ils préparaient allaient leur donneront accès.

Les activités dites de service à la personne semblent se situer aux limites du travail reconnu comme tel. Des repères obsolètes continuent à conditionner nos représentations et nos actes et, parmi eux, on note la

7. Cette activité est caractérisée et illustrée plus loin.

difficulté à reconnaître certains types de compétences[8]. De ce fait, des pans entiers d'une activité de travail et de l'investissement d'une personne dans cette activité sont susceptibles d'être invisibles, peu valorisés et, par conséquent, exclus de l'expression d'un besoin de formation qui, pour être légitime, doit être en lien avec les dimensions visibles et légitimes d'un métier. Si, dans le cas des EJ, c'est ce type de dimensions du travail qui a fini par devenir prédominant, c'est, du coup, ce qui a constitué le cœur de la situation de travail qui s'est avéré le moins aisément formalisable.

Cette hésitation à dire certaines activités induit alors un doute sur leur statut. Est-ce là ce qu'on appelle travail et par conséquent emploi ou *vice versa* ? Dans le même temps c'est très souvent sur un versant de leurs activités, souvent qualifié de *social,* que les emplois-jeunes ont fait état de difficultés et d'un besoin d'accompagnement. C'est à ce propos qu'ont été énoncées les difficultés, les craintes, les manques, sans qu'ils aient paru pouvoir relever d'une demande de formation légitime, c'est à dire rentable.

L'enquête menée en Lorraine

L'intention initiale des chercheurs de l'ERAEF était d'explorer et de comprendre les situation de travail quotidiennes des emplois-jeunes afin de poser des questions de formation qui tiennent compte de la réalité de l'exercice contextualisé de leurs activités. Le choix d'une méthode d'approche de ces situations a constitué un enjeu important pour mettre en évidence les configurations d'activités[9] repérées dans le travail des interviewés (Gardin, Champy-Remoussenard, 2002).

Un corpus de 34 entretiens enregistrés et intégralement retranscrits a été collecté sur la région Lorraine, entretiens semi-directifs menés de 1999 à 2000[10] auprès de 18 jeunes employés en collectivités territoriales, 11 dans des établissements publics, et 5 dans des associations. La typologie des activités que nous avons construite l'a été à partir de l'analyse des propos tenus par les jeunes sur leurs activités de travail quotidiennes. Elle résulte d'un repérage de ce qui a été verbalisé, dans un écart possible entre cette mise en mots entre ce vécu des situations, et entre les formes de prescriptions existantes. Mais, les modalités d'enquête visaient à faire dépasser, dans toute la mesure du

8. Ces questions renvoient plus largement à notre difficulté accrue de distinguer la sphère des activités privées ou domestiques et celle des activités de travail rémunérées, en tant qu'emplois, comme le montre Soares en analysant les « compétences sexuelles » des caissières de supermarché (Soares, 1998).

9. Précisons tout d'abord ce que nous entendons par activité : l'activité est un ensemble de tâches liées par leur finalité, qui, à côté d'autres activités et dans un contexte de travail donné caractérisent la situation de travail réel d'un acteur.

10. Au cours de ce qu'on peut considérer comme la première phase d'existence du dispositif.

possible, la tendance courante à fournir une description du travail conforme à la définition des activités prescrites par l'employeur et, dans ce cas précis, par la convention employeur/État, par le titre du poste, etc. Les interviewés ont donc été incités à dire leur travail dans sa complexité, à en dévoiler l'ensemble des dimensions. Le guide d'entretien, la stratégie de conduite d'entretien (entretien d'explicitation des situations de travail réelles), le type d'analyse de contenu ont été dictés par cette exigence. La méthode mobilisée a produit des effets intéressants, mais elle présente aussi des limites. En effet, le relevé des activités correspondant à chaque interviewé ne peut prétendre à être exhaustif, ni à rendre compte de manière précise de l'importance respective des activités (du temps, de l'énergie, de l'intérêt qu'elles mobilisent). Cependant, il donne accès à des indices suffisants pour commencer à cerner les caractéristiques et les enjeux majeurs du travail qu'ont exercé ces jeunes.

Les dénominations que nous avons données aux types d'activités[11] résultent d'un processus de codage de la mise en mots, à partir de la singularité des divers modes de désignation utilisés par les jeunes. Les termes génériques que nous avons choisis pour catégoriser ne sont pas toujours ceux utilisés par les jeunes (pour l'activité d'accompagnement, certains parlent d'aide, et aucun d'entre eux ne prononcent les termes de gestion des ressources humaines). L'intérêt était aussi de saisir, au-delà de l'éventail des activités existantes, la manière dont elles s'articulaient entre elles pour contribuer au service rendu à l'usager, et par conséquent leur place relative dans les différents contextes de travail.

Le schéma qui suit fait état des différents types d'activités constituant la teneur potentielle de la palette de services rendus (en déclinant une suite ou un ensemble de phases ou d'aspects repérables lorsque ceux-ci ont été majoritairement retrouvés dans les descriptions). Dans ces configurations, le tout n'est pas égal à la somme des parties. C'est bien chaque configuration et le contexte de travail dans lequel elle s'inscrit qui permettent de produire un service spécifique.

11.Chaque entretien a fait l'objet d'un repérage des types d'activités présents dans les propos de l'interviewé, qui a donné lieu à une fiche. Nous avons construit à partir de ces fiches un tableau synoptique récapitulatif qui permet de visualiser les activités des 34 jeunes. Ce tableau synoptique nous a ensuite permis de calculer le nombre d'occurrences de chaque activité et le nombre d'activités par jeune. Dans une étape ultérieure, il a été utilisé pour le calcul des fréquences d'associations entre activités (constellations), puis pour la réalisation des schémas caractérisant les différentes configurations d'activités en fonction des contextes.

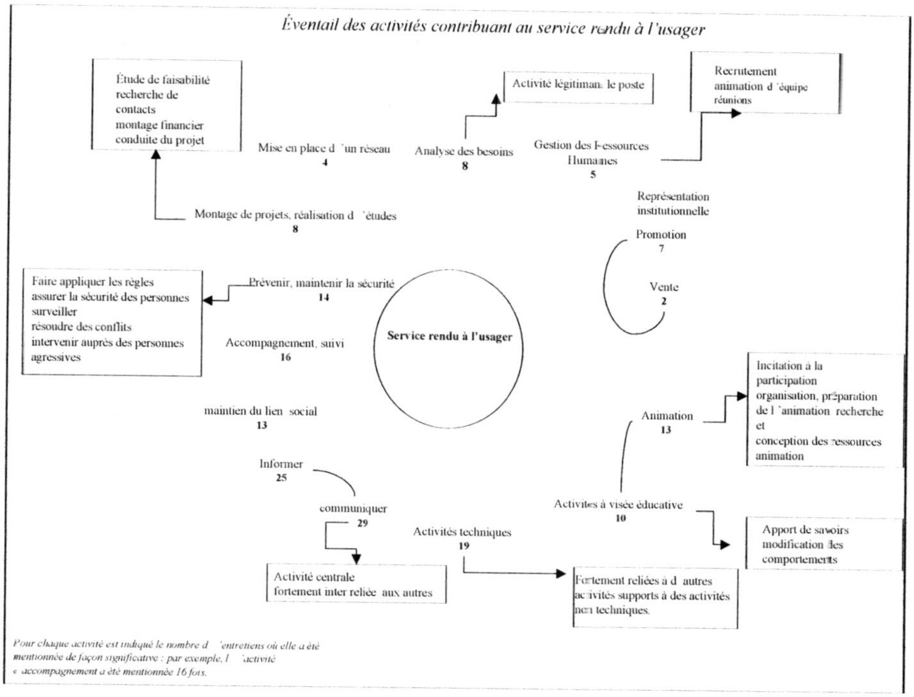

Pour caractériser la teneur des 14 types d'activités repérées, nous insisterons sur celles qui nous paraissent constituer des analyseurs particulièrement intéressants du travail et de la formation dans le secteur des nouveaux services. Puis nous montrerons quels sont les types d'articulations qui les font coexister, en des configurations variées, dans les situations de travail quotidiennes.

L'activité **Communication** a été signalée par 83% des jeunes. Soit elle relevait à part entière du champ professionnel de la communication et requérait l'utilisation permanente de ses techniques : ainsi, Jean, « Chargé de communication » en Mairie, a conduit une enquête auprès de jeunes pour recueillir leurs besoins en matière d'activités socio-éducatives et culturelles, conçu un programme d'activités, rédigé et édité un journal municipal mensuel (« *Conception, réalisation, articles, je fais tout, faire des photos, des reportages* »), Emmanuelle, « Agent polyvalent chargé des relations avec les habitants », a réalisé des plaquettes d'information et aidé à la rédaction d'articles de presse. Soit, et cela plus massivement, la communication a constitué un outil au service des autres activites. Pour ceux dont l'emploi visait notamment la restauration ou la création du lien social et le maintien de la sécurité, les moyens de communication mobilisés étaient courants et communément déployés dans diverses situations professionnelles (dialogues, notes d'information, etc.). La spécificité de l'activité communication dans ce contexte est la manière dont elle s'est trouvée articulée à l'objectif de restauration ou de création du lien social, au maintien de la sécurité, à l'information, à l'action éducative. Cyrille, « Agent de médiation sociale » dans un Centre intercommunal de prévention de la délinquance, *« discute »* avec les jeunes pour cerner leurs problèmes et tenter d'y remédier. Sa collègue, Sadia, *« discute »* pour prévenir les conflits : *« On fait les sorties de collège (...) on essaie d'éviter les différentes bagarres et on discute avec les jeunes »)* et pour *« mettre les jeunes en activité »*. Christine « Animateur-accompagnateur de personnes âgées » en maison de retraite, et Nathalie, « Animatrice auprès de personnes âgées » dans un hôpital, parlent avec les personnes âgées pour leur permettre de se confier, d'exprimer leurs problèmes, leurs besoins, et les convaincre de participer aux activités. Sabine communique avec les habitants pour résoudre les querelles de voisinage. Certains jeunes ont insisté tout particulièrement sur la dimension de l'écoute dans le dialogue. Au téléphone, Angeline (OPHLM) écoutait les locataires : *« On oriente les appels mais on les écoute beaucoup (...) il faut être là pour les écouter. »* Isabelle, « Assistante de convivialité » dans une maison de retraite, était *« là plus pour les écouter que les conseiller »*, leur tenir compagnie, les rassurer pour rompre avec l'isolement et le sentiment de solitude. Sophie (même public) était *« l'oreille attentive de pas mal de personnes. »*

En communicant, les jeunes ont appris tout à la fois à dialoguer, à parler et écouter, et à maîtriser des techniques de communication. Mais cette activité a rendu possibles aussi l'analyse des besoins des usagers, l'organisation et l'animation d'activités, le maintien de la sécurité, etc. Elle a relié en quelque sorte dans bon nombre de cas les activités les unes aux autres, et si elle a semblé centrale, elle n'a pas toujours été perçue comme un travail par les bénéficiaires du service, conformément d'ailleurs à ce que montrent d'autres enquêtes[12].

25 jeunes mentionnent des situations où ils ont mobilisé l'activité **Information** qui consiste soit à répondre aux demandes d'information du public (70%), soit à prendre l'initiative d'informer (30%). Ils sont nombreux à avoir eu une fonction de conseil ou d'orientation qui finalise les informations données. Des jeunes qui travaillaient à la Poste et étaient par exemple chargés d'aider les facteurs dans leurs tournées dans des quartiers difficiles, relevaient les noms des locataires qui avaient des boîtes aux lettres défectueuses et leur écrivaient en formulant des consignes pour résoudre le

12. *Les nouveaux services du secteur social et médico-social*, étude réalisée par l'IRTS de Poitou-Charentes, AFPA, dossier « Acteurs de terrain » de la région Poitou-Charentes.

problème. La création de ce type d'emploi a incontestablement permis aux employeurs de combler un « déficit d'information » fortement ressenti par les usagers. Du côté du conseil et de la diffusion de consignes, l'information a contribué au changement des comportements, en lien avec des perspectives d'éducation, de maintien de la sécurité et du lien social.

L'activité **Maintenir ou créer du lien social** est tout à la fois une activité en tant que telle et un objectif qui peut être poursuivi au moyen d'autres activités, en tout premier lieu par la communication qui permet d'établir le contact et, à partir de là, de créer du lien social[13]. La relation avec autrui est au cœur de cette activité qui met en jeu des compétences relationnelles. Cyrille et Sadia, « Agents de médiation sociale », travaillaient pour un Centre Intercommunal de Prévention de la Délinquance et assuraient une Présence Sociale sur le Terrain (PST). Ils cherchaient à entrer en relation avec les jeunes en se déplaçant dans les quartiers et aux abords du collège « *C'est nous qui faisons la démarche de nous déplacer et d'aller les voir directement* » afin d'assurer le lien avec les « *publics dits en difficultés* ». Marc, en Police municipale, pratiquait une déambulation attentive dans les quartiers, communément qualifiée d'*îlotage*. Alain et Annie, « Agents d'accompagnement », cherchaient à établir avec les usagers dans les bus, notamment avec les personnes âgées, des liens fondés sur la connaissance et la confiance mutuelles. Sarah, « Agent de médiation, orientation, accompagnement » dans une association, cherchait, par la communication, à instaurer un lien entre les femmes turques et leur environnement social, entre la communauté turque et les associations locales, et entre les arrivants de différentes générations, en les incitant à participer aux activités socio-éducatives.

Julie, « Assistante recherche d'emploi » en Mairie, mettait en relation les demandeurs d'emploi avec les structures destinées à leur apporter l'aide nécessaire. Angeline, « Correspondante en médiation sociale » dans un organisme de gestion locative, remplissait aussi ce rôle auprès des services sociaux dans le cadre du suivi des dossiers de locataires : « *C'est moi qui fais toutes les démarches auprès des services sociaux pour les informer de la situation et voir les interventions qu'on peut faire* ». Dans la relation que Mohamed, « Agent d'accompagnement » dans les transports en commun et à la Poste, engageait avec l'usager, il s'agissait d'établir une relation excluant toute forme de conflit et d'agressivité : « *Mon activité, elle doit être tout simplement une activité de contact et pas de conflit* ».

Signalée à 13 reprises, **l'Animation d'activités** est notamment spécifiée par les caractéristiques et les besoins du public-cible auquel le service est

13. Les autres activités associées sont l'information (84,5 %) et, dans une moindre mesure, la sécurité (61,5 %) et les actions éducatives (61,5 %)

proposé. Les activités pouvaient être de nature diverse (sport, culture, musique, artisanat, jeux de société, fêtes), l'animateur étant celui qui donne vie à l'activité dans un collectif et permet aux autres acteurs concernés de bénéficier et de s'investir dans celles-ci. Dans la majeure partie des cas étudiés, les activités animées ont constitué des moyens ou même des prétextes pour résoudre ou prévenir certains problèmes. Il s'est agi de proposer à des mères immigrées des activités avec l'idée que leur intégration, ainsi favorisée, retentirait sur l'éducation et par conséquent le comportement de leurs enfants : « *Les femmes; il faut leur changer un peu les idées parce que c'est quand même elles qui vont laisser les enfants faire un peu tout* ». De la même manière, un agent médiateur organisait des soirées destinées aux jeunes pour prévenir les conduites violentes, un autre prenait appui sur l'animation de soirées techno pour conduire un travail de prévention de l'alcoolisme : « *On a décidé de faire des cocktails sans alcool...on leur a montré qu'ils pouvaient faire la fête sans consommer.* » Très souvent, l'objectif principal a été de créer ou de recréer du lien : « *On s'est dit que sans le sport y avait pas de lien qui était créé avec le jeune.* »

Dans le secteur péri-scolaire, nombre d'activités ont été animées dans le cadre d'un partenariat ou du moins d'une complémentarité avec l'école. Cécile, « Animatrice d'activités sportives » pour jeunes trisomiques dans une association, visait pour ces publics une meilleure insertion sociale s'inscrivant dans une recherche de complémentarité avec l'action de l'institutrice : « *On a des échanges par rapport à la stratégie pédagogique à mettre en place pour ne pas être en contradiction avec ce qu'elle fait dans la classe.* » Ici, c'est la division du travail éducatif qui se trouve interrogée par ces activités, cette « mission éducative partagée » qui fonde l'esprit des Contrats Educatifs Locaux[14].

L'animation est une de ces activités qui correspond à un domaine dont la reconnaissance et le degré de professionnalisation posent question. Cette instabilité a bien été perçue par les jeunes eux-mêmes : « *Le métier d'animateur peut être un travail à temps complet et pas seulement pendant les vacances. L'animation est un travail* ».

L'Activité à visée éducative (10 occurrences) des EJ a mobilisé, au-delà de l'activité d'information à laquelle elle a été étroitement associée, des stratégies de nature pédagogique. supposées conduire, via des apprentissages, des personnes à l'acquisition de savoirs, le plus souvent sociaux. Elle a visé essentiellement la modification des comportements. Lorsqu'il s'est agi d'actualiser les savoirs de la population, l'activité a pu prendre la forme d'un

14. *Les Contrats Educatifs Locaux*, circulaire n°2000-208 du 21-11-2000, MEN-DESCO, BO n°43, 30 nov. 2000.

cours, d'un exposé. Magali (La Poste) a fait ce qu'elle appelle un *exposé,* ou encore une *intervention* sur l'Euro, à un public a constitué pour partie de scolaires, pour partie de personnes âgées.

En matière de prévention, qu'il s'agisse de santé, de sécurité, ou d'environnement, c'est la transformation des comportements qui a également été visée, comme dans le cas de Sadia, « Agent de médiation sociale » : « *On a repris la suite de ça...en mettant en place des règles, en mettant en place tout un système dit éducatif pour qu'ils rentrent dans une démarche cohérente face à la société parce que les jeunes qu'on rencontre nous, dans les quartiers, faut savoir qu'ils n'ont aucun repère .»* Annie a décrit précisément le processus d'apprentissage qu'elle a mis en route sur la base d'un processus d'imitation réciproque. Adoptant pour partie le langage des jeunes, « *pas trop vulgaire, pas trop intellectuel* », elle a tenté de concilier les habitudes langagières des personnes à protéger et des personnes à surveiller. Les jeunes ont appris ainsi petit à petit à parler sans utiliser de mots vulgaires, ce qui reflète symboliquement un changement potentiel de comportement, un pas vers le respect des règles de civilité.

Par conséquent, cette activité touche des aspects cruciaux de notre vie sociale : santé, sécurité, ordre public, savoirs sociaux. Quelque chose de l'éducation civique s'est joué, comme si les nouveaux services s'employaient à éduquer sur ce registre ceux qui ne l'avaient pas été auparavant, ou pas suffisamment, ou sans succès.

Les aides-éducateurs de l'Éducation nationale[15] ne sont donc pas les seuls emplois-jeunes pouvant se réclamer d'activités et de compétences à dominante éducative. Une étude plus fine de ces aspects des activités des jeunes pourrait permettre de repérer sur quels aspects du processus éducatif les associations, les collectivités territoriales, et quelques grandes entreprises publiques sont intervenues, en complément de l'action de l'École et des familles. Si la visée éducative est très souvent reperée[16], cela manifeste à quel point les situations de travail concernées et les compétences mobilisées sont en lien avec un besoin supposé d'éducation en direction de certaines parties de la population ou de la population dans son ensemble. Elles sont donc un indicateur des transformations actuelles de la forme éducative de notre société (Charlot, 1987).

15. Belkacem R. et alii, 2002, *Les emplois-jeunes dans le bassin transfrontalier de Longwy : trajectoires et contenus des emplois-jeunes, rapport final de l'équipe de Longwy*, in (Gardin, Champy-Remoussenard, 2002).
16. Des travaux menés à propos des agents de proximité au CEREQ en mobilisant la méthode ETED pointent également l'importance du « rôle éducatif (…). Rarement officialisée en ces termes cette mission est celle qui devrait avoir le plus d'impact à long terme et est à ce titre fortement valorisée par les agents » (Labruyère *et al.*, 2000).

Maintenir la sécurité, c'est assurer la sécurité des usagers en prévenant les conflits par une présence dissuasive et rassurante, intervenir pour les résoudre par le dialogue, le rappel de la loi et des règles de civilité. L'activité ne semble pas nouvelle en elle-même. Ce qui est nouveau, c'est souvent le contexte dans lequel elle s'est exercée, associé à l'objectif visé dans l'action. Dans sa dimension relative à la prévention, l'activité de maintien de la sécurité est très proche de l'activité éducative. Le projet d'éduquer est étroitement lié au projet d'assurer la paix sociale.

Pour les « Agents d'accompagnement » circulant dans les transports en commun, il s'est agi d'assurer une présence dissuasive et rassurante auprès des usagers (*« Faire de la présence, ça rassure certaines personnes dans le bus, sur certains réseaux »*), et de se livrer à un travail d'observation vigilante des personnes afin d'identifier celles susceptibles de poser des problèmes : identifier le cas échéant le chef de bande afin de le neutraliser. Il s'est agi également d'entrer en relation avec les usagers : « *Si on voit qu'il y a des gens qui ont des problèmes, on va vers eux, on n'attend pas qu'ils viennent, on va vers eux (...) c'est à nous de faire le pas.* » Ahmed, « Agent médiateur » en Mairie, combattait le « *climat de violence* » qui sévissait (révélé par des plaintes et des problèmes de voisinage) en repérant les tensions entre les jeunes qui, lorsqu'ils « *commencent à prendre de l'élan, sont virulents* » et risquent de nuire à la sécurité publique, et en assurant une présence auprès d'eux. Maintenir la sécurité, c'est aussi prévenir les conflits. Cependant, les emplois-jeunes sont peu nombreux à l'exprimer en ces termes. Cyrille, dans un centre intercommunal de prévention de la délinquance, s'y employait pour éviter le recours en justice : « *On essaie de résoudre des affaires qui pourraient atterrir en justice* ». Les « Agents d'accompagnement » qui assistaient le facteur dans sa tournée aidaient à résorber les litiges susceptibles de survenir entre les usagers et les conducteurs (à la suite de réclamations concernant le retard du bus, par exemple), ou entre les usagers eux-mêmes, ou encore pour s'interposer en cas de conduites agressives. Dans les bus, ils tenaient le même rôle: « *On va les voir, on va leur dire de se calmer .»* Qu'il s'agisse de prévenir ou de résoudre les conflits, c'est dans le rappel de la loi et des règles que s'instaure le dialogue : veiller au respect des règles de vie en vigueur dans les transports en commun (tenue des chiens en laisse), parler avec les jeunes un peu turbulents, leur rappeler et leur expliquer un certain nombre de règles (ne pas mettre les pieds sur les banquettes).

Tous ces emplois relevant du maintien de la sécurité ont été concernés par la sécurité physique des personnes bien que peu de jeunes l'aient évoqué explicitement. Sabine, « Agent Local de médiation sociale » dans une Mairie, était chargée de filtrer les voitures, de canaliser et de sécuriser la foule lors d'une manifestation (« *On avait juste au départ un brassard de sécurité pour dire quand même qu'on faisait partie de la sécurité, pour les gens, pour rassurer, c'était de faire une présence en plus des policiers sans avoir l'uniforme* »).

L'activité **Accompagnement/suivi de personnes** se traduit par l'aide apportée à des personnes, qu'elle soit d'ordre matériel ou psychologique, et que soit exprimé ou non le besoin d'aide. Elle suppose une intervention à la place d'autrui ou avec autrui sur différents aspects de ses activités sociales. L'accompagnement pour des démarches administratives en vue de l'accès aux services publics est apporté à des personnes, qui, pour des raisons variées, rencontrent plus de difficultés que d'autres pour bénéficier d'un certain nombre de services (emploi, santé, différents droits sociaux comme les retraites).

Aline, « Écrivain public » en Mairie, comme Julie « Assistante recherche d'emploi » et Ahmed, « Agent médiateur », ont aidé les usagers à rédiger les documents nécessaires à la recherche d'emploi, écouté, conseillé, aidé les personnes dans le but de valoriser leur parcours. L'accompagnement était, dans ces cas, associé à une activité technique (mise en forme de documents sur le poste informatique, réalisation de photocopies). Un suivi a été assuré pour les personnes en recherche d'emploi qui revenaient modifier leur CV ou des dossiers de retraites. À la Poste, Sonia et Magali, « Agents de contact », ont apporté leur aide pour remplir des imprimés administratifs. Dans leur cas, l'accompagnement visait aussi des apprentissages susceptibles de rendre les personnes plus autonomes dans leurs démarches à l'avenir : « *les diriger mais leur apprendre aussi à se servir de cet automate.*» Mireille, « Médiateur santé » dans une association, favorisait l'accès aux soins médicaux, par un dialogue avec les personnes permettant d'identifier leurs problèmes qualifiés de sociaux : « *On a remarqué que, même si les gens ont une couverture maladie complète, on va dire 100%, qu'ils n'ont pas d'argent à débourser, eh ben l'accès aux soins ne se fait quand même pas. Je suis là pour intervenir, pour que les gens franchissent le pas, qu'ils aillent bien se soigner.* » L'accompagnement consistait à prendre des rendez-vous, à accompagner les personnes chez le médecin, à effectuer un suivi (régulièrement une soixantaine de personnes) et des vérifications. Il a pris également la forme d'une aide physique aux déplacements des personnes à mobilité réduite ou difficile, notamment dans les transports en commun et, pour les agents d'accompagnement, à accompagner la montée et la descente dans les bus, à aider certains usagers en poussant ou portant les caddies ou les poussettes. Enfin il s'est agi d'apporter une aide pour effectuer certaines activités de la vie quotidienne, rendues difficiles ou impossibles par la vieillesse et la perte d'autonomie qu'elle peut occasionner. Ainsi, Nathalie, Isabelle, Sophie (secteur hospitalier et CCAS) lisent-elles le journal, des livres ou du courrier pour les personnes âgées: « *Il y a des personnes qui ne peuvent plus lire, qui n'ont plus la vue, donc je fais les yeux, je fais la main.* »

Ces démarches d'aide, de soutien et d'accompagnement, dans la mesure où, la plupart du temps, elles confrontent les EJ à la vie privée des personnes, nécessitent un code déontologique, voire des repères éthiques. À situer dans le domaine des activités à forte dimension relationnelle, elles ont requis les savoirs complexes des métiers de la relation (relation d'aide, communication duelle, travail sur les limites, travail sur le conflit, stratégies pédagogiques). Or les jeunes semblent rarement avoir été accompagnés, formés, sur ce registre. La complexité des situations vécues, du point de vue des questions éthiques, a mis en exergue un besoin d'échange et d'analyse des pratiques. En outre, la pluriactivité s'est caractérisée par l'association de ces dimensions des situations de travail (pouvant requérir un haut niveau de qualification) à d'autres dimensions plus techniques renvoyant à des niveaux de qualification plus bas. L'activité s'est donc située dans une tension entre différents types de niveaux de qualification requis au regard de la complexité variable des tâches effectuées.

L'activité **Représentation institutionnelle** est liée à la connaissance du contexte partenarial[17]. Les six jeunes concernés en mairie ont participé à l'organisation de fêtes (carnavals ou fêtes organisées par des associations). Chez les autres employeurs, 7 jeunes étaient représentants institutionnels dans des commissions ou y participaient lorsque le thème était directement lié aux tâches dont ils avaient la charge (Réunions du Contrat Local de Sécurité, du groupe local de prévention des conduites à risques, ou encore du groupe de travail chargé du Plan d'occupation des sols ou de l'environnement).

Ces situations ont suscité des responsabilités et des compétences que le collectif et l'institution ont semblé repérer : « *On met en avant certains dossiers épineux, on essaie d'harmoniser les interventions des différents partenaires et on réfléchit ensemble sur la meilleure solution* » *(*« Correspondante en médiation sociale »*, HLM).* L'activité **Montage de projets/Réalisation d'études a** concerné 8 des jeunes interviewés, et a comporté dans tous les cas les mêmes étapes : diagnostic sous forme de recueil des besoins et des demandes, établissement d'un programme, calcul des coûts et recherche de subventions, défense du projet auprès de l'autorité supérieure (responsable de l'établissement, conseil municipal), éventuellement rédaction d'un rapport. Pour faire face à ce type de tâches, les

17. Elle concerne 11 jeunes dont 9 employés par des Mairies. La moitié des jeunes travaillant en Mairie sont concernés par cette activité contre à peine un peu plus de 10% des autres.

jeunes ont dû souvent faire preuve d'initiatives (« *Au départ, nous on avait juste une feuille avec des mots* » dit la responsable d'une journée interculturelle dans une mairieà), mais aussi de persévérance : « *C'est une journée interculturelle qui a été faite le 29 mai. On travaillait dessus depuis le mois de février. Ca nous a pris un temps énorme, tout notre temps depuis février.* » Ils ont été confrontés à des tâches complexes d'animation d'un collectif : « *Je restitue globalement ce qui a été dit, les thèmes qui ont été abordés et les lieux qui ont été abordés puis après j'essaye d'embrayer la discussion sur ce qui a été abordé et après on fait des petits groupes de réflexion* » (Chargée d'une mission d'environnement dans un organisme public). Un certain nombre de jeunes se sont vu confier des responsabilités importantes concernant tous les aspects d'un projet, y compris les aspects financiers[18]. Enfin les Activités relevant de la **gestion des Ressources humaines (**recrutement, animation d'équipe, réunions internes) marquent un fort investissement du jeune et sans doute une forte reconnaissance du collectif de travail à son égard. Jean, « Chargé de communication » en Mairie, a mentionné une activité de **recrutement** : la rédaction du profil de poste d'un nouvel emploi-jeune à embaucher. Il s'agissait d'un poste « emploi-jeune » nécessitant le montage d'un dossier spécifique qu'il connaissait bien pour avoir participé au montage de son propre dossier. Un autre jeune « *Steward* urbain » d'une grande agglomération il a eu la charge d'**Animer une équipe** et d'organiser le travail des autres *stewards* « *Organiser l'ensemble du service avec tout ce que ça comporte, c'est-à-dire prévision du planning et récupération des informations pour essayer en fait de comptabiliser nos actions (...) J'essaie de remettre les plans de charge et de prévoir les choses .»*

L'activité **Participation à des Réunions internes** a été relevée pour 3 interviewés. Elle est l'un des indicateurs de l'engagement et de l'intégration dans la vie du collectif de travail. Pascal, « *Stewart* urbain » en Mairie, participait à des réunions associées à l'animation du travail d'une équipe. Sa mission d'encadrement impliquait la participation à des réunions qui pouvaient être constitutives de la situation de travail, des compétences spécifiques qu'elle mobilisait, et permettre notamment d'organiser les autres activités. Peu mentionnée par les jeunes interviewés, la réunion interne peut apparaître comme une activité de routine et non comme une activité significative. Mais le fait qu'elle ne soit pas mentionnée peut aussi refléter l'absence de réunions (certains collectifs de travail ne fonctionnent pas sur ce mode), ou encore le fait que le jeune n'y ait pas été convié (ce qui peut

18. Les activités ponctuelles ont été proposées à des jeunes de niveau bac alors que des projets à long terme l'ont été sous la responsabilité de ceux qui avaient au moins bac+4.

signifier une non-intégration relative). Le jeune, investi dans des activités nouvelles au sein de la structure, pouvait ne pas se trouver entouré d'un réel collectif, parce qu'il travaillait soit plutôt isolément, soit au côté de professionnels représentant d'autres domaines de compétences que le sien.

19 jeunes, soit plus de la moitié, ont mentionné des activités que nous avons qualifiées de « **Techniques** ». Constituées de tâches diversifiées, elles relèvaient toujours de réalisations pratiques. Les tâches classiques de secrétariat sont de loin les plus nombreuses – près de 80% des exemples mentionnés – (photocopies, saisie de courrier, de bons de commande, distribution du courrier, vérification de renseignements administratifs). Les activités de ce type ne constituaient en général pas l'activité principale et apparaissaient soit régulièrement, soit ponctuellement, lors du remplacement de personnel absent ou en raison de la nature même des tâches confiées au jeune. Pour quatre de ces jeunes, il s'agissait d'afficher des informations (offres d'emploi ou renseignements sur l'euro), pour trois de gérer des salles (ranger et surveiller), d'entretenir des automates, de veiller à ce que des présentoirs soient complets, et enfin, pour deux d'entre eux, d'organiser l'hébergement et la restauration de personnes, de réaliser des plannings d'animation. D'autres ont réalisé des affiches ou des montages audio-visuels, à l'occasion d'animations, arrosé des fleurs, rempli des thermorettes, servi des repas ou constitué un herbier. Quelques-uns ont véhiculé des personnes à l'occasion de livraisons de repas, d'animations d'activités. Enfin, deux jeunes ont eu des tâches plus spécifiques, pouvant s'apparenter aux savoir-faire de métiers repérables : tenue de caisse pour l'une, rédaction d'un avis technique destiné à des collectivités locales pour l'autre. On perçoit, à travers ces exemples, l'extrême diversité des tâches techniques. Même de courte durée, elles empruntent à divers « métiers » : secrétaire, spécialiste de l'audiovisuel, chauffeur, standardiste, etc. Parfois, la technicité des activités est pointue : réaliser un diaporama à projeter lors d'une animation ou un petit film pour l'inauguration d'une piste cyclable : *« Donc, nous, on a eu l'idée de faire un film, de monter et de tourner un film sur la bande cyclable. Ca a abouti et puis on l'a tourné, on l'a monté et on l'a donc projeté au cinéma »* (« Agent local de médiation sociale » dans une Mairie). Mais, on l'a vu, à l'inverse, les tâches effectuées peuvent être très simples. On aurait, nous semble-t-il, trop vite fait d'associer la diversité des tâches que nous avons qualifiées de techniques à des emplois peu valorisants, sans cohérence et exigeant un faible niveau de qualification. Elles ont constitué, pour les EJ, en fonction de leurs modes d'articulation à d'autres tâches, un aspect significatif de la pluriactivité.

Analyse des besoins et développement des autres activités

Le rapport aux besoins des usagers a été, compte tenu de la philosophie même du dispositif, une dimension particulière des activités de travail : il était en principe nécessaire que les besoins soient démontrés pour que les activités soient légitimes. La mise en évidence des besoins constituait aussi un des critères possibles de pérennisation de l'emploi. Du coup, il n'est pas surprenant que se soient construites, en situation, des compétences d'analyse des besoins et que les conditions même de survie de l'emploi (c'est-à-dire les conditions requises pour que l'aide de l'État soit attribuée) y aient fortement contribué.

Nathalie s'employait à détecter les besoins des personnes âgées en matière d'animation d'activités : « *On peut apprendre beaucoup sur les activités qu'ils faisaient avant, qu'ils voudraient vraiment faire. On sait dans quel groupe on peut les inscrire, de là on peut les faire participer à toutes sortes d'activités.* » Sarah « Agent de médiation, orientation, accompagnement », évaluait les besoins de formation en identifiant le niveau de maîtrise du français de la population immigrée qu'elle dirigeait ensuite vers des formations adaptées. Cyrille, « Agent de médiation sociale » en Mairie, analysait les besoins des jeunes en termes de soutien, d'accompagnement au développement de projets qui les intéressaient : « *on tient une permanence à la Maison des Clubs (...) ils viennent, on discute avec eux, s'ils ont de projets bien définis, on essaie de les réaliser pour les vacances* .» Éric, « Conseiller propreté » en Mairie, a constitué une base de données répertoriant des besoins précis en matière d'utilisation des canisites. Pour Emmanuelle, « Agent polyvalent chargé des relations avec l'habitant » en Mairie, comme pour beaucoup d'autres, dès la création, c'est « *le besoin de communication et surtout de relation avec les gens* » qui justifie l'existence de l'emploi. Elle allait « *pêcher des infos* » au moyen des permanences d'accueil qui rendent possible « *le contact direct avec les gens* », et d'enquêtes (par questionnaire) « *pour savoir ce qu'ils pensaient de la communication* .» Chez les aide-éducateurs de l'Éducation nationale, cette activité était également importante. Les entretiens menés auprès d'aides éducateurs dans l'Éducation nationale[19] ont permis de repérer plusieurs aspects de l'apport des aides-éducateurs au fonctionnement des structures dans lesquelles ils travaillaient, dont l'un était relatif à leur capacité de « *révéler et de structurer des besoins nouveaux* », en matière d'« *expression corporelle, d'art plastique, de technologies de l'information, de communication, de sport* ».

19. Belkacem et *alii*, *op. cit.*

L'activité **Analyse des besoins des usagers** est cependant seulement signalée par 8 interviewés parmi les 34. Mais, parce que constitutive de la légitimité même et de la création du poste, il est probable que certains interviewés ne l'aient pas incluse dans la description de leurs activités. Si l'on reprend un courant de réflexion critique à propos de l'analyse des besoins en formation (Marquart, 1976), on peut dire que les jeunes interviewés avaient tout intérêt à détecter de nouveaux besoins à satisfaire car c'est ainsi qu'ils attestaient l'utilité de leur emploi et pouvaient prétendre faire prendre en compte sa solvabilisation. Entre détection d'un besoin et création d'un besoin qu'on suscite pour justifier une activité, la frontière est souvent difficile à identifier. L'analyse des besoins est également une activité étroitement associée à d'autres puisqu'elle les déclenche ou permet de les mettre en œuvre, qu'elles soient en lien avec des besoins d'éducation, d'information, d'aide, de sécurité, etc. Elle est également l'un des attributs des activités de service, qui proposent des prestations correspondant aux besoins ou aux aspirations d'une population-cible. Par conséquent, elle a suscité le développement de compétences potentiellement transférables dans nombre de situations de travail où le service rendu suppose une capacité à connaître et à comprendre l'usager ou le client.

Le dispositif EJ s'est inscrit dans une maïeutique du besoin qui semble constituer une des modalités essentielles de la professionnalisation de ce type d'activités, au sens où le besoin serait le symptôme ou l'indicateur d'une utilité sociale du service proposé. De surcroît, l'analyse des besoins renvoie à un travail en réseau qui interpelle les relations du jeune avec les autres métiers et dessine les frontières de l'activité. La **mise en place d'un réseau** a été mentionnée par 4 jeunes, qui ont signalé des contacts avec des partenaires sociaux ou des entreprises, des associations. Ce repérage des partenaires semble incontournable. Ainsi, Jean, « Chargé de communication » dans une Mairie, repérait-t-il, par le moyen de réunions inter-associations, les besoins non satisfaits par les associations sur le secteur. C'est une démarche de repérage des manques, de mise en rapport de la demande et de l'offre, qui s'inscrit dans un processus de mise en relation des différentes structures susceptibles de répondre aux « besoins ». La problématique de l'analyse de l'offre et du besoin n'est pas sans lien avec certains des enjeux de l'activité de service commerciale. Les formes de réponse fournies pose donc la question du statut du bénéficiaire du service. Est-il plutôt client ou usager ?

Des services destinés à des clients ou à des usagers ?

Le développement des « nouveaux services » a été orchestré dans le secteur dit non-marchand, après qu'une première version du projet l'ait prévu aussi dans le secteur marchand. Or, dans les situations de travail des jeunes, des activités comme la vente ou la promotion, où même, à certains égards, l'analyse des besoins, n'étaient pas sans lien avec une logique de commercialisation des services. Dans un certain nombre de cas, les emplois-jeunes contribuaient indirectement à un processus de vente. Dans d'autres cas, dérogeant aux règles de création et de soutien apporté à ces emplois, ils y contribuaient de manière directe.

La vente est, certes, une activité marginalement représentée dans le corpus analysé. L'activité **Promotion** de produits ou d'actions apparaît à 7 reprises (4 des jeunes travaillent à la Poste), l'activité **Vente** à deux reprises. Mais les propos analysés sont particulièrement intéressants au regard du clivage entre secteur marchand et non-marchand. Promouvoir, au sens purement commercial, c'est chercher à attirer l'attention d'un client sur un produit ou un service (par la publicité ou l'ensemble des techniques qui visent cet objectif). L'étymologie du terme (latin *promovere* « pousser en avant/faire avancer ») laisse entrevoir une acception plus large du terme. Les EJ ont assuré une activité de promotion, dès lors qu'ils se sont employés à faciliter explicitement le développement de quelque chose. Emmanuelle, par exemple, « Agent polyvalent chargé des relations avec l'habitant » en Mairie, assurait la promotion des activités des associations du secteur et de la municipalité dans le bulletin municipal. Les EJ qui ont souvent été les promoteurs de leur activité, parce qu'ils avaient à en défendre l'existence et le devenir, ont été aussi, ce faisant, les promoteurs des institutions qui les employaient. En outre, les activités de promotion et de vente entretiennent des relations complexes. Les agents d'accompagnement à la Poste[20] présentent à cet égard un cas de figure particulier. Tout en donnant à la clientèle des informations et des conseils concernant les produits commercialisés par la Poste, ils ont précisé la plupart du temps que leur activité consistait à promouvoir sans vendre. On perçoit bien ici l'ambiguïté de ces situations, car, dans la mesure où la promotion vise la vente elle-même, la dissociation entre les deux activités s'avère artificielle. Elle a d'ailleurs été mal vécue par les jeunes. L'interdiction de participation à la vente proprement dite a été soulignée par eux, notamment quand de surcroît le diplôme initiale y préparait, comme pour ce titulaire d'un BTS « Forces de vente » : « *Pour moi, c'est pas un vrai métier... il y a quand même une certaine frustration de ne pas avoir accès à la vente* .» Elle était liée aux conditions d'existence de l'emploi, qui ici faisait se contrarier la teneur même de l'activité et la restriction qui lui était imposée par le dispositif. L'activité promotion suppose d'aller à la rencontre du client, d'anticiper ses demandes. Cette forme d'intervention dans le bureau de Poste lui-même

20. 4 parmi les 7 jeunes interviewés mentionnant une activité de vente ou de promotion.

facilitait l'accès de la clientèle aux différents produits et services, et par conséquent, elle a contribué au développement de l'activité commerciale. Certes, une autre forme de promotion a existé, à visée mi-sociale, mi-éducative, dans le cadre de l'opération pièces-jaunes ou du passage à l'Euro. Mais, de façon indirecte, elle a sans doute aussi profité au développement des activités de La Poste. Les situations vécues par les *agents de contact* de La Poste traduisent donc les limites du cloisonnement entre activités marchandes et non-marchandes dans ce type de contexte. Elles questionnent aussi le choix qui a été fait d'inclure certains employeurs dans le secteur dit non-marchand[21].

Dans d'autres cas, la logique du dispositif a pu être complètement pervertie par la réalité des activités. Ainsi, la création du poste d'un des interviewés a été liée au développement d'une activité de commercialisation d'outils pédagogiques pour l'école dans laquelle il travaillait. « Assistant éducatif » dans un établissement d'enseignement privé du supérieur, le jeune avait des activités de commercialisation très importantes qui relevaient tout à la fois d'un poste d'assistant marketing et de secrétaire. Il s'agissait de repérer les clients potentiels, d'analyser leurs besoins, d'entrer en contact avec eux et de les informer, par des mailings, ou en téléphonant. Dans ce cas, la promotion des produits de l'école était une dimension importante de l'activité qui n'avait pas du tout été mise en évidence par l'intitulé du poste, masquant en quelque sorte ce type de service. Par ailleurs, la vente est très liée aux autres activités (établir une base de donnée des prospects), à l'activité de promotion en vue de la vente, à l'information des clients ou futurs clients, à l'animation d'activités (lorsque les activités organisées participent d'une promotion de l'établissement).

Enfin, la vente a constitué, pour certains, l'une des activités que nous avons nommées « activité-prétexte ». L'activité de vente des tickets de bus était indissociable du fonctionnement de la compagnie de transport dans laquelle Jeanne exerçait ses activités. Les acheteurs sont à la fois les usagers et les conducteurs (qui sont eux-même appelés à vendre des tickets dans les bus). La vente des tickets était l'occasion d'un contact avec ces deux types de population. Les activités de maintien de l'ordre et de la sécurité dans les bus lui étaient liées – puisque Jeanne avait aussi un rôle de contrôle des titres de transports – ainsi que les activités techniques de tenue de caisse et de convoyage d'argent de la caisse.

Les activités de vente et de promotion renvoient à un des point délicats du dispositif, celui de ses rapports avec le secteur dit marchand. La

21. S'ajoute à la complexité de cette situation le statut en pleine évolution de La Poste.

contradiction apparaît entre une logique d'émergence des activités et une logique liée aux critères de répartition de l'aide apportée par l'État. La première logique ne devait *a priori* interdire aucun type d'activités, dès lors qu'elles participaient de la réponse à des besoins non satisfaits. La seconde logique a de fait circonscrit, limité le développement des activités. L'activité Vente ne présentait pas en soi de caractère novateur. En revanche, elle pouvait être nouvelle dans son contexte et dans l'association avec d'autres activités, notamment le maintien de l'ordre et de la sécurité ou encore la (re)construction du lien avec les populations.

Des compétences transférables à des activités de commercialisation sont identifiables dans l'exercice de bon nombre d'activités : informer, communiquer, convaincre, conseiller, analyser les besoins, susciter de nouveaux comportements de la part des consommateurs. On peut donc faire l'hypothèse que les jeunes qui ont fait l'expérience de l'activité de promotion et/ou de vente ont plus de facilité à trouver ensuite un emploi dans le secteur privé. Cependant, l'analyse du rapport subjectif des jeunes à leur travail[22] ajoute encore en complexité, comme on l'a vu avec les aides-éducateurs réticents à se diriger vers les employeurs privés, comme ACOR, qui avaient passé contrat avec l'Éducation nationale. Le projet des jeunes eux-mêmes était très peu souvent dirigé vers le secteur privé. Les créations d'entreprises ont d'ailleurs été peu nombreuses, si bien qu'on peut se demander si, en restreignant les possibilités d'emploi au secteur des associations, des grandes entreprises publiques et des collectivités territoriales, le dispositif n'a pas prioritairement concerné des jeunes peu attirés par le secteur privé (Gelot, Meyer, 2001).

Que traduit l'hésitation puis le choix du politique quant à la relation entre le type d'activités concernées et le secteur marchand ? Les emplois de service resteront-ils des « *emplois de servitude* » parce que leur valeur ajoutée, leur productivité trop faible les fait percevoir comme des activités subsidiaires, subalternes ? A-t-on en quelque sorte reculé devant la complexité du problème posé, peut-être notamment parce qu'il nécessiterait d'ouvrir un réel débat sur les valeurs qui président aux choix économiques, sociaux et politiques d'organisation de notre société ?

La pluriactivité lisible dans les configurations d'activités

Ce sont les articulations entre ces 14 activités en des configurations diverses selon les emplois qui ont permis de caractériser la pluriactivité constitutive des situations de travail des emplois-jeunes. La relation d'interdépendance entre les différents types d'activités est caractéristique de la

22. Cf. les deux contributions d'A. Flye Sainte Marie et P.A. Dupuis dans cet ouvrage.

forme de pluriactivité remarquée ici, et elle implique que les compétences mobilisées et les besoins de formation associés soient considérés également du point de vue de leurs interrelations. Ainsi, l'activité de service en salle et celle de portage des repas à domicile n'ont pas les mêmes caractéristiques selon qu'elles participent d'une activité d'analyse des besoins et/ou de relation d'aide ou qu'elles en sont dissociées.

La configuration est, pour nous, l'agencement des différentes activités repérées pour un même emploi. Excepté pour deux ou trois jeunes, aucune activité principale ne domine en effet l'emploi. L'analyse par configurations d'activités montre que la coexistence de plusieurs activités dans les situations de travail des emplois-jeunes a constitué une spécificité de leur travail, et que la façon dont elles s'articulent entre elles constitue un véritable analyseur des services en émergence. Certaines activités sont plus fréquemment associées que d'autres dans la description des situations de travail : la communication, l'accompagnement de personnes, l'animation d'activités, l'information, l'activité éducative, l'analyse des besoins. D'autres apparaissent comme des activités-prétextes ou des moyens (animation, analyse des besoins, promotion), d'autres encore comme des activités visées (éducation, maintien de la sécurité, vente). Pour les jeunes, s'investir dans les situations de travail réelles, c'était tenter d'articuler intelligemment toutes ces composantes, en fonction d'une méta-capacité à comprendre leur agencement complexe. Voici quelques exemples des configurations remarquées pour les jeunes enquêtés en Lorraine.

Chacune des activités de Nathalie, qui s'occupe de personnes âgées dans un hôpital, est reliée aux autres (figure 1): aller chercher le journal conduit à en faire la lecture à la personne à laquelle on l'apporte et, par conséquent, jouer le rôle de facteur rend possible l'activité d'accompagnement. Animer une randonnée permet la communication avec les personnes âgées et la détection de leurs besoins, etc.

Pour Christine (figure 2), « Animateur, accompagnateur de personnes âgées », dans un Centre Communal d'Action Sociale, la livraison des repas rend possible le soutien psychologique aux personnes en difficulté ainsi que la détection de leurs différents besoins, qui, elle-même, favorise le montage de nouveaux projets d'activités de loisirs. Pour Isabelle (figure 3), « Assistante de convivialité » dans le même type de structure, la distribution du courrier débouche sur la lecture des lettres aux personnes qui ne peuvent plus le faire seules. Le service des repas en salle favorise la connaissance des personnes et la communication avec elles.

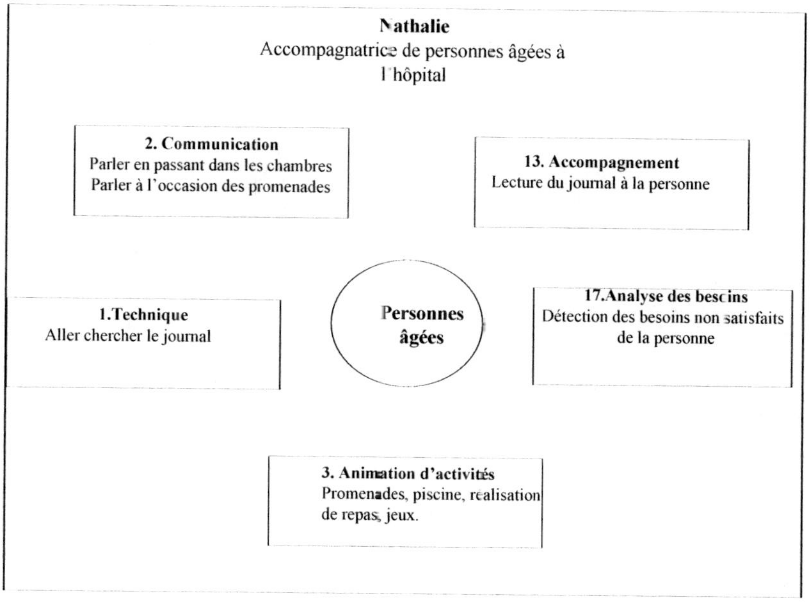

Figure 1 : Nathalie

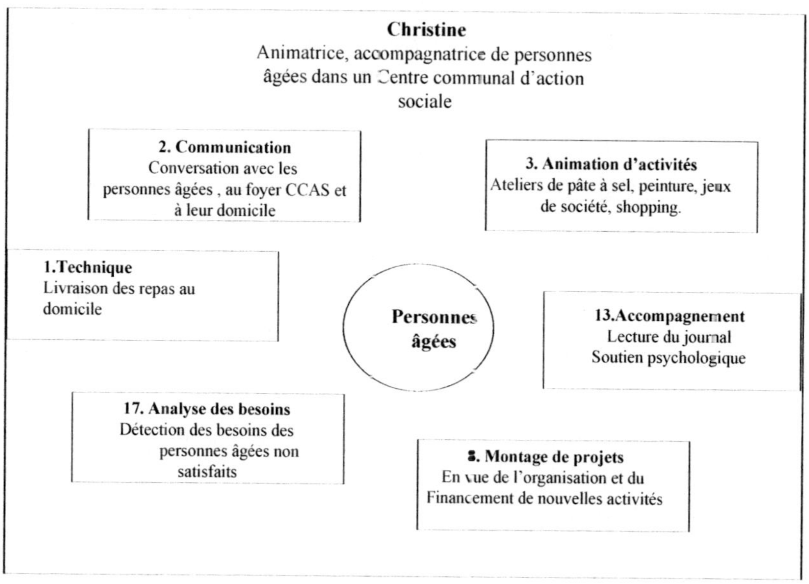

Figure 2 : Christine

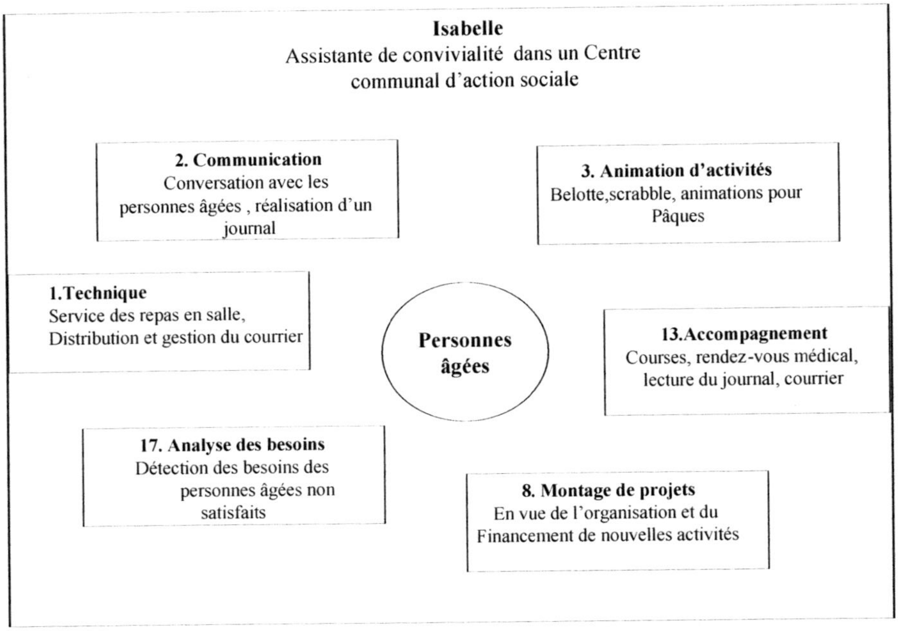

Figure 3 : Isabelle

Appréhendée dans d'autres domaines, l'articulation entre les activités présente des caractéristiques analogues. Ainsi pour Sabine, « Agent local de médiation sociale » dans une Mairie, l'activité de maintien de la sécurité n'est pas sans lien avec les sondages ou enquêtes qu'elle mène à propose de l'alcoolisme, de la drogue, ou les échanges qu'elle a avec les habitants à propos des querelles de voisinage (activité de Communication).

Les situations de travail des jeunes interviewés étaient caractérisées, dans la plupart des cas, par plusieurs activités juxtaposées ou articulées, mettant en jeu plusieurs domaines de compétences, et destinées à produire des services en direction d'un ou plusieurs types d'usagers. C'est donc le client ou l'usager (pour les « nouveaux services », la personne âgée, le client de La Poste, les jeunes…) qui fondait la cohérence du travail et c'est à partir de lui que peut être définie la teneur du travail, que peuvent être analysées les compétences. La pluriactivité désigne toujours un bouleversement du schéma traditionnel des compétences et des qualifications puisqu'elle oblige à penser conjointement, et dans leurs articulations inattendues, des niveaux et des types de compétences auparavant considérés de façon distincts. Elle peut être caractérisée selon plusieurs aspects. Condition de la construction de l'emploi, de son existence même, elle implique des employeurs multiples[23], ou un

23. Les emplois partagés : une chance ? *Jeunes, emplois et territoires* n°22, Carrefour des Pays lorrains, juillet-août 2000.

employeur unique proposant des activités sur des registres divers pour assurer alors des conditions d'emploi, et donc de salariat, qui ne pourraient l'être par une seule activité. Elle génère alors des conditions de travail et un rapport au travail spécifiques. Dans le cas des EJ, c'est dans les modalités de réponse aux besoins des usagers qu'on peut décoder, à travers la complexité des registres de l'activité, le sens même du travail effectué. En outre, ce sont les modes d'association des activités qui permettent de repérer celles qui servent de paravent, de prétexte ou de support à d'autres. L'animation d'activités sportives en direction des jeunes est l'occasion de faciliter leur intégration et de favoriser l'apprentissage de certains comportements. La vente et l'information sur les titres de transport sont le moyen d'établir un contact avec les usagers des transports en commun, de limiter les conflits et de faire respecter les règles de socialité, etc. L'activité-support, souvent assez technique, n'est d'ailleurs pas toujours considérée comme valorisante. Parmi les différentes activités qui s'inscrivent dans les situations de travail des EJ, quelles sont celles qui sont légitimes, valorisées, mises en avant ? Ceci questionne le repérage et le statut des compétences ainsi que de la formation : comment concilier la construction des compétences sur des registres si divers, comment penser l'identification des besoins de formation prioritaires ?

En outre, la pluriactivité se traduit par une complexité accrue du rapport à la construction de l'identité professionnelle car elle est à la source de quelques problèmes particuliers. À quel domaine professionnel de référence adosser sa construction ou sa reconstruction identitaire, selon quelles modalités construire ses propres modes d'appartenance et de reconnaissance ? Si chacune des activités permettant, dans l'interdépendance avec les autres, d'assurer le service visé, est nécessaire, cela conduit celui qui les exerce à devoir aussi construire ses compétences et son identité sur différents registres à la fois.

Enfin, la pluriactivité des services à la personne s'inscrit dans un rapport particulièrement complexe aux métiers déjà existants, au travail des autres (Champy-Remoussenard, 2001). Les situations de travail des EJ ont bien souvent empiété sur les territoires de métiers déjà existants et leur ont emprunté certaines de leurs caractéristiques. La communication, le maintien de l'ordre, l'éducation, la relation d'aide (accompagnement des personnes en difficulté) ne sont pas l'apanage des nouveaux services. Ce sont des activités centrales dans certaines professions. Mais, dans les situations de travail des EJ, ces activités se sont trouvées associées à d'autres, de manière quelquefois inédite, et en direction de publics auxquels un service lui aussi inédit ou partiellement inédit a été proposé, ce qui impliquait, de surcroît, de prendre en compte des frontières avec les territoires d'autres professionnels. Certaines analyses de la diversité des tâches réalisées par les emplois-jeunes permettent de penser que la pluriactivité a pu avoir un effet positif sur les résultats escomptés de l'activité et donc amélioré la qualité du service rendu. C'est ce qu'a montré une étude (Jarousse, Leroy-Audouin, 2001) de l'IREDU (Institut de recherche sur l'Economie de l'Education) à propos des aides-éducateurs de l'Éducation nationale. Elle souligne « les possibles dangers d'une spécialisation excessive des aides-éducateurs et conduit, à l'opposé, à considérer que leur polyvalence, parfois vécue de façon négative par les intéressés, pourrait constituer une richesse du dispositif et une des clefs de sa réussite ».

Enjeux de valorisation et de validation de l'expérience

Les questions de formation, de qualification et de validation de l'expérience sont inextricablement liées : former n'est pas seulement développer des compétences, mais les démontrer et les garantir (Merle,Vergnaud, 1992). La construction des activités ne dépendait pas, dans le cas des emplois-jeunes, d'une formation professionnelle préalable, ni d'une transmission des savoirs-faire sur le mode du compagnonnage, ni encore de la définition *a priori* du type de service à fournir (comme cela peut parfois être le cas dans le secteur marchand par exemple, à l'occasion d'une étude de marché caractérisant la clientèle, ses besoins, les coûts associés à la production du service). Les activités des emplois-jeunes se sont déployées en dehors de ces cadres et de ces contraintes. Par conséquent, il n'est pas surprenant qu'elles aient débouché sur des formes de travail atypiques ou partiellement atypiques.

Or, si ce n'est plus l'activité centrale qui détermine le sens d'un métier mais les articulations entre les différentes activités et les besoins des usagers auxquels on propose des services, alors se posent des questions cruciales en matière de reconnaissance de cette forme d'expérience du travail et s'imposent de nouveaux cadres dans lesquels permettre son développement. Olivier Liaroutoz évoque les problèmes de reconnaissance pour des salariés qui auraient besoin d'être « *valorisés par rapport à plusieurs métiers* », ceux pour lesquels il s'agirait de valider « *ces ensembles d'activités correspondant à des métiers différents et ne constituant pas de cohérence apparente* ». Il remarque que pour l'instant ce type de validation est impossible, « *avec des diplômes professionnels encore peu modulables ou des CQP*[24] *très hétérogènes d'un secteur à l'autre* » (Liaroutoz, 2001).

Il faut aussi attirer l'attention sur les limites d'une valorisation de l'expérience acquise par les jeunes dans ces contextes, qu'elle se situe dans la logique de la recherche d'emploi (entretien d'embauche) ou dans les

24. Certificats de Qualification Professionnelle.

processus institutionnalisés d'accompagnement de l'insertion (VAE, bilans de compétences). La confrontation à la pluriactivité est indéniablement formatrice, et nombre de ces activités et de ces configurations d'activités interpellent la capacité qu'a notre société d'assurer la survie de son organisation interne (visée éducative, accès aux services de santé proposés à la population, maintien de la sécurité). Des secteurs d'activités sont depuis longtemps chargés de veiller à ce que ces préoccupations soient institutionnellement prises en charge. Mais l'expérience « emploi-jeunes » confirme que ces institutions ne parviennent pas ou plus à assurer de façon satisfaisante l'atteinte de ces objectifs. Ce constat concerne les services de l'Etat mais aussi, au-delà, les autres institutions publiques ou privées à qui incombent pour partie ces responsabilités collectives. Les compétences associées à des configurations nouvelles comportent aussi une certaine charge « critique » pour les institutions et dispositifs existants.

Enjeux de conditions de travail et d'emploi

Les formes de pluriactivité qu'on peut trouver dans les situations de travail des emplois-jeunes s'inscrivent dans un système de tension, entre le développement d'une « polyvalence » pauvre en reconnaissance au regard de l'intérêt porté au travail et du caractère formateur des situations de travail, et le développement d'une pluriactivité riche de perspectives en termes d'enrichissement des tâches, de créativité, d'autonomie et de motivation au travail, et par conséquent d'impact sur l'évolution des savoirs et des compétences (Schwartz Y, 1997). La pluriactivité peut aussi bien servir à justifier des formes de flexibilité et de précarisation du travail, qu'à l'inverse participer du souci de ne pas développer, dans le secteur des services à la personne, un travail en miettes, peu qualifié, et susceptible d'être celui des populations les plus démunies en raisons des modes de gestion dominants de l'articulation travail/formation. L'utilité finale du travail (Lichtenberger : 1997) semble de plus en plus mise en exergue, tout en devenant paradoxalement l'élément qui en accroît la précarité. On peut dès lors s'acheminer vers une nouvelle cohérence construite autour de la nature du service rendu ou vers un appauvrissement des activités et le développement d'un volant d'emplois précaires.

Enjeux de formation et de qualification

Les services à forte composante relationnelle ne paraissent pas toujours exiger de fortes qualifications et leur rémunération est plutôt réduite. Néanmoins, leur maîtrise nécessite un savoir-faire particulier, et de bonnes capacités relationnelles (Goldfinger, 1998). C'est là un véritable paradoxe eu égard à la question des besoins de formation. On l'a vu, la complexité associée à la pluriactivité a rendu difficile l'analyse des situations de travail et par conséquent des besoins de formation qui peuvent y être décelés, d'autant que les intitulés de poste ne permettaient pas de repérer des familles d'activités suffisamment différenciées pour s'apparenter à de nouveaux métiers. À cela s'ajoutait une prescription légitimement floue, puisqu'il s'agissait de faire émerger des activités nouvelles ou non encore visibles dans la division du travail telle qu'elle est actuellement formalisée ce qui a mis l'employé tout autant que l'employeur en peine d'identifier les lacunes prioritaires, celles qui pouvaient légitimer l'investissement dans la formation.

L'idée qu'à de nouvelles activités et compétences doive correspondre de nouveaux métiers et de nouvelles formations, qu'à un secteur d'activité correspond aussi un fléchage des savoirs de référence associés renvoyant à des types d'expertise et de professionnalité structure nos représentations du travail et de la formation. À un type d'activité correspondent habituellement différentes compétences, un diplôme, un métier ou au moins un poste de travail ; à un niveau de diplôme (il existe une nomenclature des niveaux de diplôme), un niveau de responsabilité, de salaire, d'autonomie, de responsabilité légitimement exigible. Notre système d'articulation entre emploi et formation est un système d'équivalences qui a rendu nécessaire l'élaboration de multiples systèmes de référenciation[25] (référentiels, nomenclatures), de recherche d'adéquation entre des niveaux repérables parce que définissables de manière stable. Les interrogations liées à la formation des EJ se sont donc calées sur ce paradigme, entraînant notamment cette question : était-il nécessaire de créer de nouveaux cursus de formation ou plutôt d'intégrer les emplois-jeunes à la palette existante des formations existantes ?

La prise en compte du rôle formateur des situations de travail fait envisager la formation institutionnelle comme n'étant qu'un des éléments d'un processus complexe qui conduit différentes instances éducatives de notre société à contribuer à la construction des compétences, et qui donne son importance aux initiatives de la personne confrontée aux situations, et aux initiatives qui président à des apprentissages originaux dont il faut ensuite savoir accompagner le transfert. Les évolutions des formes d'activité nous conduisent à bannir cette illusion qui consiste à exiger des formations clefs-en-main, directement utilisables. Il ne s'agit pas, en disant cela, de discréditer le système institutionnel de formation en en limitant la portée, mais peut-être de lui fixer de nouvelles ambitions pour l'avenir, et parmi celles-ci, de préparer les individus dès leur jeune âge à comprendre l'intérêt et les enjeux

25. Voir à ce propos l'article de F. Maillard dans la deuxième partie de l'ouvrage.

du transfert[26] des savoirs de contextes en contextes, de situations en situations, dans un monde qui expose sans cesse au changement (Bindé, 2000).

Conclusion

L'analyse des configurations d'activités nuance certains constats qui pourraient faire douter que les objectifs prioritaires de la loi aient été atteints. Loin d'avoir donné naissance à de nouveaux métiers déjà codifiables, le dispositif semble, pourtant, porteur d'indices de ce que seront les grands changements à l'avenir dans le secteur des services. C'est déjà un résultat intéressant au regard des difficultés d'une vision prospective sur l'évolution de l'emploi, du travail, et de la formation.

Considérer le travail des emplois-jeunes sous l'angle des configurations d'activités incite à penser la complexité des questions de compétences, de formations, de qualifications relatives aux nouveaux services. On l'a vu, des activités techniques, exigeant quelquefois un niveau de qualification peu élevé, c'est-à-dire mobilisant des compétences que l'on peut acquérir en un temps assez court et sans mobiliser un corpus de connaissances très large, ont servi de prétextes ou de relais, et ont conduit à l'exercice d'activités plus complexes, impliquant une réflexion d'ordre déontologique et éthique, une capacité à faire face à l'imprévu, à analyser les situations complexes, à mobiliser des savoirs nombreux. C'est ce type de configurations interroge la division du travail, les modes de reconnaissance des niveaux et des types de compétences, la délimitation des cursus de formation et des processus de certification. Preuve de l'éclatement des modèles anciens, ces situations doivent naturellement être considérées avec précaution, si l'on s'accorde sur le fait que le dispositif mis en place a été une sorte de laboratoire social. En même temps, dans la mesure où elles ne sont pas uniquement repérables dans ce contexte, elles nous invitent davantage encore à ne pas les ignorer.

Il est désormais nécessaire de tenter de comprendre en quoi le service rendu à des personnes spécifie les situations de travail, dès lors qu'il s'inscrit dans un fort rapport à l'utilité sociale. On pourrait définir l'utilité sociale comme la fonction de toute activité qui contribue à l'amélioration du jeu de rouages de la société nécessaire à sa survie et à son bon fonctionnement : sentiment de sécurité, respect des règles essentielles de comportements régulant cette société, diffusion de savoirs primordiaux nécessaires pour y vivre, accès de tous aux services offerts par la collectivité, etc. Or, de manière générale, il ne va pas de soi qu'à un besoin corresponde la mise en œuvre

26. Voir à ce propos le texte d'A. Flye Sainte Marie et P.-A. Dupuis dans la deuxième partie de l'ouvrage.

d'activités salariées (Godet, 2001). Il y a contradiction entre les besoins émergents et la capacité ou la volonté que notre société a d'y répondre, en fonction de ses systèmes de valeur centraux.

Par ailleurs, l'image attachée à un type d'activités a des répercussions sur les choix d'insertion professionnelle des individus. La situation actuelle montre que certains secteurs d'activités affichant des besoins aigus (bâtiment, hôtellerie) manquent de candidats. La valorisation d'un secteur d'activités tient à des paramètres multiples tels que le salaire, les conditions de travail, l'image sociale, souvent associée au niveau de qualification. Long sera donc le chemin, allant de la mise en évidence, assez aisée, des besoins jusqu'à une reconnaissance des activités auxquels puissent correspondre des emplois attractifs et valorisant socialement pour les personnes qui les occuperont. C'est à cette seule condition qu'ils deviendront peut-être des métiers. Le type de formations qui seront proposées pour préparer ou accompagner l'évolution de ceux qui occupent ces emplois sera certainement un indicateur intéressant de la place qu'ils occuperont dans l'échelle de valorisation sociale des activités de travail.

Références

Bindé J. 2000, « L'éducation au XXIe siècle. L'éducation pour tous tout au long de la vie » *Futuribles*, n°250, pp.5-21.

La construction de la certification : quelles méthodes, pour quels usages ? Journées de travail DESCO-CEREQ, Paris, 13 et 14 septembre 2001, MEN, Col. CPC Documents, 2002.

Borzeix A., 2000, « Relation de service et sociologie du travail – l'usager : une figure qui nous dérange », *Les cahiers du genre*, n°28, pp. 19-48.

Cereq n°152, oct. 2000, Emplois-jeunes : le pari de la mutualisation.

Champy-Remoussenard P., 1997, « La formalisation des savoirs professionnels : quel impact sur les pratiques et la légitimité des enseignants et des formateurs ? » *Actualité de la Formation Permanente,* n°150, septembre-octobre 1997, p.14-18.

Champy-Remoussenard P., 2001 « Situations de travail des emplois-jeunes : un éclairage indirect sur les métiers du travail social », *Informations Sociales*, n°94, pp.110-119.

Champy-Remoussenard P., Lemius B. ,2005, *Conditions de déclenchement et effets d'une écriture sur l'activité,* in ouvrage collectif, dir. F. Cros, Paris, L'Harmattan, 2005.

Charlot B. *L'école en mutation : crise de l'école et mutations sociales*, Paris : Payot.

Dugué E., 1999, « La logique de la compétence : le retour du passé », *Éducation Permanente*, n°140/1999-3.

Gardin A., Champy-Remoussenard, 2002, Analyse pluridisciplinaire de la mise en œuvre du programme Nouveaux-services, nouveaux emplois : réalités et perspectives de l' expérience » emplois-jeunes ? *Rapport final destiné à l'ILSTEF.*

Gelot D., Meyer J.-L., 2001, « Le programme Nouveaux services-emplois-jeunes, entre structuration et déstabilisation de l'action publique », *Droit social*, n°12, pp.1062-1071.

Godet M ., 2001, « Les illusions sur les emplois de demain », *Le Monde Initiatives*, novembre 2001.

Goldfinger C. 1988, *Travail et hors travail : vers une société fluide*, Paris, Odile Jacob.

Jarousse J.P., Leroy-Audouin C., 2001 « Les aides-éducateurs à l'école primaire : entre polyvalence et spécialisation : quelle efficacité pédagogique ? », *Revue Française de Pédagogie*, n°134, 2001, pp.97-109.

Journées d'étude des Maisons Familiales Rurales., 2001 *Les services en milieu rural*, Maison de la Mutualité, 4 juillet 2001, ANFRA, UNMFR.

Labruyère C., Teissier J., Savoyant A., Mandon N., 2000, « *Emplois-jeunes : le pari de la mutualisation »*, CEREQ, n°152, 109p.

Lahire B., 1998, « Logiques pratiques : le « faire» et le « dire sur le faire » *Recherche et formation* n°27 (Les savoirs de la pratique : un enjeu pour la recherche et la formation), pp.15-28.

Laville J.-L. , 1998 Les services de proximité en Europe, Paris : *CFDT Presse*, n°spécial de la « Revue de la Confédération Française Démocratique du Travail », juin, juillet, n°11.

Laville J. L., 1999. *Une troisième voie pour le travail*, Paris, Desclée-De Brouwer.

Lenoir H., 2002, « Considérations sur l'expérience et sa valeur sociale », *Education Permanente* n°150/2002-1.

Lhôtellier A., 2001, *Tenir conseil. Délibérer pour agir*, Paris, Seli Arslan.

Lichtenberger Y., 1997, Entreront-ils dans la carrière ? in *Quelles valeurs transmettre à nos enfants*, dir. B. Monthel, *Autrement*, n°174, pp.138-148.

Liaroutoz O., *2001 La construction de la certification : quelles méthodes pour quelles usages ?* CCP Documents, Ministère de l'Education Nationale, Journée de travail Desco-Cereq, 2001.

Marquart F., 1976, « Analyse des besoins, besoin d'analyse », *Education Permanente*, n°135, pp.135-168.

Merle V., Vergnaud G., 1992, « La reconversion des adultes peu qualifiés : dimensions sociales, dimensions psychologiques », in Ginsbourger. *Formation et apprentissage des adultes peu qualifiés*, Paris, la Documentation française, 1992, pp.29-58.

Puget J, Wender , 1992. « La vie secrète des secrets », *Connexions*, n°60, 1992/2, pp. 89-105.

Schwartz Y., 1997, Entretien avec Y. Schwartz « L'homme, le marché, la cité » C'est quoi le travail ? *Quelles valeurs transmettre à nos enfants*, dir. B. Monthel, *Autrement*, n°174, pp.110-127.

Soares A. 1998 « Les qualifications invisibles dans le secteur des services : le cas des caissières de supermarché » *Lien social et politiques* RIAC, n°40, p. 105-116.

Vigezzi M., 1997, « Note à propos des Emplois-jeunes : peut-on décréter l'existence de nouveaux métiers ? » *Cahiers de l'IRETEP*, L'expression des jeunes, oct, nov., déc. n°39, pp.34-36.

Vergnies J.F., 2000, « Accélérer la reconnaissance de nouvelles qualifications : un formidable défi : entretien avec Josiane Teissier », *Formation-Emploi*, n°70, pp. 79-83.

EXPÉRIENCES DE TRAVAIL ET DYNAMIQUES DE PROFESSIONNALISATION

Anne FLYE SAINTE MARIE
Pierre-André DUPUIS

Dimensions subjectives de l'expérience de travail

C'est à l'expérience des emplois-jeunes dans sa dimension subjective que nous nous intéressons ici, à travers ce que certains des jeunes concernés ont pu nous dire des regards qu'ils portaient sur leur parcours, leurs activités et leurs contextes, la position de leur emploi dans le contexte socio-économique global, la façon dont ils considéraient leur statut d'emploi-jeune (EJ) et leurs perspectives d'avenir. Au cœur de cette expérience, nous avons porté une attention particulière aux facteurs ayant pu générer un vécu de complexité et d'ambivalence et des changements dans leur expérience de vie et de travail.

À partir de leurs témoignages recueillis au cours de l'année 2002, nous avons exploré plus particulièrement les dimensions suivantes :

- le rapport au travail du jeune, c'est-à-dire son rapport aux activités, aux situations, aux contextes : comment il le vit, ce qu'il en fait, ses initiatives éventuelles ;

- la dynamique de professionnalisation qui se constitue au fil du parcours, la prise de conscience que le jeune en développe ou non, l'engagement opéré ou non dans cette dynamique ;

- la trajectoire biographique du jeune et son positionnement identitaire : les continuités ou discontinuités par rapport au parcours antérieur, les relations entre « identité pour soi » et « identité pour autrui ».

Explicitons d'abord ces trois dimensions.

Le rapport au travail

Une tâche se définit par des buts prescrits en fonction de résultats attendus qui, dans une organisation du travail donnée, requièrent pour être atteints des opérations matérielles et mentales mobilisant un certain nombre de moyens. Les activités de travail, sauf dans certains cas-limites, ne se réduisent pas à l'effectuation de tâches, parce qu'il existe toujours un écart plus ou moins important entre le travail réel et le travail prescrit, parce que les buts et les résultats attendus ne renvoient pas forcément à des représentations précises, enfin parce que l'organisation du travail reste partiellement à définir et que les moyens peuvent être, au moins pour une part, à inventer. Ainsi les activités de travail font-elles apparaître des marges de manœuvre qui peuvent être investies de différentes façons.

Une situation de travail est donc toujours à la fois donnée avec un certain nombre d'éléments caractéristiques et construite à partir d'activités qui la reconfigurent (pour exprimer ce processus, on peut, avec Le Moigne, parler d'organisa[c]tion). Ainsi les situations de travail ne constituent pas seulement des environnements, mais des cadres d'action où certaines initiatives, en général, sont possibles (Raisky, 1999 : 39). Celles-ci s'avèrent souvent indispensables à l'efficacité des activités de travail et, comme l'a montré Yves Clot (1995 : 102), témoignent d'une « ingéniosité compensatoire » par rapport aux dysfonctionnements induits par les schémas du travail prescrit. Les situations elles-mêmes s'inscrivent dans des contextes de travail : on désigne par là les collectifs de travail eux-mêmes, les rapports aux usagers, ou le contexte socioéconomique général qui pèse de façon plus ou moins directe sur l'organisation ou la nature des dispositifs de travail.

Les activités, les situations et les contextes de travail prennent sens dans la trajectoire historique des personnes, en fonction de leurs expériences passées, de ce qu'elles vivent en dehors du travail, de leurs perspectives et de leurs aspirations pour l'avenir. Le rapport au travail ne peut être défini seulement par la dimension procédurale de l'activité (ce qui est fait et la façon dont cela est fait), mais intègre aussi ce qui est pensé, cru, ressenti au cours de sa réalisation à la fois dans un rapport à des conditions contextuelles et à l'histoire personnelle ou professionnelle de quelqu'un.

Les dynamiques de professionnalisation

Tout ce qui vient d'être esquissé prend un relief particulier dans le cas des emplois-jeunes, en raison du caractère de nouveauté, même relative, d'activités dont les contours ne se sont parfois définis que très progressivement ; de la fréquence de la combinaison d'activités différentes au sein d'un même emploi (pluriactivité) ; de l'introduction de profils de poste nouveaux ou du changement de leurs caractéristiques dans les collectifs de travail ; de la diversité, pour les jeunes, des enjeux et des projets associés à ce dispositif.

C'est en relation avec la façon dont les jeunes ont compris leurs situations de travail, dont ils se sont ressaisis concrètement de leurs activités et, dans certains cas, ont pris des initiatives qui les ont infléchies ou réorientées, que l'on peut s'attacher à caractériser la dynamique de leur expérience. Plus particulièrement, ce qui a pu se découvrir, se renforcer, s'élargir, se construire en termes de compétences dans l'expérience elle-même ou à partir de formations, si les jeunes en ont suivies. La « compétence » ne se réduit ici ni aux savoirs déclaratifs, ni aux savoirs procéduraux, ni aux « savoir-faire » correspondant à des opérations particulières, mais elle englobe aussi la compréhension des situations et le sens de la pertinence des actions, avec la constitution éventuelle de ressources et de moyens inédits qui suppose la plupart du temps que l'on travaille avec d'autres (Le Boterf, 1996).

Les compétences mobilisées, renforcées, en construction ou construites dans le cadre du dispositif, étaient plus ou moins facilement repérables par les jeunes, mais, même si l'on ne dispose que d'éléments déclaratifs, on peut avoir une idée de la façon dont ils les caractérisaient et dont ils estimaient qu'elles étaient ou pourraient être reconnues. Associées aux perspectives et aux projets qui ont été les leurs, ces données permettent de préciser en quel sens et jusqu'à quel point l'expérience d'emploi-jeune s'est inscrite pour eux dans une dynamique de professionnalisation.

Le positionnement identitaire

Il est devenu habituel de ne pas restreindre l'« identité » à ce qui se conserve « identique » au cours du temps, mais de la comprendre comme une relation intégratrice et complexe de ce qui se maintient et se transforme temporellement (par renforcements, enrichissements, inflexions, ruptures etc.) Depuis l'amont jusqu'aux perspectives qui se dessinent à partir du parcours du jeune, ce qui, vu de l'extérieur, peut se décrire comme une trajectoire, correspond en fait à un « itinéraire » constitué d'une pluralité de temporalités et de registres d'expérience où se mêlent le volontaire et l'involontaire, les contingences, les contraintes, les résistances, les acceptations et les initiatives, selon les multiples dimensions de sens d'une existence dans laquelle on se reconnaît (se découvre et s'invente) « soi-même » plus ou moins.

La problématique des relations entre « identité personnelle » et « identité sociale » est particulièrement accentuée au cours de l'adolescence et de l'entrée dans la vie adulte, et elle est certainement sous-jacente à un certain nombre de propos tenus par les jeunes, notamment lorsqu'affleure la thématique des valeurs (du moins au sens de ce qu'ils disent considérer comme étant important pour eux). Mais l'identité sociale est elle-même « marquée par la dualité », selon les mots de Claude Dubar (1992 : 116), des « actes d'attribution de l'identité pour autrui » et des « actes d'appartenance de l'identité pour soi ». Le décalage entre ce que l'on revendique pour sien et les appréciations ou représentations qui viennent des autres s'exprime notamment comme *hiatus* possible entre ce qui, pour quelqu'un, s'est construit à partir de son expérience, et la façon dont cela peut être reconnu par d'autres, en rapport avec les processus de légitimation professionnelle, les cursus existants, ou les dispositifs de validation des acquis (inconnus de la plupart des jeunes au moment où ils passaient par le dispositif emploi-jeune).

C'est l'ensemble de ces dimensions qui caractérise – même lorsqu'on y a accès seulement à partir de ce qu'ils ont dit – le positionnement identitaire des jeunes, qui est plus qu'une simple « prise de position » personnelle à partir d'une expérience ou d'une situation.

À la découverte de quelques parcours significatifs

En vue de comprendre la dynamique de professionnalisation et l'image de soi développée par les personnes en emploi-jeune au cœur de leurs activités, nous avons choisi d'explorer plus particulièrement les parcours de quinze personnes interviewées, mobilisant des compétences variées, et relevant de plusieurs secteurs professionnels (sport, santé, médiation sociale, environnement, communication, accompagnement). Les âges de ces personnes vont de 23 à 28 ans, et les niveaux de formation du Brevet d'enseignement professionnel jusqu'au Diplôme d'enseignement supérieur spécialisé. Plusieurs catégories d'employeurs sont représentées : municipalités, associations, sociétés de transport, organisme logeur, maison de retraite… Le profil de ces personnes est décrit plus précisément ci-dessous.

(1) Hélène, (23 ans) est titulaire d'une maîtrise STAPS (Sciences et techniques des activités physiques et sportives) « Activités physiques adaptées ». Elle a été embauchée comme Animatrice d'activités physiques et sportives par une association oeuvrant auprès de trisomiques. Elle animait des activités de natation et de gymnastique pour des publics trisomiques, enfants, jeunes et adultes, et participait au sein de l'association aux tâches d'ordre administratif et organisationnel, assurant en particulier un certain nombre de démarches auprès des collectivités locales et des associations partenaires. Elle disposait d'une grande autonomie dans la conduite de ses activités et a insisté sur l'importance de son apprentissage en situation de travail, tout en reconnaissant que ses études en STAPS lui avaient apporté les bases théoriques indispensables.

(2) Paul, (26 ans), terminait une maîtrise de sociologie et occupait, au sein d'une association d'insertion œuvrant auprès de publics en grande difficulté, un poste de Développeur/Coordinateur des actions de prospection et de placement sur le marché de l'emploi : il y a organisé et coordonné le positionnement des demandeurs d'emploi sur les offres d'emploi proposées par l'ANPE. Il s'est fortement investi dans ses tâches, en particulier dans les relations entretenues avec les nombreuses institutions partenaires. Sa formation en sociologie et les compétences construites en situation professionnelle étaient, selon lui, très liées, et son poste en emploi-jeune lui est apparu comme un passeport pertinent vers une insertion professionnelle plus définitive. Il imaginait tout à fait de se professionnaliser dans cette fonction mais envisageait aussi la possibilité de changer d'emploi au terme de son contrat, s'estimant suffisamment armé pour transférer ailleurs les compétences acquises dans cette première expérience.

(3) Françoise, (27 ans), exerçait les fonctions de Chargée de mission environnement au sein d'une association qui gère un parc régional. Ses fonctions consistaient principalement à sensibiliser des habitants à l'aménagement, à recueillir leurs propositions en matière d'environnement et de paysages (propositions qu'elle communiquait aux élus) et à mettre en place des groupes d'information et de réflexion. Elle était titulaire d'une Maîtrise Sciences et Techniques « Aménagement et Territoire » et d'un DESS « Paysage en milieu rural ». Il y a, pour elle, une cohérence forte entre cette formation initiale et les fonctions qu'elle a eues en tant qu'EJ. Suffisamment reconnue dans sa fonction, Françoise semblait tirer confiance de cette première expérience valorisante pour poursuivre dans ce poste ou passer un concours d'ingénieur.

(4) Hervé, (26 ans), après un parcours universitaire en Institut universitaire professionnalisé Information Communication et en Maîtrise de communication, était Chargé de communication au sein d'une commune de 1300 habitants. Il y a assuré des fonctions d'animation en direction des adolescents et de rédaction du journal municipal. Il s'est fortement investi dans sa fonction et a obtenu des résultats significatifs, mais ne semble guère s'être préoccupé de la pérennisation de son poste, convaincu que les projets qu'il mettait en œuvre étaient la meilleure garantie d'une reconnaissance de ses compétences par l'équipe municipale. Il exprimait alors un sentiment fort de compétence personnelle et disait faire confiance au temps et à son expérience acquise pour consolider son avenir professionnel.

(5) Salima (23 ans) a obtenu un DEUG Médiation culturelle et communication. Elle a été embauchée comme Agent de médiation sociale par un Centre intercommunal de prévention de la délinquance. Ses fonctions ont consisté à accompagner des jeunes en situation de marginalité, à dialoguer avec eux et à développer des activités où ils pouvaient s'intégrer. Elle a ressenti ses fonctions comme particulièrement difficiles et considéré qu'elles requéraient les compétences d'une *« polyvalente du social »*. Ses fonctions l'intéressaient dans la mesure où, selon elle, elles se rapprochaient des compétences du métier d'éducateur auquel elle aspirait.

(6) Christine, (26 ans), a été embauchée comme Animatrice-Accompagnatrice de personnes âgées par une municipalité, principalement pour assurer le portage des repas à domicile. Progressivement elle s'est orientée vers une fonction plus large incluant à la fois de la présence et de l'aide auprès des personnes âgées, ainsi que des activités d'animation. Elle a pris ses distances par rapport à sa formation initiale, à savoir un BEP couture, tout en reconnaissant l'utilité pour son expérience personnelle des emplois qu'elle avait occupés précédemment (restauration, hôtesse d'accueil, travail auprès de handicapés). Exprimant un sentiment de compétence personnelle dans l'exercice de ses tâches, elle a manifesté le souhait de se professionnaliser dans ce domaine de la prise en charge des personnes âgées, même si elle n'y envisageait pas de perspective précise de qualification.

(7) Gilles, (27 ans) était titulaire d'un baccalauréat Communication/Secrétariat. Il a été embauché comme *Steward* urbain dans une ville importante de Lorraine, sur un poste financé par la Ville et l'Association de commerçants. Il a été chargé de l'animation de l'équipe de huit stewards et de l'organisation des plannings de travail. Ses fonctions concernaient l'orientation des usagers (clients des commerces, badauds, touristes, commerçants..) et leur accueil dans la ville, pour plus de bien-être et de convivialité. Gilles semblait fortement investi dans ses tâches et, si les perspectives de pérennisation de son poste lui tenaient à cœur, il n'aspirait pourtant pas à une formation diplômante. Il semble s'être identifié à la mission qu'on lui a confiée alors, à laquelle se rattachaient étroitement les formations suivies et envisagées.

(8) Juliette, (23 ans) titulaire d'un baccalauréat commercial, après un échec rencontré au concours d'entrée dans une école d'infirmières, est devenue Animatrice auprès de personnes âgées en maison de retraite. Elle proposait des animations et assurait un accompagnement de proximité où la parole et l'écoute jouaient un rôle important. C'est un travail qu'elle a apprécié, et qu'elle a donc voulu poursuivre. Elle a bénéficié d'un mois de sensibilisation aux tâches à effectuer, mais n'avait encore suivi aucune formation au moment de l'entretien. Elle aurait souhaité passer un Diplôme d'État aux fonctions d'animateur pour se spécialiser. Cependant elle doutait que la maison de retraite puisse pérenniser son emploi.

(9) Benoît (26 ans) a été embauché comme Conseiller propreté par une municipalité. Après un cursus scolaire et professionnel relativement décousu (Certificat d'aptitude professionnelle en Logistique, puis Vente ; travail dans le secteur bancaire, puis dans une concession automobile), il a obtenu un bac professionnel Vente/Transport/Logistique, et son activité en tant qu'EJ était à la fois technique, organisationnelle et informative. Il aurait envisagé de poursuivre dans ses fonctions actuelles à l'issue de son contrat mais s'est rendu compte que ce n'était pas la perspective de son employeur. Il a considéré son contrat d'EJ comme un tremplin vers une autre activité et a envisagé de créer une entreprise autour d'une activité dont il avait déjà une idée précise, en souhaitant pouvoir accéder, dans le cadre des formations proposées aux emplois-jeunes, à une formation par alternance à la gestion d'entreprise.

(10) Bruno, (24 ans), titulaire d'un baccalauréat F3, a été embauché comme Agent de médiation sociale par une municipalité après avoir été animateur de quartier. Son emploi-jeune prolongeait cette activité d'animation mais avec une dimension relationnelle accrue. Il a apprécié son activité mais a eu le sentiment d'assumer des fonctions difficiles et coûteuses sur un plan psychologique. Il reconnaissait qu'il n'était pas toujours très assuré dans ses interventions et restait souvent insatisfait des résultats obtenus. Ainsi, alors que son responsable aurait souhaité pouvoir l'amener à se professionnaliser dans ses fonctions actuelles, il ne savait pas s'il serait prêt à les assurer durablement. Sa perspective était plutôt d'exploiter son statut d'EJ pour accéder à une formation qualifiante comme celle d'éducateur spécialisé.

(11) Elisabeth, (25 ans), après une formation littéraire qui l'a amenée jusqu'au niveau DEUG, a passé un bac professionnel en secrétariat-comptabilité. Elle a été embauchée comme Correspondante en médiation sociale par un OPHLM. Sa mission lui a été définie comme une fonction d'interface entre les locataires, les agents de l'Office et les autres institutions locales. Elle a semblé assumer avec intérêt et conviction ses fonctions, qui requéraient, selon elle, beaucoup de disponibilité, d'écoute, de patience. Elle s'est formée à ses tâches essentiellement sur le tas, en accompagnant ses collègues sur le quartier et dans les différents services. Elle se disait consciente qu'une formation diplômante lui serait utile, car ses tâches actuelles lui paraissaient trop spécifiques pour faire l'objet d'une reconnaissance au terme de son emploi-jeune. Pourtant, ses perspectives d'avenir restaient alors vagues : elle envisageait de rechercher un emploi, ou de passer des concours de la Fonction Publique.

(12) Martine, (24 ans), a été embauchée comme Médiateur santé par une association intervenant dans le domaine de l'insertion et de l'accompagnement aux publics en difficulté. Son rôle consistait à informer et aider les usagers dans le domaine de l'accès aux soins et de la couverture sociale. Titulaire d'un baccalauréat B, elle a suivi des études d'histoire jusqu'au niveau DEUG. Ses fonctions consistaient en une aide aux démarches administratives, une information et un accompagnement autour des problèmes de santé et de l'accès aux soins. Malgré une première expérience professionnelle, à l'issue de laquelle elle n'a pu être embauchée en raison d'un niveau de formation insuffisant par rapport aux exigences, elle n'a pas semblé rechercher de formation diplômante. Elle était convaincue que c'était dans ses fonctions du moment ou dans des fonctions proches qu'elle pourrait se professionnaliser.

(13) Michel (27 ans), après un CAP puis un BEP « Jardins-Espaces Verts », puis un bac professionnel « Paysagiste », il était alors Agent d'intervention pour l'environnement au sein d'une municipalité. Ses fonctions résidaient dans l'aménagement des espaces verts et fleuris de la commune, ainsi que dans la réalisation des panneaux. Il devait aussi consacrer une partie de son temps au travail administratif, en particulier, pour le recensement cadastral des parcelles et pour la rédaction de courriers aux habitants autour des problèmes de propreté. Il se sentait compétent dans son domaine propre de l'aménagement et c'est là qu'il souhaitait continuer à se former, refusant par contre de se former en informatique. Il pensait qu'après avoir travaillé cinq ans pour la commune, il mériterait d'être embauché définitivement.

(14) Nadir, (23 ans), titulaire d'un baccalauréat professionnel « Climatisation », a été recruté à la fois par un groupement d'employeurs privés sur un double poste d'Agent d'accompagnement pour le compte d'une régie de transports urbains et d'Agent de facilitation de la distribution à la Poste. Ses fonctions à la Poste ne lui paraissaient guère utiles ; par contre la pérennisation de la fonction d'agent d'accompagnement lui semblait essentielle dans le domaine de la prévention des incidents dans les bus. Il n'envisageait pourtant pas son avenir professionnel dans cette fonction qu'il jugeait assez éprouvante. Son projet était de devenir chauffeur de bus mais il n'avait aucune assurance d'être retenu pour la formation de chauffeur, car il ne connaissait ni les critères de sélection pour l'accès à la formation de chauffeur, ni le nombre de jeunes qui pourraient en bénéficier.

(15) Jeanne (24 ans), titulaire d'un BTS Commercial, a été embauchée par une société de gestion de transports urbains comme Hôtesse d'accueil au sein de la boutique de la société, où elle était en contact avec les clients pour l'établissement des cartes de transport, et avec les chauffeurs de bus. Elle a été appelée également à gérer les problèmes éventuels entre clients et chauffeurs. C'est un travail dont la charge s'avérait peu importante et irrégulière. Elle ne se voyait pas rester dans ce poste, et était en recherche de perspectives d'avenir : ainsi aurait-elle aimé travailler dans le secteur des transports, en profitant de ses compétences linguistiques pour être contrôleur à la SNCF, ou passer son permis « transports en commun », voire ouvrir un restaurant.

Quelles dynamiques de professionnalisation ?

Ce sont des attitudes et des rapports à l'expérience très hétérogènes que nous avons découverts à travers ces témoignages. Les situations les plus favorables concernaient des jeunes présentant un niveau d'études élevé, une continuité entre l'emploi et le parcours antérieur, un contexte porteur et des perspectives de professionnalisation assez claires. Dans un certain nombre de cas, un niveau de formation moins élevé et une certaine discontinuité par rapport au parcours antérieur n'ont pourtant pas empêché une dynamique forte de professionnalisation. Pour d'autres jeunes, l'emploi a permis un élargissement et un enrichissement des activités n'entraînant pas forcément de perspectives précises en termes de qualification et de pérennisation du poste, mais plutôt un sentiment de confiance en soi s'accompagnant de la conviction d'avoir du temps, et de pouvoir se dispenser pour l'instant d'un projet professionnel précis. D'autres encore, malgré des activités riches, sont restés assez ambivalents par rapport à leur emploi, ou, dans un contexte d'activités moins riches, ont manifesté pourtant intérêt et motivation. Enfin, pour certains, malgré des formes de travail peu porteuses, des perspectives professionnelles, même encore peu sûres, ont pu se dessiner.

Rappelons que les situations décrites ci-dessous correspondent à la lecture subjective qu'en faisaient les jeunes concernés au moment de notre étude, sans que l'on préjuge de l'évolution possible des parcours et des représentations qui ont été les leurs depuis cette date.

L'emploi-jeune comme tremplin...

Pour deux personnes de notre échantillon, salariées d'associations, Hélène (1) et Paul (2), l'emploi-jeune a été perçu en continuité directe avec, pour l'une, le stage effectué dans l'organisme durant sa maîtrise en STAPS, pour l'autre avec une année de service civil effectué dans l'association. Ils ont été l'un et l'autre embauchés à la suite de cette première expérience. Leur emploi leur apparaissait en lien direct avec la formation suivie : pour Hélène, la nature des tâches, à savoir l'animation d'activités physiques et sportives auprès de publics trisomiques, correspondait tout à fait à la spécialisation suivie dans le cadre de ses études ; pour Paul, le lien était évident entre la formation qu'il suivait alors (une maîtrise de sociologie) et ses activités de coordinateur des actions de placement sur le marché de l'emploi de publics en réinsertion.

Les propos de ces deux jeunes sont révélateurs du lien établi entre formation et expérience professionnelle : « *Je pense que la professionnalisation commence à partir du moment où on met en application la théorie et qu'on est capable de confronter la théorie et la pratique* [...] *qu'on applique ce qu'on a appris... et puis qu'on en tire des expériences et qu'on évolue ».* (Hélène).

« *J'ai deux pieds, un sur le terrain, et un sur la réflexion qui, je crois, sont complémentaires, et je sais pas si un jour je réussirai à décoller de ces deux pieds-là. Je me dis que j'aurai toujours un pied dans chacun des domaines.* » (Paul)

C'est au cœur de l'emploi qu'ils ont tous deux construit les compétences plus généralistes qui devraient leur permettre de se professionnaliser, soit dans leurs activités actuelles, soit dans d'autres fonctions. La professionnalisation de leur fonction leur paraît d'ailleurs comme allant presque de soi. Pour l'un et l'autre, le statut d'EJ a été vécu comme un passeport vers l'insertion professionnelle définitive : l'intérêt des tâches assurées, et la reconnaissance dont ils ont bénéficié au sein de leur organisme, leur ont permis de se forger une image de soi positive et valorisante.

Françoise (3), chargée de mission dans une association s'occupant d'un parc régional, s'est également située dans cette logique d'une activité professionnelle très cohérente avec sa formation initiale dans le domaine de l'environnement (maîtrise et DESS). Cependant, cette formation, selon elle, ne lui a pas permis l'acquisition d'une expérience significative *: « J'ai été formée par mes études, mais je n'avais jamais fait ça avant. »* C'est grâce à l'EJ, dans lequel elle pensait s'être formée sur le tas, qu'elle a pu installer cette première expérience et les compétences nécessaires. Elle s'est sentie reconnue et valorisée dans ses fonctions, et paraissait confiante dans ses capacités à poursuivre dans son emploi d'alors ou à passer un concours d'ingénieur. Confiante, elle semblait peu préoccupée de l'après emploi-jeune, même si elle était consciente de l'intérêt qu'il pouvait y avoir à faire évoluer son poste en contribuant à l'émergence de nouveaux besoins sur le territoire.

L'emploi-jeune comme voie d'accès à de nouvelles compétences

Hervé (4), embauché comme agent de communication dans une commune, a en fait joué un rôle d'animation, en particulier auprès des enfants et des jeunes. C'est en situation qu'il a dû construire des compétences tout à fait nouvelles par rapport à sa formation initiale dans le domaine de la communication. Il s'est ainsi attaché à la mise en place de nombreux projets, dans le cadre du contrat temps libre signé par la commune avec la CAF, et ne semblait guère se préoccuper de son avenir professionnel, ni d'éventuelles formations, confiant dans la construction de compétences rendue possible par son expérience d'alors. Par le sens qu'il trouvait à ses fonctions (*« Mon emploi jeune a du sens, ce qui n'est pas le cas de tout emploi »*) et en raison de la confiance dont il semblait bénéficier, la pérennisation de son poste, confortée selon lui par les assurances verbales d'élus de la commune, lui semblait presque évidente.

Plusieurs autres jeunes ont trouvé dans leur contrat en emploi-jeune une opportunité pour réorienter leurs perspectives professionnelles.

Ainsi Salima (5), dont le poste d'agent de médiation sociale s'inscrivait dans la logique de son nouveau projet, devenir éducatrice : *« Je me suis dit que déjà je puisse avoir directement un métier sur le terrain du social* [...] *ce serait bien de connaître le public qu'on va rencontrer plus tard »*. Christine (6) s'est orientée elle aussi vers un domaine de compétences neuf pour elle, l'animation auprès de personnes âgées, domaine qui introduisait une rupture à la fois avec sa formation initiale en couture et avec ses emplois antérieurs. Elle comptait sur l'expérience qu'elle avait acquise dans son emploi-jeune pour l'installer dans cette nouvelle professionnalité. Gilles (7) était dans le même cas de figure : précédemment titulaire d'un Bac Communication-Secrétariat, il a été recruté comme responsable d'une équipe de stewards urbains. Soucieux de se faire apprécier dans ses compétences en construction, et de se faire reconnaître comme indispensable par la mairie qui l'employait comme par les partenaires de la municipalité, il a misé sur la pérennisation de son emploi à l'issue de son contrat d'EJ. Enfin Juliette (8), titulaire d'un Bac commercial mais depuis longtemps désireuse de travailler en milieu hospitalier, a elle aussi utilisé le contrat emploi-jeune pour se réorienter dans l'animation auprès de personnes âgées : elle envisageait, parallèlement à l'exercice de ses fonctions, la préparation du DEFA.

L'emploi-jeune comme solution d'attente

Benoît (9) et Bruno (10) ont exercé des fonctions décalées par rapport à leur formation initiale et à leurs activités professionnelles antérieures. Ils se montraient l'un et l'autre très intéressés par leurs activités : sensibilisation du public à la protection de l'environnement pour le premier, travail relationnel auprès des jeunes pour le second. Benoît aurait été prêt à s'installer dans ses fonctions d'EJ et à développer les activités concernées, mais la municipalité qui l'employait ne semblait pas envisager cette pérennisation. Il pensait donc, créer une entreprise à l'issue de son contrat, et bénéficier par l'intermédiaire de son employeur, d'une formation à la gestion d'entreprise. Bruno, quant à lui, n'était pas sûr de vouloir se professionnaliser dans ses fonctions actuelles qu'il jugeait coûteuses sur un plan psychologique. Mais il souhaitait profiter de cet emploi pour accéder à une formation qualifiante. C'est aussi la situation d'Elisabeth (11), qui a assumé avec intérêt ses fonctions de correspondante en médiation sociale, mais qui les considérait comme beaucoup trop spécifiques pour faire l'objet d'une reconnaissance au terme de son contrat. Investie dans son activité d'alors, elle semblait confiante dans ses possibilités pour l'après emploi-jeune.

L'emploi-jeune vécu dans l'ambivalence

Martine (12) s'est passionnée par ses fonctions de médiateur-santé au sein d'une association d'insertion : « *Ce que je fais là, c'est ce que je veux faire* ». Malgré l'absence de diplôme dans le secteur de compétences qui était alors le sien, elle n'imaginait pas avoir à interrompre son activité pour suivre une formation. Elle a, par contre, mal vécu son statut d'EJ qu'elle jugeait dévalorisant et a préféré se présenter comme travailleur social. Michel (13) a lui aussi été intéressé par les tâches qui lui ont été confiées par la commune qui l'employait dans le cadre de son poste d'agent d'intervention pour l'environnement. L'aménagement et l'entretien des espaces verts correspondaient bien à son domaine de compétences, mais il déplorait les tâches administratives qu'on lui demandait également d'assurer et se déclarait très insatisfait de son statut d'EJ : « *C'est du chômage camouflé* [...] *au bout des cinq ans, ils peuvent me dire : merci, ils sont pas forcés de me dire : je te garde.* ».

L'emploi-jeune, un travail à l'étroit

Nadir (14) a vécu son emploi d'agent d'accompagnement sur le mode de l'incertitude : s'il en reconnaissait l'utilité sociale, il ne pensait pas pouvoir l'assurer durablement, « *parce que faut supporter* ». Il aurait souhaité pouvoir, à l'issue de son contrat, devenir chauffeur de bus, mais aucune assurance d'être retenu pour la formation correspondante ne lui avait alors été donnée.

Jeanne (15) a été embauchée comme hôtesse d'accueil dans une société de transports. Elle a évoqué des tâches assez variées, mais avait le sentiment « *d'être enfermée dans une petite boutique où y a pas de motivation, pas de défi* ». Elle n'envisageait pas de s'installer dans ses fonctions, mais espérait pouvoir profiter de son expérience pour trouver un autre emploi dans le secteur du transport. Par ailleurs, on ne l'avait pas avertie au moment de son embauche de son statut d'EJ.

Le rapport au statut d'emploi-jeune et les images de soi

Pour plusieurs personnes parmi nos enquêtés, le statut a été vécu comme dévalorisant : ainsi Martine (12) évitait de se présenter comme médiateur santé, car selon elle cette appellation était trop liée au programme Nouveaux Services - Nouveaux Emplois, et choisissait de se présenter plutôt comme travailleur social. Françoise (3) a également réagi à ce statut d'EJ : « *Ce qui est très énervant, c'est qu'au départ vous arrivez dans la structure, il y a des gens qui ne font pas attention à ça, on vous présente comme emploi-jeune, mais on ne dit pas que vous êtes chargé de mission en environnement et territoire... ce n'est pas anodin on ne valorise pas les nouvelles fonctions ...»*. Pour d'autres le point d'achoppement lié au statut concernait la question salariale : Christine (6) trouvait choquant le décalage entre sa rémunération d' emploi-jeune au SMIC et les salaires et avantages concernant les personnels municipaux avec qui elle travaillait quotidiennement : « *Je me donne à fond, je fais tout, tout ce qu'il faut pour, et j'en ai pas plus* ». L'insatisfaction de Christine peut être rapprochée du sentiment de contentement de Hervé (4) lié au complément de 500F qui lui a été versé par rapport au salaire de base et dont il disait qu'il était décidé *en fonction des compétences*. Elle aussi aurait estimé normale une meilleure prise en compte de son efficacité et de sa motivation. Ce qui a posé problème à Bruno (10) dans ce statut c'est qu'il n'était pas porteur d'autorité : « *Nous, on n'a pas d'autorité derrière, on représente pas l'autorité. Nous on leur explique comme ça, s'ils veulent pas nous écouter, c'est la police derrière* ». Michel (13) a mal accepté que l'employeur ne se sente pas tenu de proposer une embauche à l'issue du contrat d'EJ. Il considérait qu'il aurait mérité d'être embauché à l'issue de ses cinq ans par la commune qui l'employait alors. Enfin, pour Nadir (14), le statut d'EJ n'était acceptable que s'il permettait d'être retenu ensuite pour une formation de chauffeur. Or il est toujours resté dans l'incertitude : « *Y a rien qui est écrit sur papier comme quoi on va être embauché* », incertitude renforcée par son ignorance des critères de sélection des personnes retenues pour cette formation de chauffeur par la direction de la régie de transports urbains. C'est aussi l'incertitude qui a dominé pour Jeanne (15) : « *Je ne suis pas sûre qu'au bout, il y ait quelque chose* ».

Un jeune de notre échantillon, Benoît (9) a cependant évoqué la désignation positive dont il faisait l'objet en tant qu'emploi-jeune auprès du public : « *Il y a des discussions qui se terminent par une dernière question : vous êtes emploi-jeune ? Je dis oui, on me dit : ça ne m'étonne pas, vous faites bien votre travail, et ce n'est pas des agents municipaux qui l'auraient fait* ».

Chez ces quelques jeunes, c'est l'ambivalence qui a prédominé à l'égard de ce statut proposé par le dispositif Nouveaux Services-Nouveaux Emplois. La pérennisation du poste et/ou la professionnalisation de la personne ont constitué des enjeux forts du dispositif dont plusieurs jeunes déploraient qu'ils n'aient pas été systématiquement assumés par les employeurs. Pour d'autres, l'exercice de fonctions même riches et complexes semblait entaché d'un statut vécu comme symboliquement dévalorisant.

D'une façon plus générale, nous pouvons cependant pointer que le sentiment d'utilité sociale liée aux tâches effectuées et l'intérêt porté aux activités exercées a plutôt contribué à l'installation d'une image positive que les jeunes avaient d'eux-mêmes.

Plusieurs se sont situés clairement dans une perspective de progression, de réussite et d'engagement accru dans leurs fonctions :

« *C'est un travail qui demande une organisation du temps de travail, la gestion des personnes, d'aimer les contacts, d'aller vers les gens, une grande ouverture* ». (1)

« *L'activité d'un service comme le service emploi-formation, c'est quelque chose auquel j'adhère et pour lequel j'ai envie de m'investir... Par rapport à mes convictions, je crois que je m'y retrouve* ». (2)

« *Je me donnerais pas comme je me donne là pour pas en faire mon avenir... Je ne fais pas ça pour rien, je veux vraiment rester avec le troisième âge...* ». (6)

« *Je suis plus responsable, j'aime vieux vivre, c'est vrai que je suis changée* ». (8)

« *Pour nous le travail aboutit, et c'est bien, on va le laisser aboutir, et pour nous c'est glorieux même si personne le reconnaîtra... Nous on sait que c'est notre travail et on en est très fiers* ». (9)

« *Ça me plait énormément ce que je fais...en général dans la vie, je pense qu'on apprend tous les jours de tout le monde et à tout âge, là franchement, je vais pas m'arrêter* ». (12)

Le sentiment de compétence dans l'exercice de leurs tâches, exprimé par les jeunes que nous venons de citer, a ainsi réellement contribué à leur projection dans des perspectives positives : leur ancrage dans un contexte professionnel vécu comme porteur les a aussi aidés à se représenter dans le futur dans une fonction reconnue et valorisée, que ce soit la fonction d'alors ou une autre activité, que ce soit dans l'organisme d'alors ou auprès d'un autre employeur. Ce sentiment de compétence et d'efficacité dépendait fortement, semble-t-il, de l'intensité des échanges établis dans l'environnement professionnel et des formes de reconnaissance dont ont bénéficié les personnes :

« *J'ai beaucoup été écouté, mais je n'oublie pas une chose, c'est que moi j'apprends aussi beaucoup* ». (2)

« *Je suis maintenant incapable d'aller en ville sans m'arrêter, discuter dix minutes avec un commerçant* ». (7)

« *Notre motivation est récompensée quand on voit des gens qui téléphonent qui nous disent : c'est bien ce que vous faites* ». (9)

Quand ces signes de reconnaissance, émanant soit de l'employeur, soit des usagers, étaient absents, la position des jeunes est apparue comme beaucoup plus problématique. Hormis ces quelques situations de fragilité, nous pouvons affirmer que l'EJ a plutôt été vécu par les jeunes comme l'occasion d'une prise de confiance en eux-mêmes, d'une identification de leurs compétences et de leurs aspirations, et d'une reconnaissance de leurs potentialités. Que les fonctions de l'EJ soient pérennisées comme telles ou non dans l'emploi occupé, les jeunes concernés paraissaient relativement confiants quant à l'après-EJ. L'expérience durable et valorisante d'une fonction rémunérée, rendue possible par le contrat d'EJ, et les possibilités ouvertes par le suivi de formations diplômantes (envisagé par plusieurs) a semblé installer ces jeunes dans un sentiment d'optimisme et d'assurance. Etant donné le nombre restreint de personnes retenues pour cette analyse de l'expérience subjective, il serait risqué de généraliser un tel constat. Nous avons cependant pu, à travers ces quelques situations, repérer les dimensions positives susceptibles de contribuer à la dynamisation des parcours de professionnalisation.

Références

Champy-Remoussenard P., Gardin A., (2002), Analyse pluridisciplinaire de la mise en œuvre du programme « Nouveaux Services, Nouveaux Emplois : réalités et perspectives de l'‘expérience’ emplois-jeunes ». Rapport destiné à l'ILSTEF.

Clot Y., 1995, *Le travail sans l'homme,* Paris, La Découverte.

Dubar C., 1992, *La socialisation. Construction des identités sociales et professionnelles*, Paris, Armand Colin.

Le Boterf G., 1996, *De la compétence. Essai sur un attracteur étrange,* Paris, Les Éditions d'Organisation.

Raisky C., 1999 « Complexité et didactique », *Éducation Permanente*, 139/2.

LES EMPLOIS-JEUNES DANS LES ASSOCIATIONS LORRAINES : LES NOUVEAUX MÉTIERS DU CHAMP ASSOCIATIF ?

Vincent MEYER

Cette contribution reprend les principaux résultats d'une étude sur la formation professionnelle des personnes sous contrat EJ dans les associations lorraines (départements de la Meurthe-et-Moselle, de la Meuse et des Vosges). Celle-ci a été commanditée par l'Institut européen du loisir pour le développement social et culturel (IEL)[1] pour le Fonds national de développement de la vie associative (FNDVA). Cette étude qualitative réalisée par le pôle *Praxis* du CREM[2] prolongeait un premier travail exploratoire mené spécifiquement sur le département de la Moselle et réalisé par l'IEL (septembre 2000). Précisons d'emblée que cette étude n'avait pas de finalité comparative interdépartementale. Le travail d'enquête, débuté en mai 2001 (remise du rapport final en mars 2002), a été mené conjointement sur les trois départements. Il a respecté les deux axes tracés dans l'enquête mosellane, à savoir :

- la définition et le recensement de « nouveaux métiers » en partant du déclaratif de leurs employeurs comprenant notamment un état des lieux de la situation des EJ, un descriptif des activités et des missions supposées répondre à « des besoins émergents et non satisfaits »[3], le lien entre ces activités/missions et leur qualification initiale ;

- le repérage des formations professionnelles adaptées au dispositif et, plus précisément, sérier les offres de formation et leurs relations ou liens avec les demandes des différents bénéficiaires et/ou les profils de postes ou de missions.

La démarche de recueil des données a comporté trois phases : un repérage des différents terrains d'investigation ; la réalisation – auprès d'employeurs associatifs, de responsables institutionnels et d'EJ (de juillet à décembre 2001) – d'entretiens semi-directifs complétée par un recueil

1. Aujourd'hui Institut européen d'éducation populaire (IEEP).
2. L'équipe de recherche, sous la direction de Vincent Meyer, était composée de : Gisèle Bezon, Géraldine Jannin, Jamila Ysati et Éric Robinet.
3. Loi du 16 octobre 1997.

documentaire (plans et/ou programmes de formation, fiches de poste, etc.) ; deux séances collectives de débat avec des personnes sous contrat EJ dans des associations organisées avec la méthode des scénarios qui est une méthodologie projective et participative appliquée à l'enquête sociologique (de novembre 2001 à janvier 2002)[4]. Nous avons opté pour une démarche inductive privilégiant les traductions[5] des acteurs de terrain dans le segment dit des services à la personne. En effet, les premiers éléments recueillis montraient que des nouveaux métiers se « déclaraient » plus spécifiquement dans les segments : de l'accompagnement de projets et services à la personne, des services de loisirs et d'animation.

Après avoir présenté les apports principaux du dispositif dans ce champ associatif, on détaillera un certain nombre de paradoxes dans la construction des activités et des compétences professionnelles notamment ceux émanant d'un pan particulier de cette professionnalisation « aidée » : les demandes et besoins de formation. On développera ensuite, en partant du positionnement des jeunes, l'émergence hypothétique mais espérée de nouveaux métiers dans le champ associatif.

Les principaux apports du dispositif dans le champ associatif

Incontestablement, le dispositif a permis une réflexion sur les activités et compétences à développer dans les différents bassins d'emploi et/ou territoires de la Lorraine. D'après les affirmations des acteurs des associations rencontrées, il y a eu une véritable volonté d'utiliser le dispositif à bon escient, avec une intention déclarée de développement et de pérennisation des activités. En l'espèce, le dispositif a été considéré comme, un point de départ et une véritable chance de développer des activités nouvelles et/ou jusqu'à présent non réalisées faute de moyens humains et notamment de bénévoles. C'est aussi dans cette volonté que s'enracine la rhétorique des « nouveaux métiers » avec, à la base, une multiplication d'appellations plus ou moins « expertes » ou « indigènes ». En effet, dans les structures associatives, des activités plurielles ont été développées et mises en œuvre par les jeunes sous des appellations très diverses (*cf.* Introduction) qui souvent – par un effet proclamatoire voire incantatoire – semblaient devenir des « métiers ». Parmi elles, la plus intéressante est, sans doute, « la

4. Cette méthode notamment basée sur des entretiens de groupe – visant à recueillir les discours ordinaires et critiques sur leurs pratiques – assure aux participants l'anonymat complet. *De facto*, ce texte comprend plusieurs citations respectant strictement cet anonymat.
5. Autrement dit, recueillir la manière dont les jeunes pensent et parlent leur expérience personnelle et/ou professionnelle.

médiation »[6] (prévention et sécurité du cadre de vie ; amélioration du lien social ; insertion par le développement des activités sportives ou de loisirs). Cette appellation déjà utilisée dans le champ de l'intervention sociale (comme mode d'exercice spécifique aux côtés de l'assistance, de l'accompagnement, de la prévention, etc.) semble faire le lien (au moins dans les définitions expertes) entre différentes activités liées aux services à la personne et à la proximité avec certains publics. Par ailleurs, elle est souvent invoquée lorsqu'on évoque l'émergence de nouveaux métiers.

Appellation et désignation des « nouveaux métiers »

La réflexion sur des besoins dits émergents dans le champ associatif a constitué un apport important. Paradoxalement, la définition du poste a aussi été identifiée comme une des premières difficultés tant par les employeurs que par les salariés. En effet, cette dernière, souvent brève, voire sommaire dans le contrat de travail, correspondait aux besoins de l'association au moment de l'embauche. Par ailleurs, l'absence de définition de poste laissait parfois les jeunes dans une situation inconfortable car il existait un écart entre leur qualification et la mission qui leur était confiée et, de plus, sans qu'il y ait une vision prospective de cette dernière. En outre, les compétences requises par l'emploi n'étaient souvent pas définies précisément. Il est vrai qu'employeurs et salariés étaient pris dans cet autre paradoxe : leur contrat avait été établi sur la base d'une activité émergente dont il était difficile de prévoir l'évolution, et *a fortiori* ses besoins de formation et sa pérennisation.

La nécessaire désignation des « besoins émergents » a donc donné lieu à une inflation d'intitulés d'emploi. Pour aller vite, on peut dire que c'est souvent l'occasion qui fait... l'appellation. Mais celle-ci, si pertinente (ou opérationnelle) soit-elle, ne rime pas automatiquement avec certification professionnelle et/ou reconnaissance d'une compétence professionnelle monnayable hors champ associatif[7]. En ce sens, le dispositif n'avait rien de « magique », il a, certes, été le révélateur de besoins non couverts mais aussi de certains dysfonctionnements au sein des associations (besoins en moyens et en compétences notamment, défaillance et/ou désengagement des bénévoles...). Ainsi, la création d'un emploi jeune avait-elle notamment permis aux autres emplois ou activités déjà existants de se développer. Celui-ci avait souvent permis de remplir un certain nombre de tâches qui étaient, au préalable, accomplies par les bénévoles et/ou permanents ; ces derniers ont, dès lors, pu développer d'autres secteurs d'activités de et dans l'association. On peut remarquer que beaucoup de personnes embauchées étaient des jeunes déjà repérés préalablement

6. Voir aussi sur ce point les travaux de P. Higelé et H. Lhôtel (2001) et A. Flye Sainte Marie, P.-A. Dupuis et P. Champy-Remoussenard (2002).
7. *Cf.* dans ce volume la contribution de Fabienne Maillard.

soit parce qu'ils avaient déjà une mission ou des vacations auparavant ou encore par des formes de cooptation locale. Pour beaucoup, ils ont donc occupé des positions que l'on peut qualifier de transversales avec des configurations d'activités complexes traduites dans de nombreuses études sous l'expression « pluriactivité ». Il apparaît que l'activité était, dans bien des cas, plurielle voire protéiforme : « *Pas un rôle mais des rôles* ».

Une chance de développer les activités et l'emploi associatif

Les jeunes affirment très majoritairement qu'ils n'ont pas été considérés comme occupant un sous-emploi ou encore pour « boucher des trous ». Comme le signale une responsable départementale d'une association et responsable d'une instance locale de coordination gérontologique en Meuse : « *On n'embauche pas des emplois jeunes pour boucher des trous on les embauche pour développer* » ; tel pourrait être le *credo* des responsables associatifs que nous avons rencontrés. Le programme était considéré comme, un point de départ et une véritable chance de développer des activités associatives nouvelles et/ou jusqu'à présent non réalisées, faute de moyens humains et notamment de bénévoles : « *Je suis plus présidente parce que je pouvais plus tout faire, donc j'ai dit j'assume jusqu'à l'année dernière, ça faisait 25 ans donc maintenant il y a un plus jeune, et c'est bien* ». Cela ne signifiait, bien évidemment pas, que la personne salariée allait remplacer le président de l'association mais le suppléer dans des tâches assez variées. Ceci pose le problème de l'encadrement (ou encore de l'accompagnement du développement des activités) pour les employeurs et les salariés. Parmi ces derniers, certains font état de faiblesse voire d'absence d'accompagnement, on trouve les raisons dans le statut même de ces nouveaux employeurs qui sont, pour certains, des responsables de petites associations. Généralement bénévoles et parfois isolés, ils se sont trouvés confrontés sans formation et souvent sans encadrement, aux contraintes et obligations administratives qui concernent tous les employeurs. Ils se sentaient un peu désemparés face à leurs contradictions, aux impératifs « légaux » vis-à-vis de leurs employés et leur conception du bénévolat. Par ailleurs, un des éléments caractéristiques dans la professionnalisation des jeunes rencontrés est, leur inscription dans une dynamique de projet. Celle-ci semble traverser l'ensemble du dispositif et se retrouve plus ou moins formalisée dans le discours des agents. En ce sens, elle participe au processus d'autoproduction voire d'autolégitimation des différentes activités. Ainsi avons-nous découvert des jeunes « créateurs » de leur propre emploi dans une association mêlant projet personnel et emploi ; l'objectif étant de créer une activité économique solvable et autonome à terme[8].

8. À l'instar d'une personne qui s'occupait d'animaux en cas d'absence ou d'indisponibilité de leurs propriétaires (personnes âgées hospitalisées ou celles qui ne pouvaient pas emmener les animaux chez le vétérinaire, ou au toilettage).

On peut aussi signaler le clivage entre « professionnalisation dans les collectivités territoriales » et « professionnalisation dans les associations ». Le développement des structures intercommunales (groupements d'employeurs, structures para-publiques...) apparaissait alors comme une réponse pour pallier les différences entre ces deux champs de professionnalisation. Ces dernières s'inscrivent dans une dynamique de développement local (et/ou de développement des « pays »[9]) d'autant qu'elle est souvent portée par le champ associatif. Fréquemment lors des entretiens avec les responsables institutionnels, les différents champs de professionnalisation apparaissaient comme des réalités très mêlées. Il en est de même d'ailleurs au niveau des éléments chiffrés, les associations sont « associées » aux petites collectivités alors que la réalité n'est pas vraiment similaire ou comparable.

Statistiques cumulées - période du 1er octobre 1997 au 30 avril 2001[10]

Nombre de conventions signées				
	Associations collectivités Ets Publics	Education Nationale	Police Nationale (*)	Ensemble
M &Moselle	1082	118	254	1454
Meuse	361	35	48	444
Moselle	1125	157	301	1583
Vosges	537	66	52	655
LORRAINE	3105	376	655	**4136**
%	75,07%	9,09%	15,84%	100%

(*) Statistiques arrêtées au 31 mars 2001

Nombre de postes ouverts				
	Associations collectivités Ets Publics	Education Nationale	Police Nationale (*)	Ensemble
M& Moselle	1590	725	254	2569
Meuse	500	233	48	781
Moselle	2016	1107	301	3424
Vosges	785	460	52	1297
LORRAINE	4891	2525	655	**8071**
%	60,60%	31,28%	8,12%	100%

(*) Statistiques arrêtées au 31 mars 2001

9. Terme utilisé dans des logiques de reconfiguration des territoires ruraux dans une perspective de développement local.
10. Tableau de données mensuelles – sources CNASEA, Rectorat et SGAP. Données cumulées au 30 avril 2001.

Nombre de jeunes en poste fin avril 2001				
	Associations collectivités Ets Publics	Education Nationale	Police Nationale (*)	Ensemble
M& Moselle	1347	703	205	2255
Meuse	418	233	42	693
Moselle	1663	1074	176	2913
Vosges	626	449	47	1122
LORRAINE	4054	2459	470	**6983**
%	58,06%	35,21%	6,73%	100%

(*) Statistiques arrêtées au 31 mars 2001

Traductions et paradoxes des demandes et besoins de formation dans les associations

La formation a été pensée et présentée, par les responsables associatifs et les EJ, comme partie intégrante du contrat (Gardin, Champy-Remoussenard, 2002) ; plus même, comme un moyen de labelliser et de faire évoluer les activités et les emplois. D'autant que les associations développaient souvent de nombreuses activités présentant un réel caractère d'utilité sociale mais elles n'avaient parfois pas les moyens d'offrir une formation en adéquation avec la palette d'activités développée. Pour tous, cependant, la formation s'intègre de fait dans le parcours de professionnalisation des jeunes. Mais d'emblée deux interrogations majeures se posaient lorsqu'il s'agissait de « doser » la mise en œuvre des différentes activités, les demandes de formation et le projet professionnel du jeune. Dès lors qu'allait-on qualifier par la formation : le « jeune », l'emploi ou l'activité ? Comment définir finement les besoins communs entre les différents bénéficiaires du dispositif et sur quelles bases élaborer des offres de formation ?

Les jeunes souhaitaient, au-delà de la formation, un accompagnement et un suivi pour structurer leurs activités et les « transformer » en métiers. Ces besoins de formation se faisaient aussi ressentir au niveau des employeurs. Le premier besoin consistait en une aide technique à la définition des profils de poste adaptés aux projets de création d'emploi ou d'activités. Une sorte d'accompagnement des employeurs pour la définition des tâches et des profils de poste. Le second portait sur la notion d'accompagnement des jeunes dans le mouvement d'intégration à l'emploi associatif et d'adaptation aux différentes activités.

En cela, la situation des associations semble spécifique ; elle paraît comme plus instable que celle des collectivités territoriales déjà bien structurées sur le plan de leurs formations internes. Apparaissaient notamment, pour les associations, des questions liées : à l'organisation pratique de la formation ; à l'utilité et à l'adéquation de certains contenus (*e.g.* reflètent-ils les besoins émergents propres au champ associatif ? Répondent-ils à la demande formulée par l'association ? Tiennent-ils compte de l'évolution de l'activité ?) ; au lien entre les activités réalisées et le projet professionnel du jeune ; à la manière d'engager le processus de validation des acquis et de l'expérience professionnelle pour l'avenir du jeune. Deux grandes tendances ont pu être observées tant du côté des jeunes que de leurs employeurs associatifs : d'une part, celle identifiant des besoins de formation en termes d'adaptation au poste avec notamment dans des fonctions généralistes comme la communication, l'accompagnement au quotidien et/ou l'accueil des publics ; d'autre part, celle identifiant des demandes de formation portant sur des domaines très techniques comme les métiers de l'environnement, les métiers de l'informatique, les connaissances bureautiques et gestionnaires.

Une adaptation à l'emploi et des demandes spécifiques

« *Alors moi pour ma formation je me suis débrouillée toute seule. Au départ quand j'ai été embauchée on m'a dit vous pourrez suivre une formation et tout, j'ai attendu et puis au bout d'un certain temps on m'a confié d'autres tâches notamment la comptabilité alors que j'avais jamais fait de comptabilité, puisque j'ai pas du tout de formation là dedans, on m'a dit voilà il faut que tu fasses la comptabilité et on m'a laissé un petit peu comme ça […] je leur ai dit d'accord, je veux bien faire la comptabilité mais à une condition, il me faut une formation je vais pas apprendre quelque chose comme ça du jour au lendemain* ».

Cette citation – extraite d'une séance de la méthode des scénarios avec des EJ dans les Vosges – illustre bien cette double problématique d'adaptation à l'emploi et de réponse à des demandes spécifiques. Problématique qui représente aussi les deux phases successives par lesquelles sont passés certains jeunes :

- une phase d'adaptation à l'emploi avec des demandes de formations génériques pour palier au plus urgent (combler certaines « lacunes » du jeune avec des formations lui permettant d'être opérationnel) ;

- une phase de spécialisation où les demandes et besoins étaient spécifiquement liés aux activités engagées et où la formation devait permettre la poursuite et le développement de ces dernières.

Dans ces deux phases, deux modes opératoires apparaissaient : celui de la débrouillardise « *Elle fait sa propre formation, dans celles qui existent* » et celui de l'accompagnement ciblé où l'accent était mis sur l'articulation des activités des jeunes avec d'autres secteurs d'activités déjà codifiés (travail social, secteur éducatif...) et/ou en lien avec des organismes de formation comme les GRETA ou encore dans les grandes associations avec des formations internes. On retrouvait là une volonté de rapprocher l'emploi d'autres déjà existants dans les différentes nomenclatures et conventions. Reste que les jeunes recrutés par les associations ont eu quelques difficultés pour trouver des formations correspondant à leurs pluriactivités. Les postes étant un peu hybrides, on trouvait certes des réponses « formation » bien typées sur l'une ou l'autre des activités mais pas une offre couvrant l'ensemble et donnant une qualification globale. Dès lors, pour certaines associations, on se « repliait » sur Jeunesse et Sports avec des formations classiques ou génériques, qui n'étaient pas toujours en lien avec les activités et/ou les publics (personnes âgées, personnes en difficulté...).

Sur un plan plus général on pouvait observer que la formation était souvent nécessaire aux projets de solvabilisation des activités. La personne devait se former dans un domaine tout particulier pour acquérir des compétences permettant le maintien d'un niveau de prestation mais le départ en formation entraînait aussi une absence sur le terrain qu'il fallait gérer ; notamment les questions d'organisation liées aux journées d'absence qui créent des problèmes pour la réalisation et la poursuite de certaines activités (*e.g.* encadrement des activités sportives ou éducatives pour les enfants). En l'espèce, certains jeunes déclaraient même manquer de disponibilité dans leur emploi du temps pour pouvoir suivre des formations.

Le lien entre formation professionnelle et projet professionnel

Les formations très spécifiques – qui ne sont pas forcément liées au projet professionnel mais plutôt au projet personnel du jeune (lui ouvrant de nouvelles perspectives à partir de l'expérience acquise) – n'étaient pas sans poser des problèmes surtout lorsque la formation revenait à « *à peu près 35 000 F, mon employeur ne veut pas me la payer* ». En ce sens, le coût de certaines formations a indéniablement constitué un frein important pour les employeurs. Ainsi, les jeunes avaient parfois du mal à comprendre qu'ils intégraient une équipe au sein d'une association où comme dans une collectivité, il y a plusieurs salariés et, quelquefois, un plan de formation global[11].

Ces demandes spécifiques permettaient pourtant d'interroger la relation entre formation et professionnalisation et, plus généralement, de poser la question de l'avenir du jeune à la fin de son contrat. Pour certains

11. Par ailleurs, il semble – comme le précise une coordinatrice EJ dans les Vosges – qu'« *ils ont aussi des niveaux d'exigence qui parfois sont fantastiques, ils ont des demandes de formation qui n'ont rien à voir avec leur job* ».

employeurs : « *Les emplois sont trop fragiles à tous les niveaux, pour dire qu'on va faire faire que du secrétariat toute une journée, tout ça sans autre formation, bon. Moi je suis pas d'accord* ». Fallait-il dès lors cibler un profil très spécifique, un jeune déjà formé et qualifié ou offrir à un jeune une nouvelle chance de professionnalisation en lui permettant de se qualifier tout en travaillant pour envisager des débouchés externes[12] ?

Dans le cas du profil d'emploi très ciblé – que nous avons majoritairement rencontré sur nos terrains – l'intérêt pour l'association était double :

- le jeune débutait déjà avec des qualifications spécifiques qui souvent permettent des prestations assurant la solvabilité : « *L'emploi était la solution la plus avantageuse pour les deux, surtout que je suis à mi-temps, ce qui me permet de continuer mes études et mon projet personnel, donc financièrement c'était intéressant pour la MJC, dans la mesure où je donne plusieurs heures de cours, donc j'autofinance pratiquement mon poste par des activités* » ; « *c'est pas un jeune qui débutait, il avait besoin d'une chance pour… il avait pas besoin de formation, déjà, donc c'était quelqu'un qui était au chômage et qui avait envie de travailler* » ;

- il était plus rapidement à même de concrétiser un projet professionnel à l'instar de cette association qui avait embauché un « *Attaché chargé de production musicale* ». Pour elle, l'intérêt de son poste « *est qu'il a monté au départ son projet professionnel, qu'il avait présenté à cette MJC et la concrétisation de ce projet était la création d'un poste qui permet au jeune à la fois de donner des cours de chant et de guitare et, d'avoir un suivi pédagogique de tous les adhérents qui pratiquent de la musique : leur permettre de travailler en atelier, de se rencontrer en dehors des cours, à travers des ateliers leur permettant de jouer ensemble car le problème des cours individuels est que cela reste une pratique isolée, alors que par le biais des ateliers, cela permet de rencontrer d'autres musiciens et d'apprendre à jouer en groupe, ce qui est la finalité de la musique* ».

Ce lien entre projet professionnel et contrat EJ donnait semble-t-il de bons résultats, dans le cas de ce musicien dont l'activité est décrite par le responsable animateur d'une MJC : « *Il apporte quelque chose au sein de notre structure qui n'existe pas sur* [la préfecture d'un département lorrain] *: nous sommes les seuls à proposer sur l'agglomération* […] *un véritable accompagnement pédagogique des groupes en répétition. Il y a beaucoup de musiciens sur* […] *qui proposent des salles de répétition mais les groupes*

12. Ce qui *in fine* est l'un des objectifs du programme : aider à l'insertion professionnelle des salariés à l'issue des cinq ans.

sont livrés à eux-mêmes et manquent de conseils d'orientation, pratiques et administratifs. Tout cela, M est en mesure de leur donner, de leur apprendre aussi bien de structurer un morceau musical, un titre, que de faire les démarches pour ensuite aller trouver des concerts, rencontrer des gens, pour enregistrer des disques... dans toutes ces démarches M est en mesure d'aider les groupes à l'intégrer, et les groupes sont les premiers à le reconnaître ».[13]

Cela posé, il est arrivé qu'au sein de certaines associations quelques postes n'aient pu être pourvus parce que l'employeur ne parvenait pas à trouver quelqu'un « d'opérationnel ». Trouver un profil type rapidement opérationnel – plutôt que d'insérer un EJ sur un poste puis le former pour le professionnaliser – n'est pas sans risques comme le montre ce témoignage : « *Dans le milieu associatif on compte nos sous en permanence. C'est l'argument économique qui a fait qu'on a embauché un jeune du coin c'est tout. Sans se poser la question au départ, est-ce que cette personne là elle va réellement pouvoir faire quelque chose. Effectivement la personne qui a été embauchée elle ne fait pas du tout du travail de coordination d'association. Elle est animatrice locale pour un petit CLSH rural. C'est ça qu'elle fait en ce moment et c'est pas la mission première pour laquelle c'était prévu.* [...] *Il y a un problème de formation. J'ose espérer que d'ici effectivement quelques années quand elle aura plus d'armes pour rassembler les différentes énergies de toutes les associations, là il y aura un travail plus précis qui sera mené* ».

In fine, la question de la formation apparaissant comme assez secondaire dans le processus de professionnalisation, nous avons pu dresser deux constats centraux :

- les jeunes s'investissaient beaucoup dans la création de leur propre poste et dans la mise en œuvre d'activités permettant à la fois solvabilisation et pérennisation, pour peu bien sûr qu'il existait un soutien de l'employeur notamment dans certaines démarches d'ordre administratif ;

- le besoin émergent (qui n'était pas forcément un nouveau besoin *a fortiori* un nouveau métier), ressenti au départ, à la création du poste, était devenu, quelque chose de tout à fait établi, et « *on pourrait pas retourner en arrière, ça serait très difficile* ». Cette « irréversibilité » participait aussi d'une dynamique de développement globale ainsi : « *On sent qu'il y a déjà des Présidents de structure, comités départementaux qui se débrouillent pour solvabiliser et trouver de l'argent parce que quand notre emploi va s'en aller si on ne peut plus le garder c'est la structure qui tombe. Les bénévoles, ne pourront plus reprendre ce qu'il fait* ».

13. Pour une approche spécifique de ce type d'activité *cf.* la contribution de F. Hein dans cet ouvrage.

La position des personnes sous contrat Emploi-jeune

Cette partie de l'étude a été sans conteste la plus féconde. Les jeunes que nous avons rencontrés ont « impressionné » par leur détermination et leurs capacités à s'investir dans leur emploi. Globalement, il apparaît que les emplois correspondaient assez souvent à ce qu'attendait le jeune. Peut-être pas d'un point de vue financier mais comme première étape dans une carrière à l'issue d'un cycle d'études. Comme le signale ce développeur dans le cadre d'un contrat territorial : « *Il m'appartient de développer les activités, un maximum d'activités et de loisirs de manière à ce que mon poste soit le plus crédible possible. Lorsque nous avons commencé à chercher du travail dans ma promo, pour certains cela posait un vrai problème de trouver quelque chose. On nous proposait souvent des rémunérations qui étaient souvent en dessous de nos compétences et de notre diplôme. Maintenant, il faut se faire une raison, sans ce dispositif là, je ne crois pas que j'aurais trouvé aussi facilement du travail. En même temps, cela m'embête fortement car ça dévalorise le diplôme* ». Même si l'emploi ne correspondait pas au projet professionnel du jeune : *« C'est une étape de ma carrière, c'était intéressant de mener un projet comme celui-ci, mais il ne correspond pas à mon projet professionnel, donc je ne me soucie guère de la pérennisation du poste. Je partirai simplement au bout des 5 ans »* (Directeur artistique dans une MJC en Meurthe-et-Moselle). Certes, cette situation n'avait pas que des avantages. Les jeunes ont parfois été fortement chargés (organisation et régulation des activités, organisation du temps de travail…) ; il fallait que leur service, que leur projet fonctionnent ; ils étaient porteur du service dans la durée. Comme le remarque une coordina-trice de la plate forme de professionnalisation : « *Si tu ne fais pas la preuve que tu es capable ça veut dire que le service va arrêter* ». Ainsi la responsabilité du jeune est-elle engagée dans la réussite comme dans l'échec : « *Autant c'est bien que le jeune ait une part de coresponsabilité, certains le souhaitent ; c'est une responsabilité, mais l'employeur est quand même engagé, il faut éviter aussi le risque qu'on a parfois entendu de l'employeur qui se désen-gage complètement, c'est le jeune qui est porteur de tout* ». Pour approfondir ces constats nous reprenons, dans cette section, les différentes analyses produites lors de la mise en œuvre de la méthode des scénarios[14].

14. Les jeunes rencontrés ont été invités à réagir par écrit et lors d'un débat collectif à différents scénarios proposés par le chercheur. Exemple 1 : *Au départ dans mes activités, j'ai eu beaucoup de mal à me faire reconnaître et à faire valoir mes vraies compétences notamment auprès des collègues ou des autres bénévoles ; l'employeur voyait mon travail comme un sous-emploi, pour lui, c'est un emploi aidé comme les autres. On est là que pour un temps.* Exemple 2 : *Dans les prochains mois, je vais vraiment développer mon activité, tout est prévu en ce sens et ceci dès le début ; je dois montrer maintenant que mon emploi est vraiment utile à l'association ou à la collectivité. De toute façon je ne sais pas quoi faire d'autre. Cette expérience m'a vraiment permis de me stabiliser, je suis rassuré sur mon avenir professionnel.* Ils ont aussi proposé leur propre scénario. Pour le détail de la mise en œuvre et les apports de cette méthode, voir V. Meyer, J. Walter (2003) ; V. Meyer, J.-Y. Trépos (2004) et V. Meyer (2004).

Autonomie, débrouillardise et implication croissante

Dans la majorité des cas, l'intégration dans l'association n'a posé que très peu de difficultés ; l'emploi y était bien reconnu[15]. La MDS a toutefois montré qu'il persistait bien des problèmes d'intégration à l'emploi et, en cela, le soutien et le suivi des responsables associatifs restaient déterminants même si les jeunes revendiquaient, à des degrés divers, une forme d'autonomie, de débrouillardise et d'implication croissante dans l'exercice professionnel au fur et à mesure du développement de l'activité : « *J'ai dû me battre pour faire la formation qui va me permettre de mener à bien mon projet professionnel* » ; « *J'ai moi-même effectué les démarches et trouvé les financements* » ; « *tout repose sur moi, ce qui est une lourde pression surtout lorsqu'on a une famille* » ; « *Je suis autonome, on me fait confiance et j'ai de plus en plus envie de développer mon activité* ».

Si entre eux et/ou au sein de leur association cette reconnaissance était importante (refus du sous-emploi, d'être un emploi-aidé comme les autres, etc.), il n'en allait parfois pas de même dans les rapports avec les publics ou usagers : « *Je discute parfois avec des personnes, bon, "qu'est-ce que vous faites ?", tout ça, quand je leur explique un petit peu j'ai déjà eu des réflexions de personnes, de visiteurs ou autres qui me disent : mais en fait vous êtes exploités alors là, quelque part je me dis, si à l'extérieur ils le ressentent aussi comme ça vous comprenez ce que je veux dire ? Il y a plusieurs, enfin certaines personnes m'ont déjà dit : "mais pourquoi vous trouvez pas quelque chose d'autre en fait c'est de l'exploitation, vous pourriez faire autre chose"* ». Ceci est un point très important et encore fort peu repris dans les différentes études sur le dispositif. La vision de cette utilité sociale dans l'espace public et plus spécifiquement auprès de certains publics n'allait pas de soi.

Cette problématique se retrouve aussi dans leurs inquiétudes quant à leur avenir : « *ma crainte actuellement aussi c'est par rapport à la validation des acquis parce que c'est vrai qu'on a parlé un petit peu des emplois jeunes comme des sous-emplois, comme ceci comme cela, en fait ma crainte c'est une fois si le poste n'est pas renouvelé et qu'au bout de cinq ans on me garde pas, si j'ai pas de concours est-ce que ça va être si évident que ça de retrouver quelque chose dans le privé et ma crainte elle est ici* ». On le voit,

15. Certains jeunes ont tout de même préféré éviter la question en précisant « *il y a des périodes hautes et des périodes basses* [...] *Il y a des moments où tout se passe bien et des moments où tout se passe mal avec l'équipe. Pas au niveau du boulot, s'il y a quelque chose que j'aime bien c'est le boulot. Chez les clients l'accueil est super bien. Donc quand j'arrive ça me fait plaisir parce que je sais qu'ils ont besoin de moi et que je réponds à leurs besoins. J'apprécie d'aller chez les clients. Les difficultés sont d'ordre interne par période. C'est comme partout, c'est pas toujours rose* ».

la reconnaissance et la validation des acquis de l'expérience sont, par conséquent, vite devenues une des préoccupations des jeunes dont les contrats arrivent à terme : « *C'est pour ça que je parlais de reconnaissance tout à l'heure dès qu'on a montré l'utilité du poste, dès qu'on a montré la plus value que l'on apporte, je crois qu'on a plus de questions à se poser et l'employeur non plus ne s'en pose pas. Ça en pose au niveau budgétaire mais je crois que lui il a créé ce poste en EJ, il y croyait à cette activité, donc je ne vois pas pourquoi non plus on se martèle j'ai peur de la pérennisation ; oui on a peur de la pérennisation* ».

Ces situations ont aussi entraîné une quête de reconnaissance et d'utilité sociale dans une construction quasi autonome des activités et une labellisation *pro domo* des compétences : « *Je gère complètement mon temps de travail. Je gère l'équipe et j'ai été embauché pour mes compétences, en fait, le contrat EJ est plutôt placé dans une aide au démarrage et l'emploi par la suite, l'ouverture du poste était prévue* ». Un développement idéal, s'il en est, qui montre que les jeunes avaient, d'une part, une bonne maîtrise des enjeux et limites de leur statut et, d'autre part, la confiance de leurs employeurs : « *Ils se reposent un peu sur moi mais, ils comptent sur moi pour beaucoup de choses* ». Pour beaucoup encore, ils ont réussi, à partir de leurs compétences, à faire valoir la crédibilité de leur travail, le souci étant plutôt pour l'« après » autrement dit, trouver des financements pour pérenniser l'emploi.

Une aubaine dans les évolutions du travail, de l'emploi et de la formation mais après ?

« *J'ai toujours dit qu'au bout de 5 ans y aurait quelque chose d'autre, vu le nombre de postes d'emplois jeunes qui ont été créés, on savait très bien que tout ce qui est milieu associatif, les budgets sont très serrés et souvent votés par une municipalité* » ; « *à la limite c'est la mairie qui décide de l'emploi jeune ou pas ; si elle ne donne pas de crédits, on ne le fait pas, si elle donne, on fait. Donc nous on est obligé de vivre avec nos subventions qui ne tiennent pas du tout compte du fait qu'on a des salariés* ». On peut le déduire dans ces lignes, l'aspect économique de l'emploi était une préoccupation majeure des associations : il fallait maîtriser les charges budgétaires. Le dispositif était donc traduit comme une chance « une aubaine », bien plus pour le milieu associatif que pour le secteur public : celle, de pouvoir avoir un salarié qui va ne coûter que 20% de la masse salariale. Cette aide financière de l'État pendant cinq ans n'a pourtant pas été suffisante à certaines associations pour répondre à deux questions fondamentales ; est-ce qu'on va pérenniser les activités et de quelle manière va-t-on le faire ? Notre étude ne nous a pas permis de dire avec précision quel type d'association en Lorraine a su ou pu générer les ressources susceptibles d'autofinancer son activité ; il semble qu'un nombre non négligeable d'entre elles ne pourra pas pérenniser sans un taux important de subventions.

Comme la « forme associative » offre (toujours) une certaine souplesse par rapport aux emplois dans les collectivités locales ou dans l'Éducation nationale, des « dérives » peuvent aussi voir le jour. Ainsi certaines entreprises ou prestataires de services ont pu créer (comme c'est parfois le cas dans les différentes formes d'emploi aidé) par le « biais associatif » des postes d'EJ (*e.g.* la direction d'une salle de gym qui a créé une association d'usagers pour avoir un emploi jeune). Par ailleurs, la mise en œuvre du dispositif provoquait aussi des formes de discrimination (comme du reste dans d'autres emplois aidés) sur le marché du travail. Autrement dit, la mise en œuvre du programme emploi jeune empêchait le recrutement de demandeurs d'emploi qui avaient la trentaine et l'expérience de premiers boulots mais qui cherchaient à changer de travail.

L'usage de plus en plus fréquent que nos gouvernements font des formes d'emplois aidés entraîne aussi la multiplication d'activités non encore codifiées qui transforment le rapport même au travail voire dans le cas des EJ le rapport au bénévolat et/ou au volontariat pour le secteur associatif. Ceci notamment sur trois points :

- on crée des parcours de professionnalisation qui sont aussi des formes de transmission et de transformation progressive de la précarité : « *Alors, pour en arriver à bâtir le projet avec l'emploi jeune, nous l'avions eue en bénévole cette petite jeune fille-là, on l'avait eue aussi en CES...* »[16] ; « *Ils ont un jeune qui fréquente leur structure et puis finalement ils bâtissent leur projet autour du jeune. Ça existe, mais c'est pas un gage de réussite* »[17] ;

- on brouille les frontières entre activité bénévole et activité salariée dans l'association qui ne sont pas sans (re)créer des rapports de dépendance où entrent en compte des sentiments personnels, qui n'ont rien à voir avec le droit du travail : « *Oui, oui, les missions étaient très claires. Bon je veux dire que ça a été abordé aussi en atelier, à savoir qu'un salarié d'une association ne doit pas faire de bénévolat. Moi je suis d'accord et en même temps, je suis pas d'accord, je pense qu'ils doivent avoir une culture associative quand même. On ne peut pas être dans un emploi, dans une structure associative sans avoir aussi une culture associative. Donc je suis d'accord qu'on doit respecter les horaires, mais à côté de ça, je pense qu'on doit, c'est ce que*

16. Entretien avec une responsable départementale d'une association et responsable d'une instance locale de coordination gérontologique.
17. Entretien avec un chargé de mission en Meuse.

beaucoup lui reprochent aussi, et on doit quand même avoir un petit peu un respect pour les bénévoles et quelque part, nous, si je fais 15/20 h pour le club bénévolement, à mon avis le salarié doit un peu se dire : "Ah ben oui c'est vrai s'ils font tout ça, c'est un petit peu pour moi aussi" et mais moi je pense que ça devrait être comme ça » ;

- on provoque des (sur)charges de travail et un sentiment de responsabilité important : « *Alors tout repose sur moi, tout repose sur moi. Si je ne développe pas suffisamment les activités, si on ne produit pas suffisamment de recettes pour pouvoir pérenniser l'emploi et bien je perds l'emploi. Tout repose sur moi. Enfin moi je le ressens comme ça en tout cas* »[18].

Le primat des compétences sur les qualifications

Ce primat est particulièrement important à analyser. En effet, c'est moins la qualification de base du jeune (sa formation initiale) qui importe que ses compétences transversales à initier et à gérer une pluriactivité : « *La nature de son activité c'était pas coordinateur inter associatif, il s'appelait animateur d'activité sportive et culturelle polyvalent. Nature de son activité ; triple : technicien socioculturel pour le compte de la CODECOM en vue de la gestion du futur parc du matériel audiovisuel, accompagnateur de loisirs sur la base de loisirs et animateur de projet pour le compte de l'association de suivi animation, la recherche publicitaire, contact avec les différents partenaires etc.* » ; « *Les 80 % d'aide forfaitaire de l'État ça a permis aussi de pouvoir positionner ce jeune* [que l'association] *connaissait puisque c'est un jeune quand même qui a un niveau 4, et qui était licencié au sein de l'association donc il savait ce qu'il était capable de faire et donc voilà. Il a rencontré donc l'agent de développement qui l'a aiguillé vers un poste d'animateur sportif. Là c'était essentiellement promouvoir l'association. Et il s'est rendu compte que le jeune, en faisant des repas, en faisant des animations, en faisant des tournois intercommunaux etc. Il s'est rendu compte que le nombre de licenciés au sein de l'association avait énormément évolué et que le jeune avait eu l'opportunité de pouvoir développer des partenariats* ».

Cette pluriactivité ne pouvait pas vraiment entrer dans une certification définie ou dans une nomenclature existante et le jeune n'y était peut-être pas prédestiné au départ par ses formations. Cette réflexion sur l'intégration des emplois dans des nomenclatures existantes est pourtant centrale ; elle était présente dans certains territoires et certaines « grosses » associations où, par

18. Extrait du débat avec la MDS dans les Vosges.

exemple, une personne pouvait avoir un intitulé de poste d'« agent d'accueil et d'orientation » dans une délégation départementale et retrouver le même travail dans une autre délégation départementale.

Comme nous l'avons déjà évoqué, la question de la formation tient certes une place importante dans la professionnalisation des EJ mais elle n'est pas *in fine* celle qui a préoccupé le plus les jeunes rencontrés pour cette étude. Le champ associatif à l'instar de celui des collectivités territoriales était un terrain de professionnalisation dans lequel les personnes sous contrat EJ devaient souvent créer « les conditions contextuelles et les modalités de construction de leur emploi nouveau » et penser une forme de professionnalisation « associant de façon problématique un rapport à l'expérience (inscrite dans des tâches et des situations de travail), des modes de construction des compétences, les perspectives de reconnaissance et de validation des acquis professionnels, les modes de qualification et les stratégies de formation » (Champy-Remoussenard, Dupuis, Higelé, 2000).

La problématique des nouveaux métiers

« *Je sais pas s'il y a des nouveaux métiers, il y a beaucoup de recomposition d'activité. Je sais pas quoi vous répondre par rapport à ça parce que jusqu'à présent j'ai pas véritablement vu des nouveaux métiers, on voit des nouvelles formes, les coordonnateurs péri-scolaires mais ça existait avant. C'est peut-être parce qu'effectivement avec le programme, ça permet des choses, qui sont en émergence de se construire, à consolider ce qu'on faisait dans le temps* » ; « *Les nouveaux métiers je ne suis pas catégorique, je ne vois pas de nouveaux métiers. On est vraiment sur des choses qui se faisaient, plus bénévolement qu'autre chose* ».

Les employeurs associatifs comme les jeunes du reste ont eu beaucoup de mal à définir ce qu'est un nouveau métier : est-ce que c'est un métier qui n'a jamais existé ? Un métier qui n'est pas dans les nomenclatures ? Ceci posé, les premiers s'accordent assez facilement pour dire qu'un nouveau métier c'est quelque chose qui s'inscrit durablement dans des stratégies de recrutement et de développement ; qui n'est pas simplement une réponse – en termes d'activités ou de projets – à un besoin ponctuel réalisé avec une « *main d'œuvre à bon marché* ». Les métiers dits nouveaux dans le champ associatif sont surtout ceux dans lesquels leurs bénéficiaires vont promouvoir l'association auprès de la population locale, c'est-à-dire qu'il y aura un travail de sensibilisation et de médiation auprès du public, ce qui ne se faisait pas forcément ailleurs et avant : « *Par exemple des activités de secrétariat à 10 % de son temps, des activités comme je vous disais tout à l'heure entretien du terrain de foot, ça on ne peut pas dire que ce sont des activités nouvelles. L'activité nouvelle comme je vous disais tout à l'heure c'est surtout l'activité de promotion de l'association* ». *In fine*, les nouveaux métiers se confondaient souvent avec des agrégats voire des compilations d'activités, autrement dit, ce sont plutôt des activités plurielles agrégées sous un intitulé de poste, en ce sens l'appellation est nouvelle et, est apparue avec le programme mais les activités existaient déjà sous une autre forme. Par ailleurs, on évoquait beaucoup les médiateurs dans le dispositif et d'une manière plus générale on s'interrogeait sur ce qu'était la médiation moins traduite comme un nouveau métier que comme une transposition d'activités dans le champ associatif.

Certains avaient tout de même le sentiment d'exercer un nouveau métier : « *Il fallait effectivement que j'aille chercher des financements, il fallait que je monte des projets de formation etc. Donc ça c'était totalement nouveau. Il fallait que je puisse aller voir les employeurs et les salariés pour mettre en place ce genre de projet. J'ai le sentiment d'exercer un nouveau métier* ». Il faut remarquer que les jeunes distinguaient la pérennisation de l'activité à laquelle ils ont contribué et la validation de l'expérience qui leur a permis de faire exister cette activité et de la développer pour qu'elle soit créatrice d'emploi. Pour beaucoup, ils ne pensaient pas que l'activité soit subordonnée à un jeune précis selon un profil de compétence spécifique ; en revanche, ils estimaient avoir contribué à de véritables activités créatrices d'emploi dans leur champ.

L'appellation ne faisait pas le métier

Les deux premières années, les appellations répondaient purement et simplement à la traduction *pro domo* d'une demande de l'association pour obtenir l'emploi. Comme l'exprime une coordinatrice emploi-formation dans les Vosges : « *Au début on a cherché des termes nouveaux mais c'est fini, on a arrêté très vite parce que on est arrivé à des mots qui n'avaient plus de sens, on a arrêté lorsqu'on a appris qu'il y avait un exterminateur de ragondins en Loire Atlantique. Le jour où on a appris ce nouveau métier soi disant nouveau métier parce que des exterminateurs de ragondins dans le marais poitevin ça existe depuis que le marais existe, donc ça ne présente aucun intérêt* ». Cette situation montre bien que le développement du programme s'est effectivement accompagné d'une inflation d'appellations pour désigner les besoins nouveaux et les activités qui s'y rapportent. Cette situation est d'ailleurs caractéristique d'une des étapes d'un processus classique de professionnalisation dans un champ en émergence. Tout se passe comme si l'appellation donnait « automatiquement » sens à la qualification et/ou à la compétence des agents. Ceci peut être rapproché de ce que Jean-Yves Trépos (1992) nomme un « effet de plaque », comme celui de la plaque de l'avocat ou du médecin lié généralement à tout un apparat et un décorum. L'appellation doit en fait traduire un cursus professionnel en raccourci et des dispositions particulières à faire ce qu'on fait. Dans certains cas, elle fonctionne (déjà) comme un label.

Certains employeurs se sont donc ingéniés à trouver une appellation pour créer et constituer un nouveau métier. La particularité est, que ces appellations sont « contrôlées » et labellisées : association par association, lieu par lieu, à l'échelon d'un département, d'une structure qui subventionne ou encore en fonction d'une nécessité impérieuse pour la création du poste : « *On l'avait appelé animateur [...] bon, ça existe déjà... Alors il s'appelle agent de développement de la vie associative mais c'est un animateur entre guillemets et ça c'est...c'est quand même un nouveau métier* » ; « *on a déguisé ça en éducateur sportif, mais, je veux dire, entraîneur de club, c'est un métier qui existait déjà. Seulement, pour qu'un club ait un entraîneur, il fallait évoluer à un niveau national, avec 500 personnes dans le club* ». Cette apparente liberté par rapport à l'appellation du poste masque en définitive un véritable travail de définition qui permet d'englober en un terme unique la pluriactivité et la polyvalence nécessaires : « *C'est l'entraînement des licenciés dans un club, c'est le nettoyage du terrain etc. et puis c'est aussi la recherche de moyens financiers pour apporter donc de l'argent au sein de l'association et permettre la pérennisation de l'activité et du jeune* » ; « *Il y a l'organisation des activités, des activités proprement sportives mais il y a aussi l'organisation de toutes les activités, on peut dire extra sportives, qui sont la fonction d'une association comme de faire des petits repas pour ramener aussi de l'argent, une fonction d'accueil aussi des gens qui arrivent, on est finalement sur un profil assez diffus, puisqu'il n'y a qu'une personne salariée* ».

Vers la fin du dispositif, les employeurs avaient de plus en plus le souci de désigner des activités adaptées « *au niveau de responsabilité de la fonction plutôt qu'un terme qui ne voudra rien dire du tout, qui n'aura pas de consonance métier justement* ». Cette volonté de donner une traduction conventionnelle à l'activité (*e.g.* en résonance avec une convention collective) montrait aussi que les employeurs avaient un souci de reconnaissance des qualifications et des compétences et une conscience plus importante de leurs obligations dans le cadre des contrats de travail. Ils positionnaient l'emploi par rapport à un cadre « habituel » de référence avec un niveau de responsabilité et une grille de salaire correspondante.

Enfin, on ne peut évoquer les appellations sans parler de celle qui était au centre du dispositif à savoir : l'emploi-jeune. Pour les jeunes cette appellation a un côté péjoratif et on évite de se présenter sous le titre EJ « *Je ne dis jamais "je suis EJ", sauf aujourd'hui* » (dans le cadre de l'étude). Il semble que certains employeurs quand ils présentaient les jeunes disaient « *c'est notre EJ et ça je déteste parce que j'ai vraiment l'impression que je ne suis pas reconnue quand...je ne sais pas s'ils le font consciemment ou... Ça me déplaît quelque part, d'un autre côté je me dis, on me reconnaît pas vraiment, j'ai un titre, quand on a créé le poste il y avait un statut, justement c'était agent de développement, donc moi je me présente en tant qu'agent de développement mais si mes employeurs me présentent en tant qu'EJ* ». Ces appellations ne sont pas anodines et renvoient les jeunes à un statut d'emploi aidé, plus même, à une hiérarchisation dans ce type d'emploi, ainsi : « *c'est déjà un peu plus valorisant que les TUC au départ qu'on avait eu. Les CES, les CEC, parce qu'on l'appelle pas TUC, ni CES, ni CEC, on l'appelle Monsieur Untel ou Madame Untel et il fait le travail du pourquoi il est...il est habilité et ça c'est bien hein* ». Dans leur volonté de reconnaissance de leurs activités, les jeunes sont particulièrement attentifs aux termes d'adresse : « *Je ne dis jamais « je suis EJ » car pour moi ça ne veut rien dire ; c'est comme si je disais « je suis CES ou CEC ». La seule chose qui m'ennuie, c'est de toujours me justifier sous prétexte que je suis sous financement spécial. Est-ce que c'est le financement du poste qui fait la crédibilité du poste ?* ». L'appellation EJ était donc souvent mal vécue mais comme le signalait la coordinatrice d'une plate-forme de professionnalisation : « *Le problème c'est qu'à partir du moment, quand ils sont sur un contrat EJ, ils sont identifiés comme EJ, c'est comme les CES, c'est pareil. Et souvent ça signifie pour le commun, pour certaines personnes : EJ, c'est emploi aidé donc c'est pas un emploi valorisant, c'est pas un emploi constructeur de compétences* ».

Les « métiers » de la médiation

Les appellations sont aussi des effets de mode. Comme signalé *supra*, il nous semble que celui qui accompagne les pratiques de médiation a trouvé un écho particulier dans le dispositif NS-EJ. Par exemple dans les Vosges, ces pratiques ont été déclinées sous tout un spectre d'activités : « *Ainsi un médiateur à Neufchâteau n'est pas le médiateur de Blénod les Pont-à-Mousson* » ; chaque commune ou association a ainsi estimé des besoins réels ou supposés et, a donné une traduction du concept de médiation. Ces pratiques de médiation renvoyaient principalement à des conduites – de type interpersonnelles dans des logiques de dynamique de groupes – assez opaques et sans méthodologie claire et définie : « *Le contenu qu'ils ont mis pour moi c'était plus un relais entre les jeunes qui sont dans la rue et qui ne savaient pas quoi faire et qui ne viennent pas au centre social ou qui ne sont nulle part et le centre social et essayé de faire un lien entre les deux et de les approcher pour voir ce dont ils ont besoin* ».

La médiation est apparue – dans notre étude – comme l'archétype de la pluriactivité. Les représentations et les pratiques *ex commodo* qu'elle recouvrait (et recouvre encore) sont caractéristiques du problème de définition qu'elle pose. Ainsi dans certaines communautés de communes, les médiateurs étaient plutôt des coordinateurs d'activités ou de mise en place d'activité en direction des jeunes ou encore un réceptacle des plaintes ordinaires comme dans cette commune qui avait besoin d'un jeune qui soit le médiateur entre les gens, les citoyens et la municipalité : « *Il se balade, il était chargé de recevoir les doléances, de constater ce qui pouvait se passer. Pour empêcher le conflit social, l'énervement* ».

Dans certains départements, il y a eu une réflexion plus poussée sur ces différentes pratiques de médiation, notamment pour éviter l'effet « valise » ou « fourre tout ». Ainsi en Meuse par exemple, elles nous ont été présentées comme ayant quatre finalités : « *Première finalité c'est les agents de médiation purs et durs, médiateurs de quartier, deuxième finalité c'est les agents sportifs de proximité, troisième finalité c'est tout ce qui est accompagnement autour de personnes âgées, quatrième finalité c'est les personnes qui sont agents de gestion locative ou par exemple des jeunes qui sont dans des associations d'aide aux victimes. Donc ça, ça englobe la médiation mais c'est pas le même profil* ».

Conclusion

Comme le mentionnait un communiqué du ministère de l'Emploi et de la Solidarité (06.06.2001), fin 2001 près de 92 000 emplois auraient été créés par les associations ; à titre d'exemple comme on l'a mesuré en Meuse, les associations (et fondations) représentaient 46,5% des employeurs. Faute de nouveaux emplois, le dispositif avait surtout permis de développer de nouvelles activités – et dans bien des cas une pluriactivité – de service dans les associations même si pour beaucoup celles-ci côtoient et/ou complètent des activités plus traditionnelles. Cela posé, en dehors du débat récurrent sur leur solvabilité, ces activités n'entraînaient pas *de facto* l'apparition, *a fortiori* la pérennisation d'un nouveau métier. En revanche, elles fondaient à la fois une certaine division technique et un nouveau rapport au travail mais aussi des (re)définitions des conditions d'un exercice professionnel. Nous l'avons vu, ces pluriactivités demandaient aux jeunes une assez grande polyvalence (encadrement, animation, suivi, gestion comptable, communication avec les publics…), dès lors, construire son activité dans l'association devenait une épreuve de professionnalité mettant au jour le rapport entre qualifications et compétences.

Même s'ils ont parfois été fortement (et même trop) chargés (organisation et régulation des activités, organisation du temps de travail…), les traductions des jeunes laissent penser que finalement dans leurs associations « *ça se passait plutôt bien* », qu'il n'y avait pas eu de gros problèmes, qu'ils sont (ou étaient) bien intégrés et impliqués ; qu'ils avaient le sentiment d'être arrivés à un moment opportun qui correspond à une attribution d'aide de l'État et le besoin d'une association de recruter une personne. Si la reconnaissance et la validation des acquis de l'expérience étaient devenues des préoccupations majeures en fin de contrat, les jeunes rencontrés avaient dans l'ensemble une perception positive du dispositif EJ malgré l'impression de précarité et des charges de travail souvent jugées lourdes par rapport au faible niveau de rémunération.

Si le communiqué gouvernemental indiquait que le programme avait permis « de construire de nouveaux métiers qui font désormais partie du paysage professionnel » les personnes que nous avons rencontrées ont, elles, pour beaucoup, nuancé ce propos. Elles penchent plutôt pour « un effet de programme » (le paysage peut changer !) et s'accordent pour dire que dans cette réorientation des politiques de l'emploi « *si vraiment quelque chose s'est construit, c'est encore trop tôt pour le voir* ». Enfin, il faut terminer par ces préoccupations majeures que sont : la consolidation des services et des emplois créés et l'avenir professionnel des jeunes ; pour beaucoup d'associations il s'agit maintenant de se doter d'outils, de réfléchir « *comment on va faire, comment on va s'organiser* ».

Aujourd'hui, réfléchir sur l'après EJ permet donc aussi d'éclairer un autre dispositif en construction celui de la VAE comme moyen de certification, VAE qui avec la prise en compte d'une expérience professionnelle même élargie aux activités bénévoles bouleverse là encore les logiques de qualification. Les modélisations et les schémas interprétatifs dont nous disposons pour appréhender les phénomènes de professionnalisation (Hughes, 1996 ; Dubar et Tripier 1998, Trépos, 1992) ont déjà largement décrit cette situation. Dans un dispositif aussi politisé, ceux-ci sont finalement d'une efficacité toute relative.

Références

Champy-Remoussenard P., Flye Sainte Marie A., Dupuis P.-A., 2002, « Les activités des emplois-jeunes dans le champ de la médiation sociale : de nouveaux métiers ? », *Recherche Sociale*, n°163, pp. 42-53.

Champy-Remoussenard P., Dupuis P.-A., Higelé P., 2000, « Situations de travail et formation des emplois-jeunes : vers une nouvelle professionnalité », *Formation-Emploi*, n°70, p.53-63.

Champy-Remoussenard P., Gardin A., 2002, « L'expérience emplois-jeunes : éclairages sur l'avenir du travail, de l'emploi, des compétences et des formations », *Annales de la Faculté de Droit, Economie et Administration de Metz*, n°2, pp. 265-278.

Dubar C., Tripier P., 1998, *Sociologie des professions*, Paris, Armand Colin.

« Étude sur la formation professionnelle des Emplois-Jeunes dans les associations de Moselle, 2000, Rapport final IEL, Metz.

Forum départemental « Nouveaux services-Emplois jeunes », Centre Mondial de la Paix, Verdun. Actes du Forum de la DDTEFP de Meuse.

Lhôtel H., Higelé P., dir., 2001, « Les médiations sociales dans le programme Nouveaux services-nouveaux emplois. Dynamiques d'activités, perspectives de professionnalisation et pérennisation (étude sur un échantillon) ». Rapport final destiné à la DARES.

Hughes E., 1996, *Le regard sociologique*, Paris, EHESS.

Meyer V, 2002, dir., « La formation professionnelle des emplois-jeunes dans les associations lorraines », Rapport de recherche pour l'Institut européen du Loisir/Fonds national de développement de la vie associative, CREM, Université de Metz.

Meyer V., Trépos J.-Y., 2004, « La méthode des scénarios en questions » *in* : Actes du congrès de l'Association française de sociologie.

Meyer V., Walter J. 2003, « Méthode des scénarios et communication des organisations », *Questions de communication*, 4, pp. 381-393.

Trépos, J.-Y., 1992, *Sociologie de la compétence professionnelle*, Nancy, Presses universitaires de Nancy.

LES EMPLOIS-JEUNES DANS LE MONDE DU ROCK EN LORRAINE. FACTEURS DE CHANGEMENT ?

Fabien Hein

Le « monde »[1] du rock en Lorraine constitue un secteur d'activités particulièrement dynamique, mais généralement souterrain. Hormis une poignée de disquaires, d'ingénieurs du son, d'entrepreneurs du spectacle et autres chargés de mission qui en constituent la partie la plus visible, car disposant d'un statut professionnel, on y trouve des groupes de rock, des organisateurs de concerts, des émissions radiophoniques, des collectifs artistiques, etc. La stabilisation de la plupart de ces activités a toujours été relativement aléatoire. Pour deux raisons au moins. Premièrement, car elles s'appuient majoritairement sur un bénévolat à caractère militant. Deuxièmement, car les emplois qui s'y créent reposent pour l'essentiel sur des formes contractuelles précaires. La mise en œuvre du dispositif emplois-jeunes a ponctuellement permis de dessiner une nouvelle tendance dans ce secteur. En effet, alors que la notion de travail salarié y était quasiment absente, ce dispositif a conduit les acteurs de ce secteur d'activité à entrevoir un certain nombre de perspectives de professionnalisation que je vais présenter.

Cette enquête repose essentiellement sur des entretiens semi-directifs réalisés entre mars 1999 et juillet 2001 auprès de treize jeunes gens, occupant – parfois cumulant – différents postes au sein de douze structures[2]. Le projet initial visait à effectuer un suivi de leurs trajectoires sur une période de trois ans. À terme, seuls sept jeunes ont pu être réellement suivis de manière longitudinale sur la base d'entretiens successifs (trois au maximum), réalisés à intervalle d'un an[3]. Les autres ont, soit rompu leurs contrats et quitté la région après notre première rencontre, soit ont entamé leur contrat courant 2001.

1. Le « monde » du rock correspond à « l'ensemble des individus et des organisations dont l'activité est nécessaire pour produire les événements et les objets qui sont caractéristiques de ce monde » (Becker, 1983 : 404).
2. On y dénombrait un certain nombre d'emplois à mi-temps et certaines structures accueillant plusieurs emplois-jeunes.
3. Cela représente un total de 22 entretiens d'une durée comprise entre une et deux heures.

Rock, politiques culturelles et emploi

La prise en compte du rock – en tant que forme artistique et pratique culturelle – au sein des politiques culturelles a été décrite par Patrick Mignon (1988 : 29-31), Anne-Marie Gourdon (1994 : 141-151) et Philippe Teillet (1996 : 111-125 ; 1998). Ces travaux ont montré qu'outre un certain volontarisme politique, il reste difficile d'inscrire les activités rock (pratique instrumentale, organisation de concerts, publication de disques, édition de publications alternatives, etc.) dans le champ des politiques culturelles traditionnelles. Par ailleurs, ces activités trouvent difficilement à se stabiliser sous la forme d'un emploi salarié sur la base d'un contrat de travail régulier (contrats à durée indéterminée ou déterminée). En région, la majorité d'entre elles, ont en commun d'être tributaires du bénévolat, de l'objection de conscience, de mesures d'insertion professionnelle dans le secteur non-marchand (contrat emploi solidarité, contrat emploi consolidé) ou sont occupées par des individus bénéficiant de programmes d'insertion sociale. Dans cette configuration et parce qu'il n'existe quasiment aucune autre solution – les activités rock étant difficilement solvables – la création d'un emploi salarié relève donc essentiellement de politiques d'aides à l'emploi. En effet, les retombées économiques d'une grande partie de ces activités sont souvent beaucoup trop faibles pour espérer générer des emplois. Ces activités sont en cela équivalentes à d'autres activités culturelles et artistiques subventionnées (théâtre, musique contemporaine, opéra, etc.) pour lesquelles l'intervention économique des politiques publiques s'avère décisive. Quoiqu'il en soit, en se saisissant des programmes mis en œuvre par certaines politiques d'emploi, le monde du rock inscrit ses activités dans un marché du travail, ce qui constitue une avancée notable dans le processus visant à obtenir la reconnaissance des « administrations culturelles ». Même à considérer que la forme salariale à laquelle le monde du rock puisse prétendre soit relativement temporaire, comme cela a été le cas avec le programme emplois-jeunes, on a cependant pu y voir une avancée dans le processus de « démocratie culturelle ».

Caractéristiques sociologiques de l'échantillon

Les quatre femmes et neuf hommes de l'échantillon sont majoritairement célibataires. Ils exercent leurs activités surtout en zone urbaine. Leur âge moyen est de 25 ans (écart de 21 à 28 ans). D'un point de vue scolaire, ils disposent en moyenne d'un diplôme de niveau bac + 2 (sur une échelle de bac à bac + 5). Pour près de la moitié d'entre eux (six sur treize), le diplôme détenu est en correspondance avec les activités effectuées dans le cadre de leur emploi. Les autres (sept sur treize), ont une formation initiale sans rapport avec l'emploi occupé. Seuls quatre jeunes sont directement entrés dans le dispositif après avoir achevé leur scolarité. Cinq autres ont exercé une activité dans le cadre d'un CES ou d'une objection de conscience dans un secteur d'activités identique, voire dans la structure qui les emploie. Les quatre derniers ont alterné des périodes de chômage et occupé des emplois précaires avant d'intégrer le dispositif. La grande majorité des acteurs rencontrés déclare avoir une expérience de pratique amateur ou bénévole dans le monde du rock. Leur investissement excède souvent le cadre salarial. Tous ont découvert le rock aux alentours de onze ans. Ils sont, par ailleurs, d'importants consommateurs de disques auxquels ils consacrent un budget mensuel moyen de 52 € (écart de 8 à 229 €). Concernant les catégories socioprofessionnelles dont ils sont issus (situation du chef de famille), cinq jeunes proviennent de la catégorie des professions intermédiaires, cinq autres de celle des artisans, commerçants et chefs d'entreprises, deux de celle des cadres et professions intellectuelles supérieures et enfin, un de la catégorie des employés.

Types d'emplois occupés

Les intitulés de postes rencontrés au cours de cette enquête ne différaient pas réellement de ceux que l'on retrouve habituellement dans le secteur culturel. Il était essentiellement question d'animation, de coordination, de développement, de médiation, de communication, de production, de promotion et de programmation. La majorité des emplois étaient occupés à temps plein. Deux d'entre eux étaient mutualisés entre deux structures. Une bonne moitié des postes impliquait une pluriactivité[4] et exigeait un haut degré de polyvalence si l'on en juge les descriptifs de compétences produits par certaines structures lors de la création de l'emploi[5]. Par ailleurs, le caractère expérimental des emplois a fréquemment produit un décalage entre descriptifs de postes et activités réelles. L'enquête longitudinale a ainsi permis de révéler : que les activités pouvaient se recentrer autour d'objectifs plus modestes à la faveur d'un principe de réalité ; qu'elles aboutissaient dans certains cas à la création d'un deuxième, voire d'un troisième poste de travail (emplois-jeunes, objecteur…) ; qu'elles se diluaient au point de perdre quelquefois toute lisibilité et efficience. Quoiqu'il en soit, le statut d'emploi-jeune, a contribué à la qualification professionnelle des individus, au sens d'une reconnaissance de

4. Ce terme est à entendre au sens qu'en donne l'Équipe de recherche sur les acteurs de l'éducation et de la formation (ÉRAEF), *cf.* texte de Patricia Champy-Remoussenard, Pierre Higelé et Brigitte Pagnani dans le présent ouvrage.
5. À titre d'exemple, l'un de ces descriptifs, partant d'un projet visant à développer les musiques actuelles sur un secteur géographique précis, recouvre la programmation de concerts et de festivals, la régie technique de ces événements, le travail de communication afférent (affichage, relations avec les médias), la recherche et le développement de nouveaux publics, la distribution des productions des groupes locaux et la recherche de financements.

leurs activités et compétences. Ce statut leur a permis de se distinguer d'autres acteurs culturels intervenant sur des terrains identiques. Il va de soi que la visibilité locale de la structure employeuse à laquelle l'emploi-jeune était lié contractuellement a, elle aussi, contribué à ce processus de qualification.

Structures employeuses et champs d'activités

La majorité des douze structures employeuses de l'échantillon se composait d'associations[6]. Elles regroupaient à elles seules, dix emplois à temps plein et trois autres à mi-temps. On trouvait également une MJC employeuse à mi-temps et un service municipal employeur à temps plein. Par ordre d'importance et par secteur d'activité principal, ces structures opéraient dans :

- la diffusion (programmation, organisation ou communication autour d'événements de types concerts ou festivals),
- la structuration du secteur des musiques actuelles (centre de ressources, formation et recensement),
- la production phonographique (promotion et distribution),
- la gestion d'un équipement dédié à la répétition et à l'enregistrement (coordination et technique),
- l'édition d'un fanzine[7] (réalisation et distribution).

L'observation de cette dynamique a permis de mettre en évidence deux types de structures : celles pour qui le rock constituait un axe de travail majeur et les autres, minoritaires, pour qui le rock constituait une activité annexe par rapport à l'ensemble des orientations de la structure. Les premières reposaient sur des contrats favorisant très nettement le salariat « aidé », tandis que les secondes privilégiaient le salariat sous sa forme la plus « classique ». Dans le même temps, les structures employeuses contribuaient à construire leur légitimité par l'identification d'un savoir-faire, qui est cependant resté fortement tributaire de leurs ressources économiques comme nous allons le voir.

Nature des ressources des structures employeuses

Ces structures tiraient l'essentiel de leurs budgets de fonctionnement de subventions publiques ou de leurs fonds propres. J'ai pu dégager trois catégories :

6. Dès 1999, les conclusions des *Cahiers Lorrains* notaient « la montée en puissance des associations en tant qu'utilisateurs d'emplois jeunes » (*Cahiers Lorrains*, 1999).
7. Un *fanzine* est une revue de faible diffusion rédigée par des amateurs sur des thèmes qui les passionnent.

• Les structures non exclusivement dédiées au rock (4). Elles employaient du personnel salarié en contrat « classique » et disposaient de ressources financières stables provenant de subventions.

• Les structures pour lesquelles le rock constituait un axe de travail prioritaire. Elles recouraient aux subventions, mais leur masse financière globale était trop peu importante pour pouvoir embaucher du personnel autrement que dans le cadre de contrats « aidés » (6). Le dispositif EJ représentait généralement pour elles la première opportunité de créer un poste salarié.

• Les structures pour lesquelles le rock constituait un axe de travail prioritaire (2) mais qui fonctionnaient avec leurs fonds propres sans recourir au jeu des subventions.

Les structures de la première catégorie étaient relativement épargnées par les tracas d'ordres financiers. Celles de la troisième en étaient préservées pour moitié d'entre elles. L'autre moitié, ainsi que l'ensemble des structures de la seconde catégorie étaient quant à elles contraintes de recourir à des subterfuges pour poursuivre leurs activités insuffisamment rémunératrices. C'est ce qu'illustrent les propos suivants :

FH : « Et comment ça se passe si vous faites pas suffisamment de bénéfices par exemple pour payer les 20% restants ? »

François : *« La solution extrême, c'est pas légal. Ce serait que je prenne sur mon salaire, que j'accepte de toucher moins et que je reverse une partie de mon salaire pour combler les 20% qui manquent. Admettons à 20%, je vais toucher admettons 3 000 frs. 20% de 3 000 frs, c'est 600 frs. Je peux prendre 600 frs... Parce que jusqu'à présent on a toujours équilibré. On va dire qu'on équilibre, il manque 600 frs, j'accepte de toucher 2 400 et je mets les six cents francs* ». [premier entretien, 1999].

L'anticipation annoncée s'est effectivement vérifiée quelques temps après ces premières déclarations :

François : « *Là, on a payé les charges. En janvier-février, y a eu un problème, le virement ne s'est pas fait pendant deux, trois mois et on s'est retrouvé dans une situation un peu délicate. On est passé assez près de l'interdit bancaire. C'est réglé, mais on est toujours un peu juste au niveau financier pour tout payer. J'ai pas été payé depuis deux mois. Bon ça c'est mon choix hein, je le gère...* [...] *Les activités ont fait qu'on a eu pas mal de dépenses depuis le début de l'année et les rentrées d'argent se font plus doucement. C'est une question de gestion. Il manque toujours la personne qui gérerait bien le truc à Nebula. C'est encore ce qui manque, un comptable ou je sais pas quoi, qui aurait la fonction là.* [...] *On est pas hyper structurés à ce niveau-là* ». [deuxième entretien, 2000].

La difficulté à disposer d'une comptabilité saine et suivie est souvent une constante. Elle fait particulièrement défaut dans les structures pour lesquelles l'emploi-jeune était l'unique salarié. Employé sur la base de compétences souvent éloignées de la comptabilité et de la gestion, ce dernier était alors dans l'incapacité de bénéficier d'un regard analytique sur la situation des comptes. Certaines associations se sont retrouvées rapidement exsangues financièrement et ont ainsi mis leur existence en péril. Leurs budgets de fonctionnement étaient quelquefois loin d'atteindre les 7 633 € (50 000 francs) annuels nécessaires au financement du poste. On mesure dans ces conditions l'incidence que peut avoir une charge salariale même réduite sur le développement d'une activité non rentable. En plus d'une évaluation préalable du projet semble particulièrement défaillante, le raisonnement partagé par la plupart des emplois-jeunes, a souvent conduit à une logique de la surenchère puisque le déficit de trésorerie pouvait, selon eux, se résorber par l'adjonction d'un emploi-jeune supplémentaire, dont la tâche aurait consisté à démarcher d'éventuels financeurs. On imagine sans peine les conséquences que pouvait avoir un second emploi-jeune dans les structures ayant du mal à en financer un seul. L'extrait d'entretien suivant est à ce titre particulièrement éloquent :

FH : « Donc t'es vraiment tout seul pour l'instant et tu me disais que ton bureau c'était chez toi ?»

Max : « *Ouais. Tu vois, y pas de budget pour avoir un téléphone. Un ordinateur non plus. Alors que des ordinateurs en location, t'en trouves pour à peine 200 balles. Même ça c'est ric-rac* ».

FH : « Mais alors comment vous faites pour les 20% ? **»**

Max : « *Il faut que les thunes tombent de la Drac et d'autres institutions...* »

FH : « Donc ça veut dire que pour l'instant t'es payé au Smic moins 20% **»**

Max : « *Ben en gros, y a quelques réserves et ça va vite s'épuiser. Donc tu vois, je me retrouve dans une situation et une association complètement branlante qui a subsisté avec un petit budget pendant quelques années, mais là y a un gros coup d'organisation de base à faire. Et puis lancer des dossiers de sub quoi. Après les employeurs, les bénévoles ils ont pas vraiment eu le temps de faire ça. C'est pour ça que je vais de l'avant. Je vais pas attendre l'autre emploi-jeune pour faire ça. Après, j'ai beaucoup de choses à faire* ». [deuxième entretien, 2000].

Un an plus tard, la situation n'avait manifestement guère évolué :

« *Il faut qu'on ait encore beaucoup d'aide pour structurer l'asso parce que j'ai pas un bureau fixe, j'ai pas d'ordinateur, j'ai pas de ligne téléphonique... j'en suis toujours là. On rame toujours. Là on a plus l'appui de la mairie pour les photocopies. On les paie en sus. Je prends ma voiture pour faire l'affichage. On en est toujours au même point* » [Max, troisième entretien, 2001].

L'arrivée d'un emploi-jeune dans une association à faible budget de fonctionnement pouvait avoir pour effet de déséquilibrer encore davantage ses capacités financières sous la contrainte, inexistante jusqu'alors dans le monde du bénévolat, du financement même partiel d'un poste salarié. Même si sa présence se justifiait *a priori* par des perspectives de stabilisation et de développement d'activités, celles-ci n'ont de débouchés – dans le cas de la diffusion par exemple – qu'au travers de financements publics. Cette situation induisait par ailleurs de réelles difficultés quant aux possibilités d'équipement souvent indissociables du développement de l'activité elle-même. Car comment faire la preuve de ses compétences techniques sans les outils adéquats ? Les acteurs de l'échantillon semblaient donc être pris dans une sorte de double contrainte. D'une part, ils étaient supposés développer leurs activités de manière à générer des ressources économiques suffisantes pour les pérenniser. D'autre part, la réalité leur rappelait que ces activités ne pouvaient générer de telles ressources. Leur insolvabilité n'oblitérait pas moins une demande sociale[8] qui, pour être satisfaite renvoyait bien évidemment à la notion de service public. Plus largement, elle attestait en filigrane, de son inscription nécessaire dans le champ des politiques culturelles. Si comme le rappelle Jean-Marc Leveratto (2000 : 220), la capacité commerciale d'une entreprise culturelle contribue à la « reconnaissance sociale d'une compétence » par son élargissement à un large public, elle n'en constitue cependant pas une condition *sine qua non*. L'extension d'une compétence au-delà de sa communauté d'appartenance pouvant très bien être opérante dans un cadre économique non directement rentable comme le prouvent nombre de festivals ou de concerts déficitaires parvenant toutefois à toucher un vaste public[9]. Dans la majorité des cas, la compétence personnelle d'un emploi-jeune a tenu pour une part non négligeable à sa capacité à mobiliser les financements nécessaires à la réalisation de son activité. On peut néanmoins s'interroger sur les critères qui

8. Par « demande sociale », il faut entendre les « attentes culturelles » du public. Celles-ci vont en s'amplifiant, comme l'ont démontré les travaux d'Olivier Donnat (1996 et 1998). On y lit que l'accroissement de la consommation de biens et de services musicaux (à titre d'exemple, 74% des Français disposent d'une chaîne hi-fi, un quart d'entre eux écoute de la musique quotidiennement et la fréquentation des concerts a tendance à augmenter avec la fréquence de l'écoute musicale) ainsi que le développement de la pratique musicale en amateur (10% des français ont fait du chant ou de la musique avec une organisation ou des amis en 1997, contre 8% en 1989), constituent des facteurs déterminants dans la formation des attentes culturelles.
9. C'est le cas du Printemps de Bourges par exemple (Gourdon, 1994 : 144).

ont permis d'évaluer la viabilité de certains projets de création de postes. En effet, ils semblent révéler la méconnaissance des services instructeurs à propos de l'environnement socioéconomique du monde du rock. Ce qui conduit à porter un bref regard sur les modalités avancées par les structures pour justifier leur recours au dispositif.

Modalités de recours au dispositif et conditions de travail

Ces modalités étaient de trois types. Tout d'abord, les structures ne se préoccupant pas essentiellement de rock y ont vu un moyen de répondre à la demande de certains financeurs en vue d'élargir leur champ d'intervention habituel. Deuxièmement, les structures dédiées au rock saisissaient l'opportunité d'effectuer une transition de l'activité bénévole vers le salariat. Troisièmement, certaines de ces structures trouvaient une réponse à la nécessité de développer leurs activités du fait, soit d'un surcroît d'activités, soit de la désaffection des bénévoles. Élargissement, transition et développement semblent avoir été les trois principales logiques d'action déterminant le recours au dispositif. Dans tous les cas, qu'elles soient mobilisées par les structures ou par les jeunes eux-mêmes, on peut faire l'hypothèse qu'elles procédaient d'une « élaboration rationnelle et [d'une] codification intellectuelle des savoir-faire nécessaires à la réussite d'une activité » (Leveratto, 2000 : 224). Qu'elles relèvent davantage d'une contrainte ou d'une opportunité, il semblerait qu'elles aient directement influé sur les conditions de travail des jeunes.

Les acteurs de l'échantillon ont fait état d'un degré d'autonomie inégal dans leurs activités. Cinq d'entre eux avaient un rapport hiérarchique direct avec un directeur salarié en contrat « classique »[10]. Dans certains cas, les responsables de structures ont évité de trop rigidifier les caractéristiques du poste pour que le jeune puisse l'aménager à sa façon comme on peut le percevoir dans l'extrait d'entretien suivant :

Michel : « *Disons que à l'origine l'intitulé du poste était suffisamment souple pour que moi je puisse le façonner un peu de la façon où moi j'avais envie de le voir évoluer* ».

FH : « En ça t'es un peu le créateur de ton poste, c'est toi qui en définis les orientations tout du moins ? **»**

10. Je n'ai observé qu'un seul cas de rapports hiérarchiques entre deux emplois-jeunes au sein d'une même structure. Par contre, j'ai pu observer qu'un emploi-jeune d'une association X, dont il était un membre fondateur, pouvait être le tuteur d'un autre emploi-jeune au sein de l'association Y. Ou encore qu'un membre d'une association pouvait recruter un emploi-jeune avant de créer un poste d'emploi-jeune pour lui-même au sein de la même association, endossant ainsi alternativement le rôle d'employeur, puis de collègue.

Michel : « *Les objectifs qui ont été identifiés au départ, c'est des objectifs de valorisation de l'existant en Lorraine. Maintenant la façon dont on pourra atteindre cet objectif, c'est à moi de le déterminer. La méthodologie c'est moi qui la détermine* ». [premier entretien, 2000]

Toutefois, malgré les efforts déployés par certains employeurs, il apparaît que quatre des six ruptures de contrat[11] constatées à ce jour, concernaient exclusivement des structures vis-à-vis desquelles l'emploi-jeune était initialement étranger. Ainsi, la connaissance préalable de la structure employeuse semble donc avoir été un élément favorisant la stabilité. Seule une infime minorité d'emplois-jeunes a déclaré souffrir des rapports hiérarchiques et d'un manque d'autonomie. Les autres étaient supposés entretenir un rapport étroit avec un ou plusieurs responsables de la structure employeuse. Dans la réalité, il apparaît qu'une bonne moitié de ces derniers étaient totalement autonomes, avec les risques, déjà évoqués plus haut, que cela pouvait comporter :

Gérard : « *Je suis aussi l'intermédiaire évidemment entre les différents partenaires de l'asso. Le porte-parole des uns et des autres. J'assure le suivi des dossiers de demande de subventions auprès des financeurs publics aussi. Évidemment, comme je suis le premier salarié, je fais tout* ».

FH : « T'as pas de supérieur hiérarchique ? »

Gérard : « *Si, mais qui est bénévole. C'est le président de l'asso* »

FH : « Parce que là tu fais un peu tout »

Gérard : « *Ouais, je fais un peu tout. Bon y a un trésorier, mais bon, en ce moment il est débordé aussi parce qu'il est en train de construire (une maison). Moi j'ai pas trop de notions en trésorerie. Lui se fait suppléer par sa femme justement qui a fait un bac G et qui a des notions en gestion, sinon ce serait plus possible depuis longtemps* ». [premier entretien, 2000]

Certains responsables laissaient aux emplois-jeunes une grande latitude d'action pour deux raisons au moins. La première tenait à l'implication que ces derniers, souvent en tant que bénévoles, ont pu avoir dans la structure. Cela concernait la moitié des jeunes de l'échantillon. D'ailleurs, ils ont quelquefois eux-mêmes contribué à créer le poste qu'ils occupaient. La seconde raison renvoyait au fonctionnement interne de la structure employeuse qui leur déléguait en quelque sorte – par défaut quelquefois – une fonction de direction, ou à tout le moins, de très grande responsabilité. Plus l'autonomie était grande, plus elle exigeait un fort investissement

11. Deux temps pleins et quatre mi-temps concernant quatre individus.

personnel, notamment en terme de temps de travail. Ce qui fait dire à certains qu'ils exerçaient un métier « passion » ou déclaraient ne pas vouloir faire de rupture entre monde professionnel et vie privée. Autonomie totale, supervisée de manière bienveillante ou non, hiérarchie pesante et verticale ou souple et horizontale, les rapports entre employés et employeurs semblaient être aussi variés que les emplois eux-mêmes. Il en est cependant où ces rapports étaient annulés puisqu'à la faveur de certains montages associatifs, les figures de l'employeur et de l'employé pouvaient se cristalliser en une même personne.

Créer son propre emploi

On a vu qu'un petit nombre d'individus (2) avaient créé leurs propres postes d'emplois-jeunes[12]. Principaux protagonistes de la structure employeuse, ils ont organisé pour eux-mêmes, et avec des fortunes diverses, leur passage au salariat :

François : « *C'était un peu un rêve d'être payé pour faire ça. Au début je me disais que j'allais avoir un boulot entre guillemets, normal et que j'allais faire ça* (l'activité qu'il exerce dans le cadre de son emploi-jeune) *dans mon temps libre alors que là il y a la possibilité de faire un travail qui en fait ne coûte pas énormément à l'asso puisque c'est pris en charge par l'Etat à 80%. Il reste 20% à trouver. C'est quand même dans l'ordre du faisable. Quand je présentais le dossier je disais bien que j'estimais que l'activité de l'association n'était assurée qu'à 70, 80% du fait du temps disponible et que en étant assuré à 70, 80% elle fonctionnait déjà pas mal. Pas avec des gros bénéfices, mais au moins avec un équilibre dans le budget. Et donc j'estimais qu'en l'assurant à 100% avec un employé, ça permettrait de trouver les 20% qui manquaient à l'emploi jeune* ». [premier entretien, 1999]

Cette version optimiste a été pondérée quelque temps plus tard, par la confrontation du rêve à la réalité. S'agissant d'une association à faible budget de fonctionnement, l'équilibre financier a été impossible à atteindre sitôt que le jeune en question a basculé du bénévolat vers le salariat. Celui-ci a préféré démissionner après deux années d'efforts, laissant derrière lui un bilan financier catastrophique. Son embauche, plutôt qu'à favoriser un accroissement des richesses a ainsi surtout contribué à engloutir l'association employeuse dans un marasme financier dont elle ne s'est jamais relevée. Sans compter les conséquences psychologiques qui en résultent :

François : « *Depuis que je suis employé ça n'a cessé de se dégrader à plein de niveaux pour moi : financier, humain, moral... Tout s'est dégradé à*

12. Au cours de cette recherche, j'ai pu rencontrer quatre autres jeunes ayant le projet, plus ou moins avancé de créer leur propre poste emploi jeune, dans des domaines assez proches de ceux évoqués ici.

partir de ce moment-là. [...] Humainement ça se dégradait vraiment du point de vue de nos rapports. Il fallait arrêter sinon ça aurait pu finir mal. Je pense qu'on aurait pu se mettre sur la gueule. À mon avis, on n'est pas passé loin certaines fois. Y a eu certaines conversations au téléphone, valait mieux que ce soit au téléphone. [...] J'ai pété des plombs. Ça a commencé en novembre alors que j'avais jamais pété les plombs. J'ai craqué et ça commençait à se répéter régulièrement. Je finissais par craindre le pire en fait... Ça devenait de l'ordre de la survie d'arrêter ». [troisième entretien, 2001]

Ces propos ont ceci de particulier qu'ils provenaient d'un emploi jeune ayant exercé des activités à mi-temps au sein de deux structures, dont l'une était le support d'un emploi créé par le jeune lui-même. La mutualisation des moyens a constitué une difficulté supplémentaire, en tout cas pour les deux jeunes évoluant dans cette configuration. En effet, elle a aboutit à une sorte de désarroi, consécutif à l'absence d'encadrement de certains emplois-jeunes, qui parfois se sont laissés déborder par l'urgence de certaines situations. Les deux protagonistes ont démissionné des quatre structures qui les employaient. L'autre créateur d'emploi rencontré et ses collègues ont fait évoluer leurs activités moins douloureusement puisqu'ils sont parvenus à couvrir, au moins, leurs charges salariales. Toutefois, étant donné que cet équilibre ne leur a jamais permis de dégager suffisamment de recettes pour réaliser des investissements matériels, ils ont préféré délocaliser leurs activités dans une région plus propice à leur projet et supposée plus rémunératrice. Certains emplois-jeunes éprouvaient donc plus de difficultés que d'autres à faire la démonstration de leur compétence intellectuelle et technique, ce qui évidemment, pouvait nuire à la reconnaissance des structures et des activités. L'expérience professionnelle vécue par le biais du dispositif était donc appréciée différemment selon la position de chacun dans la structure employeuse, la nature des tâches ou des conditions de travail, etc. Il n'en est pas moins vrai que ces expériences ont permis à chacun d'eux, de développer ou d'acquérir, un certain nombre de compétences nouvelles.

Compétences nouvelles et formation

Les plus anciens emplois-jeunes déclaraient majoritairement avoir souvent beaucoup appris de leur expérience de terrain, qu'ils rattachaient de manière quasi systématique à une ou plusieurs séquences de formation suivies depuis le début de leur contrat.

Nadia : « *Ouais, ça m'aura apporté de l'expérience au niveau de tout ce qui est légal et professionnel. Avant tout ce que je faisais c'était en bénévole et pas forcément dans la loi, tu vois. Ça m'a vachement cadré sur le monde professionnel dans les musiques actuelles. En plus, avec une spécificité due aux formations alors qu'avant j'avais pas de spécificité* ». [deuxième entretien, 2001]

La référence à la formation était très présente lorsqu'il s'agissait d'évoquer les compétences. Il faut rappeler que la majorité des jeunes disposait avant leur entrée dans le dispositif d'une expérience de terrain. La formation constituait donc un supplément aux savoirs dont ils étaient, à des degrés divers, déjà détenteurs. À titre d'exemple, la moitié des jeunes interrogés ont suivi au moins un des modules de formation[13] mis en place courant 2000, par un réseau de diffuseurs lorrains. Selon eux, les séquences de formation qu'ils ont pu suivre ont beaucoup contribué à renforcer leurs compétences et leur sentiment de maturité professionnelle. Ces formations leur ont essentiellement permis d'aborder leurs activités, pratiquées jusqu'alors en dehors de tout cadre législatif, avec des éléments d'appréciation nouveaux dont ils se considèrent à la fois dépositaires et maîtres d'œuvre.

Max : « *Les formations, ça m'a beaucoup aidé à m'informer des choses à faire tout simplement. Avec Zic-Zac en Lorraine avec les trois modules. Permis d'acquérir une connaissance du milieu, tout simplement. Je suis vraiment blindé au niveau administratif et juridique sur la diffusion. Et même au-delà de la diffusion. Sur la structuration d'un groupe. Je commence à faire les premières fiches de paie. Je suis au clair par rapport à tout ça. J'ai vraiment une démarche professionnelle. J'ai acquis un savoir pour le faire. Après faut l'appliquer* ». [troisième entretien, 2001]

La question de la mise en application des connaissances acquises par le biais de la formation a constitué un réel enjeu de professionnalisation manifestant peu ou prou les limites du bricolage à titre bénévole. Elle fut un gage de fonctionnement rationnel auprès des institutionnels et a contribué à élaborer des identités professionnelles, voire à poser les bases d'un groupe professionnel. Si les formations dispensées n'étaient pas qualifiantes – au sens d'un diplôme – elles ont offert la possibilité à ceux qui les ont suivies, de se distinguer par rapport à d'autres acteurs exerçant sensiblement les mêmes activités et surtout ont favorisé le développement d'un savoir technique commun. Étant entendu que les activités dans le monde du rock relèvent pour une large part de l'autodidaxie, l'arrivée des emplois-jeunes et la mise en œuvre de séquences de formation a constitué une manière de professionnaliser ces activités et par là, d'organiser, dans une certaine mesure, un « marché du travail fermé » (Paradeise, 1987 : 35-46).

13. Il s'agissait des modules suivants : 1. Concevoir un projet « Musiques Actuelles », 2. L'administration d'une production, 3. La diffusion et la production du Spectacle Vivant. L'ensemble de la formation a accueilli 40% d'emplois-jeunes, 40% de bénévoles et 20% de publics divers (animateurs, étudiants, demandeurs d'emploi).

Visées et ambitions des jeunes interrogés

Lorsqu'ils étaient en début de contrat, la majorité des emplois-jeunes de l'échantillon déclaraient chercher à développer leurs activités au sein de la structure employeuse, dans l'espoir de s'assurer un poste à l'issue de leur contrat. Déclaration d'intention qui attestait d'un certain attachement à des activités et à des structures, mais qui, au final, se trouvait être quelquefois contredite par les faits : quatre des jeunes interrogés ont démissionné et un autre, qui s'était mis en position d'attente, a sérieusement songé à se réorienter. Parmi les démissionnaires, certains envisageaient le dispositif comme une possibilité de « nomadisme professionnel ». Une petite minorité l'envisageait en termes stratégiques, c'est-à-dire comme une sorte de laboratoire de développement de compétences qui leur permettrait éventuellement d'apprendre un métier. D'autres encore pensaient pouvoir valoriser ces compétences nouvellement acquises en les monnayant dans d'autres milieux professionnels. La question du salaire était assez récurrente. Les jeunes en question mesuraient souvent un décalage entre leur niveau de qualification et leur rémunération, qui n'était accepté que temporairement dans une perspective de capitalisation de leur expérience. Seul un petit nombre de structures, bénéficiant de financements stables, consentaient à augmenter leurs emplois-jeunes chaque année.

Quel horizon ?

Les jeunes de l'échantillon avaient, semble-t-il, pleinement intégré l'idée selon laquelle la qualité et l'utilité sociale[14] de leur travail seraient évaluées et détermineraient ensuite la possibilité de pérenniser leur poste. La « solvabilisation » de l'activité par elle-même était très rarement avancée, hormis pour l'unique structure fonctionnant sur ses fonds propres. Les jeunes semblaient également être pleinement conscients de la difficulté à rendre

14. Dans un rapport récent, l'ÉRAEF (2002 : 76), définit l'utilité sociale, « comme la fonction de toute activité qui contribue à l'amélioration du jeu de rouages de la société nécessaires à sa survie et à son bon fonctionnement ». Dans le cadre particulier des musiques actuelles, le concept d'utilité sociale sous-entend la notion d'intérêt général. Le rapport Rigaud (1997 : 41), émet l'idée que le public est « le destinataire de toutes les actions menées en faveur de la culture ». Dans ce prolongement, le *Rapport de la commission nationale des musiques actuelles à Catherine Trautmann, ministre de la culture et de la communication* (1998 : 99) propose d'aborder la question de l'intérêt général sous la forme du triptyque républicain : liberté, égalité, fraternité. Liberté des pratiques artistiques. Égalité de traitement des publics. Fraternité au sens d'un métissage des pratiques artistiques. Mais ces déclarations d'intentions fort généreuses, ne sauraient occulter le poids symbolique de la représentation numérique pour ce qui relève de l'intérêt général. Pas davantage que celui des enjeux sociaux (présence dans les quartiers difficiles par exemple) ou pédagogiques (formation en milieu scolaire, formation d'amateurs, etc.). Sur ces deux derniers points, on lira avec intérêt les recommandations de Jean-Michel Lucas, directeur régional des affaires culturelles d'Aquitaine (1998 : 36-38).

leurs activités « marchandisables ». Cela supposait de trouver un mode de financement *ad hoc* dont on imaginait cependant mal qu'il puisse se dispenser de l'argent public. Ce qui a inscrit les emplois-jeunes dans une « lutte pour la reconnaissance » (Honneth, 2000) que seule la puissance publique semblait être en mesure de faire aboutir favorablement. Ce type de démarche renvoie à un processus de professionnalisation impliquant deux caractéristiques essentielles d'un métier : la *licence* (au sens d'une autorisation légale d'exercer une activité) et le *mandat* (au sens d'une habilitation interne aux gens du métier, à définir leur activité et les modalités de contrôle correspondantes) », telles que les a envisagées Everett Hugues (1996 : 99-106).

On a donc pu observer deux niveaux de professionnalisation. Le premier, dans l'articulation de l'expérience professionnelle et de la formation. Le second, indissociable du premier, qui s'appuie sur une logique de délégation de service public. La désaffection de certains jeunes pour leurs postes a été abordée plus haut : contingences familiales, nomadisme professionnel, dépression nerveuse, etc. Certaines structures parmi les moins bien dotées financièrement et plus particulièrement orientées en direction du rock, ont éprouvé des difficultés considérables pour faire fonctionner leurs activités. La fragilité de certaines personnes et de certaines structures a laissé entrevoir une issue très incertaine pour les emplois-jeunes. On pourrait éventuellement l'interpréter comme un processus de sélection naturel sauf qu'à l'analyse, il apparaît surtout comme un processus de sélection structurel. Le monde du rock en région est fragile comme on l'a vu. Son marché du travail repose essentiellement sur des activités difficilement solvables. Axer un développement structurel sur la seule embauche d'un emploi jeune est un leurre s'il lui est interdit de s'appuyer sur des ressources budgétaires lui permettant de mener ses activités à bien. Tout comme il est illusoire de penser qu'un emploi-jeune, compétent dans le domaine de la programmation ou de la médiation culturelle saura nécessairement maîtriser les aspects plus administratifs, inhérents à sa fonction.

Il s'est donc avéré que les emplois-jeunes devaient argumenter en faveur de l'intervention publique pour ce qui concerne la pérennisation de leurs activités. Ce qui nécessitait de se positionner en tant que « vecteur de mobilisation de l'opinion publique en faveur de nouvelles conception de l'art et de la culture » (Leveratto, 2000 : 213). Mobiliser le registre de la justification autour des thématiques de l'intérêt général et de l'égalité de traitement les situait pleinement dans le champ des politiques culturelles traditionnelles. C'est le registre de la justification civique, basée sur la volonté collective et l'égalité telle qu'elle a été formulée par Luc Boltanski et Laurent Thévenot (1987). Dans une moindre mesure, et dans le prolongement des travaux de ces auteurs, on peut également imaginer que soit mobilisé un registre de la justification marchande. En effet, si les retombées économiques directes du dispositif « emploi-jeune » restaient difficiles à entrevoir au sein de l'échantillon, il ne faut cependant pas mésestimer ses retombées économiques indirectes. Une enquête socio-économique sur les dépenses des musiciens de musiques actuelles réalisée en Pays-de-Loire et Poitou-Charentes a permis de mettre en lumière « que les musiciens consacrent de très fortes sommes pour pratiquer leur musique, et ce quel que soit leur degré de professionnalisation » (Guibert et Migeot, 1999 : 117-121)[15]. Dans cette perspective, il serait particulièrement intéressant de tenter de dégager les retombées économiques du travail des emplois-jeunes à l'échelle de la région. Cette proposition indique que ce secteur devra probablement se construire sur la base de financements mixtes (État, collectivités territoriales, fonds propres). Avec le risque, « si économie hybride il y a, [qu'elle soit] inexorablement dominée par le rapport monétaire et [advienne] comme produit classique de combinatoires financières dans lesquelles le poids relatif du financement public et parapublic sera variable » (Lhotel, 2001 : 16).

Le marché du travail d'un segment artistique et culturel comme le rock a donc indéniablement une existence. Le recours de ce secteur au dispositif emplois-jeunes en a été un marqueur important. Il a attesté par ailleurs que la majeure partie des emplois créés ne pouvait être pérennisée qu'avec le soutien des politiques publiques. Ce qui relevait des capacités de négociation des emplois-jeunes en poste, des perspectives de reconnaissance de leurs activités par les administrations chargées de la Culture, mais également par « le rôle que joue le public dans la réussite d'une action culturelle » (Leveratto, 2000 : 229). Le positionnement des emplois-jeunes sur ce secteur d'activité particulier, même s'il s'est avéré quelquefois chaotique, par manque de rationalisation, a révélé les prémisses de la structuration d'un secteur d'activités engagé dans un processus de professionnalisation. En cela, la pérennisation des jeunes et des postes, aurait constitué un test grandeur nature vérifiant un double développement : celui du rock en tant que secteur artistique et culturel à part entière et ensuite, celui d'un marché du travail émergent.

15. Ces travaux on permis de montrer que 208 musiciens et 58 groupes représentaient 4,2 millions de francs d'achat de matériel et plus de 11 millions de francs de fonctionnement.

Références

Champy-Remoussenard P., Higelé P., Pagnani B., *Analyse pluridisciplinaire de la mise en œuvre du programme nouveaux services-nouveaux emplois : réalités et perspectives de « l'expérience » emplois-jeunes*, 2002, Nancy, ILSTEF, Rapport final, Tome 2, Rapport n° 1 : Situation de travail et professionnalisation (ERAEF).

Becker H. S., 1983, « Mondes de l'art et types sociaux », *Sociologie du Travail*, n° 4.

Boltanski L., Thévenot L., 1987, *De la justification. Les économies de la grandeur*, Paris, Presses Universitaires de France.

Cahiers Lorrains, 1999, Les emplois jeunes en Lorraine : un premier bilan, 1999, Nancy, Direction Régionale du Travail, de l'Emploi et de la Formation Professionnelle de Lorraine.

Donnat O., 1996, « L'essor des activités artistiques amateur », *Données Sociales 1996*, Paris, Insee, p. 415-420.

Donnat O., 1998, *Les pratiques culturelles des Français. Enquête 1997*, Paris, ministère de la Culture et de la Communication.

Gourdon A.-M., 1994, Le rock en France : dix ans de politique culturelle (1981-1991), *in* : Gourdon A.-M., dir., *Le rock. Aspects esthétiques, culturels et sociaux*, Paris, CNRS Editions, p. 141-150.

Honneth A, 2000, *La lutte pour la reconnaissance*, Paris, Les Editions du Cerf, coll. Passages.

Hugues E. C., 1996, *Le regard sociologique*, Paris, EHESS.

La Scène Hors-série, Avril 1999, Politiques publiques et musiques amplifiées/actuelles. Actes des 2e rencontres nationales, Nantes 1998.

Leveratto J.-M., 2000, *La mesure de l'art. Sociologie de la qualité artistique*, Paris, La Dispute.

Lhotel H., 2001, « Réflexions et interrogations sur l'analyse du dispositif nouveaux services-nouveaux emplois », *Recherche Sociale*, n° 160.

Lucas J.-M.,1998, « Du bon usage des dispositifs d'aides publiques », pp. 36-38, *in* : *Les Rencontres du Grand Zebrock. A propos des musiques actuelles*, Noisy-le-Sec, Éd. Chroma,.

Mignon P., 1988, « La production sociale du rock », *Cahiers Jeunesses et Sociétés*, n° 10, p. 3-32.

Paradeise, C., 1987, « Des savoirs au compétences : qualification et régulation des marchés du travail », *Sociologie du travail*, n° 1.

Rapport de la commission nationale des musiques actuelles à Catherine Trautmann, Ministre de la culture et de la communication, 1998, disponible sur : http://www.irma.asso.fr

Rigaud J., 1997, *Pour une refondation de la politique culturelle*, Paris, La Documentation Française.

Simonin B. *et al.*, 2001, *Les « emplois-jeunes » dans la culture. Usages et enjeux d'une politique de l'emploi*, Paris, Ministère de la culture et de la communication, DEP.

Teillet P., 1996, L'Etat culturel et les musiques d'aujourd'hui, *in* : Darré, A. éd., *Musique et politique. Les répertoires de l'identité*, Rennes, Presses Universitaires de Rennes, p. 111-125.

Teillet P., 1998, *Eléments pour une histoire des politiques publiques en faveur des musiques amplifiées*, Paris : DEP, Groupe de travail « Histoires et politiques culturelles locales ».

Deuxième partie

Faire reconnaître ses compétences

TRANSFERT ET RECONNAISSANCE DES COMPÉTENCES DES ANCIENS EMPLOIS-JEUNES DANS LE SECTEUR DES SERVICES

Pierre-André Dupuis
Anne Flye Sainte Marie

Les jeunes qui sont sortis du dispositif « emploi-jeunes » ont retrouvé, plus ou moins facilement, un emploi dans un nouveau contexte, ou bien ils sont restés chez le même employeur avec un statut de salarié « ordinaire ». Le changement de statut et/ou d'employeur s'est toujours accompagné d'un changement dans les fonctions et les activités exercées. Mais la continuité a pu l'emporter même lorsqu'il y a eu changement d'employeur, et la discontinuité même lorsque le jeune est resté chez le même, avec parfois un intitulé de poste resté inchangé. Il est donc impossible de dissocier la question du transfert des compétences d'une activité à l'autre de celle de l'analyse de ces activités elles-mêmes et des situations de travail concrètes.

C'est justement parce que les compétences ne sont pas des entités abstraites qu'il faut les réinscrire dans les processus de construction, d'évolution, de mobilisation et de reconnaissance qui permettent de rendre compte des conditions et des limites de leur transfert. Et c'est seulement grâce à une meilleure compréhension de ces processus que l'on pourra mieux, comme y incitent les grandes orientations de la politique européenne, considérer les incidences d'une « approche basée sur la compétence » sur la conception de la formation (Burkart, 2003).

Si l'on appelle « compétences » des combinaisons de « ressources incorporées » faites de savoirs, de savoir-faire, d'attitudes et de dispositions qui constituent des « savoir-agir » en situations (Le Boterf, 1998), le « transfert des compétences » est alors ce qui permet d'utiliser ces « savoir-agir » dans des environnements au moins partiellement différents. Un transfert n'est jamais une simple répétition. C'est toujours à la fois une transposition et une reprise, qu'il s'agisse plutôt d'un « transfert latéral » par « généralisation à des catégories de problèmes ou des situations du même type », ou d'un « transfert vertical », par « transposition sur des cas de complexité supérieure » (Le Boterf, 1997).

Mais la question du « transfert des compétences » se heurte au moins à deux difficultés de principe. Tout d'abord, il est difficile de clarifier ce que l'on entend par transferts plus ou moins « proches » ou « éloignés » (Büchel, 1990). Certaines « situation*s* » peuvent sembler proches alors que, lorsqu'on les analyse, les « activités » qui y sont déployées font apparaître qu'elles requièrent des compétences très différentes. Inversement, des « activités » peuvent être beaucoup plus proches que ne le suggérerait la diversité des « situations » ou des « contextes », si l'on appelle « contextes » les environnements socio-économiques plus larges dans lesquels s'inscrivent les situations de travail elles-mêmes. Il convient donc de tenir compte *à la fois* des activités, des situations et des contextes (ce que nous avons tenté en considérant les « fonctions » des emplois-jeunes dans leurs différents « emplois »), et d'admettre qu'une situation « n'est pas un donné mais un construit à travers une activité » (Raisky, 1999).

D'autre part, la notion de « compétences transversales » est aujourd'hui très discutée (Rey, 1996). Elle semble même contradictoire dans les termes puisque, par définition, les compétences sont référées à des champs d'application spécifiques. Mais sans doute peut-on admettre avec Le Boterf que si, comme le montrent la plupart des études (Meirieu, Develay, 1996), « les compétences apparaissent (...) difficilement transposables en elles-mêmes » – « il n'y aurait pas, par nature, des compétences ou des capacités qui seraient transposables et d'autres qui ne le seraient pas » –, « le caractère de transférabilité ou de transposabilité n'est pas à rechercher dans « les » compétences ou « les » capacités, mais dans « la » compétence du professionnel ». C'est lui en effet qui construit une plus ou moins grande « faculté à transposer », selon la richesse de son expérience, ses prises de recul, les isomorphismes et les analogies qu'il repère entre situations et, finalement, selon son « intention transversale » (Le Boterf, 1997).

Une « activité » et une « compétence » ont donc toujours un versant subjectif auquel correspondent les « mobiles » qui incitent à agir (Léontiev, 1975) et, plus largement, les investissements de désir et de sens. Ce versant subjectif est inséparable du rapport contextualisé au travail, c'est-à-dire aux conditions d'accueil, d'exercice, d'entraide et de rapport au collectif dessinant le contour des valeurs concrètes qui font que l'on se reconnaît plus ou moins dans ce que l'on fait. Comme le dit Yves Schwartz, les compétences « sont inséparables dans leurs modalités du complexe particulier de valeurs qui se noue différemment ici ou là, le transférable ne relève pas seulement de l'objectif, du mesurable, du stocké, mais de l'évolution de ce complexe de valeurs dans le nouvelle situation » (Schwartz, 1997).

Nous avons montré que les emplois-jeunes avaient eu un « rapport subjectif » à l'emploi qui était, souvent, dynamique et inventif, d'autant que la nouveauté, même relative, des activités avait pour conséquence une absence de « modèles de la compétence » dans les contextes de travail

(Boulayoune, Champy-Remoussenard, Dupuis, Flye Sainte Marie, Gardin, Higelé, Jory, Lhôtel, 2001). En l'absence de « compagnonnage », les jeunes ont, souvent, pris l'*initiative* de solliciter leur environnement pour effectuer des rencontres, demander des conseils, se construire des repères et inventer progressivement le « style » d'une pratique singulière. Avec Emmanuelle Yanni-Plantevin, on peut appeler « fonction transférentielle » « ce qui est mobilisé par un sujet en situation pour donner sens aux expériences non pas dans le but de leur survivre mais dans celui de prendre place dans le monde en se les appropriant, puis en les dépassant » (Yanni-Plantevin, 1998).

Celui qui « transfère » ne le fait pas tant parce qu'il perçoit une similitude entre situations que parce qu'il « découvre la possibilité d'intégrer des connaissances et des stratégies dans sa dynamique personnelle et de se constituer comme sujet de ses propres actes » (Tardif, Meirieu, 1996). Les activités et situations de travail prennent sens dans la « trajectoire historique » des personnes, en fonction de leurs expériences passées, mais aussi de ce qu'elles vivent en dehors de leur travail et de leurs aspirations pour l'avenir (Champy-Remoussenard, Dupuis, Flye Sainte Marie, Higelé, Pagnani, 2002).

Enfin, il faut intégrer la dimension de la « reconnaissance » des compétences dans les différents emplois et surtout dans le passage de l'emploi-jeune au nouvel emploi parce que « toute compétence, pour exister, suppose l'intervention du jugement d'autrui » (Le Boterf, 1997). La compétence est toujours aussi un « construit social ». Nous avons besoin d'être estimés et confortés pour que s'accomplisse le mouvement complet du « parcours de la reconnaissance » (Ricoeur, 2004). Plus spécifiquement, seule la reconnaissance de la valeur des compétences peut éventuellement faire que la reconnaissance des acquis s'accompagne d'une validation pouvant déboucher sur des qualifications.

Or, pour la plupart des jeunes interrogés travaillant dans le domaine de la « médiation sociale » (ce champ instable et peu codifié où ce qui est visé est la restauration, le maintien, ou la création de liens sociaux sur un territoire ou une population d'usagers), un contraste très net existait entre un sentiment fort d'« utilité sociale » et un sentiment faible de « reconnaissance sociale », alors même que 80% de ces jeunes disaient que ce qu'ils faisaient correspondait à un nouveau « métier » (Boulayoune, Champy-Remoussenard, Dupuis, Flye Sainte Marie, Gardin, Higelé, Jory, Lhôtel, 2001). Mais, *a contrario*, on peut faire l'hypothèse que, si la reconnaissance de l'autonomie dont a pu faire preuve quelqu'un a été suffisante, notamment en relation avec son sens des responsabilités et au vu des initiatives prises, le passage d'un emploi à l'autre, y compris dans la même structure, s'en est alors trouvé nettement facilité. Les compétences ne sont pas, de fait, considérées comme éphémères ou seulement conjoncturelles (Dugué, 1999), mais plutôt comme « ce qui traverse diverses situations, et ne s'enferme pas dans la situation initiale » (Perrenoud, 1997). C'est d'ailleurs ce qui justifie l'importance méthodologique d'études longitudinales et cliniques, si l'on appelle « clinique » « l'approche qui s'intéresse au sujet en situation dans sa dynamique psychique et sociale » (Beillerot, Blanchard-Laville, Mosconi, 1996).

Pour approcher la nature du transfert de compétences opéré de l'emploi-jeune au nouvel emploi, nous avons donc choisi d'analyser de façon séparée le parcours des personnes se caractérisant par une proximité réelle entre les deux fonctions de l'emploi-jeune et du nouvel emploi, et le parcours de celles connaissant au contraire des fonctions notablement différentes entre les deux emplois. Sur les vingt-cinq entretiens utilisés pour notre approche, en effet :

– Douze personnes se caractérisaient par une proximité réelle entre les deux fonctions (y compris lorsqu'il y avait eu changement d'employeur) : *Antonio*, *Asma*, *Fanny*, *Franck*, *Jacqueline*, *Marie*, *Marjorie*, *Marthe*, *Raïssa*, *Samia*, *Théophile*, *William*.

– Treize personnes connaissaient au contraire des fonctions notablement différentes (même lorsqu'elles étaient restées chez le même employeur ou que les intitulés de poste étaient proches) : *Angelo*, *Denise*, *Isabelle*, *Katia*, *Laëtitia*, *Lorraine*, *Malika*, *Matthieu*, *Nabbia*, *Nicolas*, *Pierre*, *Richard*, *Valérie*.

Du point de vue épistémologique, la méthode des « cas » est pertinente dans des « recherches compréhensives » qui visent à saisir dans leur complexité des genèses et des transformations qui sont elles-mêmes inscrites dans des contextes évolutifs (Van Der Maren, 1995). Un « cas » n'est jamais ici l'illustration de ce qui « tombe » de soi sous une loi générale. C'est le « singulier » dont le déploiement permet de faire apparaître des propriétés et des processus qui peuvent s'intégrer dans un ensemble plus vaste de « catégories descriptives », elles-mêmes en relation avec des configurations, des « corps de connaissances », voire de typologies qui sont en cours de construction. Le singulier en tant qu'il est « unique » touche l'universel plutôt que le général, en ce sens que ce dont on a montré l'existence prend, de droit, place dans un ensemble de connaissances virtuellement illimité, et modifie notre « carte du monde » à la mesure de sa différence avec ce que l'on connaissait déjà (Vermersch, 2000).

C'est pourquoi nous proposons d'illustrer les deux modalités de parcours que nous avons distinguées par quelques exemples sélectionnés parmi les vingt-cinq témoignages recueillis. Les critères qui ont été retenus pour effectuer cette sélection sont les suivants : représentation équilibrée des deux sexes ; éventail aussi ouvert que possible des différents niveaux de formation et des différentes catégories d'emploi.

Le devenir des activités professionnelles et des compétences développées pour les personnes qui connaissent une continuité entre les deux fonctions

Nous avons choisi d'illustrer ce devenir plus particulièrement à partir du parcours de cinq personnes (parmi les douze citées ci-dessus) dont deux sont titulaires d'un Baccalauréat Professionnel, *Antonio et Marie*, et les trois autres sont de niveau Bac+4 ou Bac+5, *Jacqueline, Samia et Théophile*. Les fonctions exercées comme emploi-jeune (EJ) l'étaient dans le cadre d'intitulés de poste plutôt généraux caractérisés par des termes relativement indéterminés : médiation, développement, coordination, liaison sociale, etc. Mais, à travers les témoignages recueillis, on s'aperçoit que les personnes concernées ont très vite, derrière ces intitulés, été amenées à exercer des fonctions assez spécialisées de caractère technique.

Antonio, *Médiateur de rue*, était en fait chargé d'un rôle d'intermédiaire entre les services techniques de la commune qui l'employait et les administrés, afin de régler les problèmes de gaz, d'électricité, d'eau et tous problèmes de voisinage ; *Marie*, *Agent communal de coordination*, assurait le secrétariat du service technique puis du service de l'urbanisme ; de son côté *Samia*, *Ecrivain public*, a très vite évolué, à l'occasion du remplacement d'une personne malade, vers des tâches exercées au sein du Service de la documentation et des archives ; *Théophile*, *Agent de développement*, a été amené à prendre en charge la gestion administrative de la communauté de communes qui l'employait ; *Jacqueline*, *Agent de liaisons sociales* au sein d'une maison communale multi-activités, s'est très vite familiarisée avec les tâches d'orientation professionnelle des publics accueillis.

Ce sont ainsi des compétences très ciblées, dans des domaines d'expertise précis, que ces personnes ont acquises dans le cadre de l'EJ. Ces compétences très spécialisées, à côté d'autres plus transversales, ont constitué pour ces personnes de réels atouts, soit pour leur réussite aux concours de recrutement (concours de « conseiller A.N.P.E. » pour *Jacqueline*, concours cadre C de la fonction publique pour *Antonio*), soit pour le choix de leur employeur de conserver au sein de la structure, à l'issue de l'EJ, un personnel déjà qualifié. Dans ce cas, on s'aperçoit que les employeurs ont choisi d'accompagner la personne, à partir de ce socle de compétences techniques, vers des responsabilités élargies.

Ainsi *Samia* qui, dans l'attente de passer le concours de la fonction publique territoriale correspondant à son emploi, est *Responsable du Service des archives* ; *Antonio*, devenu *Agent de maîtrise* chargé en particulier du montage des marchés publics, du suivi des chantiers et du management de l'équipe voirie de la commune ; *Marie*, qui est devenue *Assistante du domaine communal*, chargée de la gestion des bâtiments et logements communaux ; *Théophile* qui, sur la base des compétences administratives développées dans le cadre de l'EJ, est devenu *Secrétaire de mairie* dans la commune la plus importante de la Communauté de communes.

Marie repère bien à son égard cette stratégie de l'employeur qui l'a formée : *« Ils ont préféré peut-être éviter de reprendre une autre personne à re-former, parce que c'est très long, tout de même, une formation, de former une personne qui ne connaît rien, qui arrive là, qui n'a jamais fait d'urbanisme, jamais fait de gestion locative »*. *Jacqueline*, quant à elle, à travers sa réussite au concours de conseiller A.N.P.E., a changé d'employeur mais elle précise combien elle a acquis, au cours de l'E-J, à la fois la maîtrise des capacités nécessaires dans le domaine de l'orientation professionnelle et la connaissance de la culture de l'A.N.P.E., qu'elle désigne d'ailleurs comme la *« famille A.N.P.E. »*.

Ainsi la double compétence générale – relevant essentiellement de compétences transversales (capacités d'écoute, de négociation, de disponibilité, d'autonomie, de créativité, d'analyse de besoins et de montage de projets, pour citer les principales capacités évoquées par ces cinq personnes) – et spécialisée, voire technique (connaissance des textes réglementaires propres à un domaine, connaissance des formalités administratives et maîtrise des démarches correspondantes, connaissance des partenaires, …) semble constituer un facteur de reconnaissance forte par l'employeur (quand la personne reste dans la même structure), par l'institution (quand la personne accède par concours au nouvel emploi ou à la qualification qui l'accompagne), ou à travers l'embauche de la personne par un nouvel employeur.

Dans ces parcours, les personnes concernées explicitent bien le fait que le transfert de compétences de l'EJ vers le nouvel emploi a été largement facilité par la proximité des tâches. On ne peut parler ici de similitude des tâches, car ce qui change avec le nouvel emploi, c'est le niveau de responsabilités qui est réellement relevé : non seulement la personne est reconnue à travers son savoir-faire mais elle est de plus considérée comme apte à gérer son activité de façon autonome, à orienter ses décisions et sa stratégie d'action.

Les compétences générales et spécialisées, dans ce que Louis Toupin appelle leur « matérialité », c'est-à-dire la possibilité de les repérer empiriquement (Toupin, 1998), constituent la base de reconnaissance d'une professionnalité des salariés concernés. Mais au-delà ce qui semble avoir été repéré par les employeurs respectifs, c'est, selon les termes du même auteur, l'aptitude *« à apprendre, à s'adapter, à anticiper, à créer afin de pouvoir évoluer dans des situations professionnelles ouvertes, floues et incertaines »*.

La compétence, au-delà de ce qui est directement repérable, exprime ainsi une potentialité d'agir, comprise comme une forme d'*« énergie »* permettant à la personne d'évoluer dans des situations de plus en plus complexes et variées.

Ce qui est transféré d'un emploi à l'autre, c'est donc également le dynamisme et la motivation personnelle du salarié, qui se trouvent ainsi pleinement reconnus à travers le changement de statut entre l'emploi-jeune et le nouvel emploi (avec le changement de revenu qui l'accompagne et le signifie). On peut noter d'ailleurs, à travers le parcours de ces cinq personnes (comme des autres personnes de notre échantillon restées dans des domaines de compétences proches après leur sortie de l'EJ), que le dynamisme et la motivation jouent à la fois comme dimensions transférées et comme facteurs facilitateurs du transfert des autres compétences, c'est-à-dire comme ressources personnelles permettant de réinvestir et de poursuivre des apprentissages en passant d'une situation à une autre.

Nous trouvons ici en outre, parmi ce que Gilbert de Terssac (in Barbier, 1996) désigne comme des *« méta-connaissances »* qui permettent à l'individu d'actualiser ses ressources personnelles, des « compétences d'évaluation », « celles que va développer l'individu pour identifier, légitimer et valoriser tout ce qu'il engage dans l'action ». Les salariés interrogés ont bien compris que leurs savoir-faire étaient insuffisants s'ils ne trouvaient pas les moyens de « faire-savoir » et de « faire-valoir » leurs compétences personnelles. C'est ainsi que *Marie* insiste sur l'importance de savoir *« prendre des initiatives »* et *« se rendre indispensable »*.

Il se vérifie ici que la *« composante praxéologique »* de la compétence (son aspect visible) renvoie non seulement à une dimension cognitive associée à des qualités personnelles, mais aussi à une dimension affective, motivationnelle, qui est elle même influencée par les formes sociales que prend la reconnaissance et par la culture des organisations (Wittorski, 1998).

Le devenir des activités professionnelles et des compétences développées pour les personnes concernées par un décalage significatif entre les deux fonctions

Nous avons pu repérer deux cas de figure, que nous illustrons plus particulièrement à travers les parcours de six personnes: *Matthieu* (titulaire d'un BEP), *Katia* et *Nabbia*, (titulaires d'un Baccalauréat), *Angelo* (Diplôme d'éducateur), *Pierre* (BTS « Commerce International ») et *Valérie* (DESS en « Psychologie de la Santé »).

Dans le premier cas de figure, qui concerne trois personnes (*Malika*, *Nabbia* et *Richard*), la personne est restée au sein de la même structure mais il y a eu une évolution forte des fonctions. Les employeurs concernés ont reconnu les dispositions personnelles et les compétences transversales de ces personnes et ont choisi de les accompagner vers d'autres fonctions à responsabilité, dans des domaines assez différents de leur domaine de compétence initiale. Ainsi *Nabbia* qui était *Agent de médiation sociale* dans une municipalité, chargée de la mise en œuvre d'actions de prévention dans le domaine de la santé : après avoir réussi le concours d'« adjoint administratif », est aujourd'hui, dans la même commune, *Chargée du développement économique*, en charge de l'animation commerciale et de la gestion des zones artisanales et commerciales.

Dans le second cas de figure, qui concerne dix personnes (*Angelo, Denise, Isabelle, Katia, Laetitia, Lorraine, Matthieu, Nicolas, Pierre et Valérie*), la personne a changé d'employeur et accédé à des fonctions très différentes de celles exercées dans le cadre de l'emploi-jeune. Pour ces personnes, l'EJ a permis de se construire une première expérience professionnelle solide, permettant l'installation d'habitudes de travail, le développement d'une confiance en soi et une assurance renforcée dans les interventions, la reconnaissance de ses capacités et une aptitude accrue à se faire reconnaître. La reconnaissance par le nouvel employeur est, dans ce cas de figure, liée soit à la formation initiale et au diplôme acquis antérieurement, soit au dynamisme montré par la personne au moment de son embauche et à sa capacité de valoriser les compétences développées antérieurement.

La reconnaissance du nouvel employeur liée à la formation initiale et au niveau de qualification de la personne peut être illustrée plus particulièrement par les parcours d'*Angelo* et de *Valérie*. *Angelo*, *Médiateur en insertion professionnelle* dans le cadre de l'EJ, est aujourd'hui *Educateur* dans un foyer d'adolescents en difficulté. L'EJ lui a permis à la fois d'acquérir de la confiance en soi et une connaissance des dispositifs d'insertion qu'il peut aujourd'hui réinvestir dans son emploi, mais aussi de terminer sa formation d'éducateur, qualification reconnue ensuite à travers son embauche dans le poste actuel. Quant à *Valérie*, précédemment *Correspondante Santé* au sein d'un organisme d'insertion, elle est aujourd'hui *Psychologue à l'Aide Sociale à l'Enfance*. Elle aussi évoque combien l'EJ lui a permis de gagner en assurance dans ses interventions et de conforter les compétences liées à la fonction de psychologue.

Pour illustrer les situations dans lesquelles l'embauche par le nouvel employeur ne semble pas liée à la compétence acquise dans le cadre de l'EJ mais plutôt au dynamisme de la personne, nous retenons ici trois autres témoignages : *Katia*, *Médiatrice* dans les transports en commun et sur les quartiers, est aujourd'hui *Manipulatrice radio* dans un cabinet d'imagerie médicale ; *Matthieu*, *Agent de médiation* dans une municipalité est devenu

Planificateur dans une entreprise de pompes funèbres ; *Pierre*, *Steward de ville* est maintenant *Assistant d'opérations bancaires* dans une banque.

Dans ces trois parcours, les compétences développées dans le cadre de l'EJ ne semblent pas, à première vue, avoir pu préparer les personnes aux fonctions qu'elles exercent actuellement. Pourtant, chacune de ces trois personnes souligne combien l'EJ a constitué un passage essentiel : *Pierre* explique combien cette expérience l'a aidé sur le registre de la communication et a pu contribuer à sa reconnaissance par l'employeur actuel : « *Ça permet de mettre un pied dans le travail, dans le domaine du travail et puis de se dire au moins, quand on va chercher autre chose, ben, je travaille déjà... J'ai l'impression, c'est peut-être juste une impression, que le fait de postuler ailleurs et le fait de déjà travailler, même si ça n'a rien à voir, c'est un plus... »* . *Katia* insiste également sur *« la dimension sociale »* acquise dans l'EJ et réinvestie dans le nouvel emploi. *Matthieu* considère que l'expérience dans le secteur social acquise dans le cadre de son précédent emploi a probablement contribué à son embauche : « *Le fait d'avoir été dans le social, ça a plu à la personne qui m'a jugé.* » Il estime en tout cas qu'il a bâti dans l'EJ son sens des responsabilités, son ouverture d'esprit, et les méthodes d'organisation qu'il réinvestit fortement aujourd'hui.

Dans ces six parcours, malgré les changements significatifs entre les fonctions exercées comme emploi-jeune et les fonctions occupées à ce jour, les personnes concernées insistent sur la réalité du transfert de compétences entre les deux emplois. L'EJ a joué, semble-t-il, un rôle important pour interrompre des parcours faits, pour les moins qualifiés, de « petits boulots » ou de périodes d'intérim (*Katia, Matthieu, Nabbia*), ou pour installer les personnes dans une expérience significative de travail à l'issue de leur formation initiale (*Angelo, Pierre et Valérie*).

A posteriori, ces personnes reconnaissent combien l'EJ, malgré un statut qui a pu être vécu comme dévalorisant pendant la durée du contrat (en particulier par les plus diplômés comme *Valérie*), leur a permis de se conforter dans la maîtrise d'activités, dans la compréhension des situations et des publics rencontrés, dans la prise de distance par rapport aux tâches quotidiennes, de s'affirmer au sein d'un collectif de travail, d'apprendre à manifester son *« dynamisme »* et son *« envie de s'accrocher »* (*Katia*), son *« ouverture d'esprit »* (*Matthieu*), et à faire valoir *« ses arguments »* auprès de l'employeur (*Nabbia, Pierre*).

Les parcours de ces six personnes, comme ceux des sept autres que nous avons regroupées dans cette catégorie des salariés pour qui il y a écart entre les deux fonctions, apparaissent comme très différents, mais ils semblent cependant partager un point commun : l'EJ a apparemment joué un rôle de révélateur des dispositions personnelles d'une part, des compétences transversales construites au travers de cette expérience d'autre part.

Parmi ces compétences transversales, les plus citées concernent les compétences d'ordre relationnel qui semblent réinvesties quel que soit le secteur d'activités de l'emploi actuel, y compris le secteur marchand qui concerne plusieurs personnes de notre échantillon. Les compétences techniques ou spécialisées nécessaires à l'exercice des fonctions actuelles n'ont pas, pour toutes ces personnes, constitué un préalable à l'embauche, mais elles ont été construites dans l'emploi actuel à partir du socle de compétences générales et de qualités personnelles édifié par les personnes au cours de leur expérience antérieure de travail. C'est autour de ce socle, dans la mesure où les personnes ont su en faire état et le valoriser, que semble s'être alors opéré le recrutement dans le nouvel emploi.

On pourrait toutefois se demander si, après tout, n'importe quel premier emploi à dimensions « relationnelles » n'aurait pas pu avoir le même effet. Mais c'est ici qu'il faut rappeler que le dispositif « emplois-jeunes » n'était pas un dispositif de « transition professionnelle » comme les autres. Il s'agissait évidemment d'emplois provisoires, mais ils ont souvent été considérés comme en rupture avec les périodes d'intérim et de « petits boulots » antérieurs, en raison de la garantie d'une certaine stabilité qu'ils offraient (cinq ans). C'est dans ce contexte qu'ont été mobilisées et enrichies des compétences permettant d'assumer, dans beaucoup de cas, des configurations d'activités, avec une inventivité nécessaire en l'absence de « modèles » stabilisés (Boulayoune, Champy-Remoussenard, Dupuis, Flye Sainte Marie, Gardin, Higelé, Jory, Lhôtel, 2001). L'expérience « emplois-jeunes » a été le plus souvent significative. Si elle a pu constituer un tremplin vers un autre emploi, c'est surtout en raison des habitudes de travail prises et de l'« *expérience sociale* » (*Mathieu*) qui a pu se construire dans la durée, de l'établissement d'une relation en devenir entre qualités personnelles et compétences spécialisées, du développement de la confiance en soi, et de l'aptitude à se faire reconnaître.

Ainsi, au total, si l'on rassemble les résultats relatifs aux deux types de parcours que nous avons distingués, on peut faire l'hypothèse que l'emploi-jeune a constitué, pour la plupart des personnes interrogées, un espace/temps de consolidation de qualités personnelles et de confortation ou de construction de compétences de portée générale ou plus spécialisées qui, quel que soit l'emploi aujourd'hui occupé, ont constitué le terreau de développement d'autres compétences. Ce qui a grandi pour les personnes, durant leur expérience professionnelle au sein du dispositif « Nouveaux Services-Nouveaux Emplois » (quand cette expérience a été reconnue comme fructueuse), c'est d'abord la disposition personnelle à répondre de façon engagée et pertinente à des situations de travail complexes et évolutives.

Nous avons découvert qu'aucune compétence n'était véritablement transposée telle quelle dans l'emploi actuel, puisque le niveau de responsabilité, la place des initiatives et l'étendue des tâches ont été systématiquement augmentés. Il s'est agi, pour ces salariés, non seulement de transférer des compétences, mais peut-être surtout d'acquérir une compétence à transférer les acquis d'une situation donnée de travail à une autre situation de travail, que celle-ci soit en proximité avec les tâches précédentes ou qu'elle corresponde à un domaine de tâches nouveau. Cette hypothèse rejoint le propos de Guy Le Boterf (2001) : « La transférabilité n'est pas à rechercher dans les compétences, les savoir-faire ou les connaissances du professionnel mais dans sa faculté à établir des liens, à tisser des fils, à construire des connexions entre deux situations ».

C'est ainsi probablement la qualité du retour réflexif sur l'expérience antérieure et la force du projet personnel de la personne, associées à l'accompagnement de personnes-ressources suffisamment accessibles et disponibles, qui permettent au professionnel de profiter des premières expériences vécues pour installer de nouvelles expertises plus larges, et pour s'inscrire ainsi dans un parcours de professionnalisation. Ce parcours peut « mobiliser » des compétences déjà acquises, mais susciter aussi la « production/transformation de compétences » que ce soit grâce à l'acquisition de nouveaux savoirs et au recadrage de savoirs antérieurs (le rôle de la formation est ici d'une très grande importance), ou grâce à la confrontation à des situations inédites qui demandent de recombiner, d'enrichir, et d'affiner les manières de faire antérieures, parce qu'elles requièrent de nouvelles façons et de nouvelles raisons d'agir (Wittorski, 1997).

Enfin, concernant le rôle de la formation dans ce qui a pu faciliter et amplifier le transfert de compétences, on mentionnera d'abord l'importance du premier diplôme (par exemple le D.E.S.S. de psychologie de la santé obtenu avant l'EJ pour *Valérie*, le diplôme d'éducateur obtenu en cours d'EJ par *Angelo*). La préparation et l'obtention de concours ont aussi joué un grand rôle, surtout pour ceux dont les fonctions sont dans une certaine continuité (concours de la fonction publique pour *Antonio* et *Samia*, concours de conseiller ANPE pour *Jacqueline*), ou qui restent dans la même structure avec une nette évolution des fonctions (concours d'adjoint administratif pour *Nabbia*).

Pour nous en tenir à nos exemples, des formations « formelles » plus ou moins longues apparaissent comme nécessaires, ou du moins comme facilitantes en complémentarité avec l'expérience, pour la connaissance des textes, des formalités administratives, des dispositifs (par exemple d'insertion) et des publics. Il en va de même pour tout ce qui concerne la documentation, les démarches d'orientation et d'insertion, la gestion, l'administration bancaire, l'ingénierie médicale et le secrétariat de mairie.

D'une façon plus générale, on peut sans doute dire, avec Le Boterf (Le Boterf, 1998), que la formation formelle (initiale et continue) est le mode principal d'acquisition des « connaissances générales » et « procédurales » (« savoir comprendre » et « savoir comment procéder »), qu'elle se combine avec l'expérience sociale et professionnelle analysée pour l'acquisition d'un certain nombre de « savoir-faire cognitifs » (« savoir traiter l'information », « savoir raisonner ») et de « connaissances spécifiques sur l'environnement professionnel » (« savoir s'adapter », « savoir agir sur mesure »), et que c'est l'expérience professionnelle qui est la principale source des savoirs pratiques, qu'il s'agisse de « savoir-faire opérationnels » (« savoir opérer », « savoir y faire », « savoir coopérer », « savoir se conduire »), de « savoir-faire expérientiels », ou de « savoir-faire relationnels », sur le fond d'« aptitudes » et de « qualités » que développent à la fois l'expérience et l'éducation (« savoir s'engager »).

La formation et les acquis de l'expérience devraient donc être considérés ensemble pour donner lieu à des processus plus ouverts et plus complexes de construction des qualifications. Mais, si les itinéraires personnels et professionnels peuvent être caractérisés par des transpositions et des élargissements d'expériences, jamais cela ne saurait conduire à une occultation de l'importance des formations initiales et continues, qui jouent au contraire un rôle structurant dans ces itinéraires.

Références

Boulayoune A, Champy-Remoussenard P., Dupuis P.-A., Flye Sainte Marie A., Gardin A., Higelé P., Jory H., Lhotel H., 2001, « Les médiations sociales dans le dispositif « Nouveaux services-nouveaux emplois » : dynamiques d'activités, perspectives de professionnalisation et de pérennisation (étude sur un échantillon) », Rapport pour la D.A.R.E.S., Ministère de l'Emploi et de la Solidarité, 99 p. + Annexes

Beillerot J., Blanchard-Laville C., Mosconi N., 1996, *Pour une clinique du rapport au savoir*, Paris, L'Harmattan, 358 p.

Buchel F, 1990, « Analyse cognitive et métacognitive de l'éducation de la capacité d'apprentissage », *in* : Martin J., Paravy G (coord.), *Pédagogie de la médiation. Autour du P.E.I.*, Lyon, Chronique Sociale, pp. 73-85.

Burkart S., 2003 « L'approche basée sur la compétence : ses incidences sur la conception de la formation – changement de paradigmes dans la formation liée au travail et dans le développement du savoir organisationnel », *Formation Professionnelle*, n° 28, pp. 33-49.

Champy-Remoussenard P., Dupuis P.-A., Flye Sainte Marie A., Higelé P., Pagnani B., 2002, « Situations de travail et professionnalisation : les « nouveaux services » étudiés à partir d'un enquête auprès de 34 emplois-jeunes en Lorraine », *in* : Gardin A., Champy-Remoussenard P. (coord.), *Analyse pluridisciplinaire de la mise en œuvre du programme « Nouveaux services- Nouveaux emplois » : réalités et perspectives de l'expérience emploi-jeune*, I.L.S.T.E.F., Université Nancy2.

Dugué E., 1999, « « La logique de la compétence : le retour du passé », *Education Permanente*, n°140, pp.7-18.

Le Boterf G., 1997, *De la compétence à la navigation professionnelle*, Paris, Les Editions d'Organisation, 295 p.

Le Boterf G., 1998, *L'ingénierie des compétences*, Paris, Les Editions d'Organisation, 415 p.

Le Boterf G., 2001, *Construire les compétences individuelles et collectives*, Paris, Les Editions d'Organisation, 218p.

Leontiev A. (trad. 1984), *Activité, conscience, personnalité*, Moscou, Editions du Progrès, 176 p.

Meirieu P., Develay M. (dir.), 1996, *Le transfert des connaissances en formation initiale et en formation continue*, Lyon, C.R.D.P., 117 p.

Perrenoud P., 1997, *Pédagogie différenciée : des intentions à l'action*, Paris, E.S.F., 194 p.

Raisky C., 1999, « Complexité et didactique », *Education Permanente*, n° 139/1999-2, pp.37-64

Rey B., 1996, *Les compétences transversales en question*, Paris, E.S.F., 216 p.

Ricoeur P., 2004, *Parcours de la reconnaissance*, Paris, Stock, 387 p.

Schwartz Y., 1997, « Les ingrédients de la compétence : un exercice nécessaire pour une question insoluble », *Education Permanente*, n° 133/1997-4, pp. 9-34.

Tardif J., Meirieu P., 1996, « Stratégie pour favoriser le transfert de connaissances », *Vie pédagogique*, n°98, pp. 4-7.

Terssac G. de (1996), « Savoirs, compétences et travail », *in* : Barbier J.M. (dir.), *Savoirs théoriques et savoirs d'action*, Paris, P.U.F., pp. 223-247.

Toupin L., 1998, « La compétence comme matière, énergie et sens », *Education Permanente*, n°135, pp. 33-44.

Vermersch P., 2000, « Approche du singulier », *in* : Séminaire du Centre de Recherche sur la Formation du C.N.A.M., *L'analyse de la singularité de l'action*, Paris, P.U.F., pp.239-256.

Wittorski R., 1997, *Analyse du travail et production de compétences collectives*, Paris, l'Harmattan, 240 p.

Yanni-Plantevin E., 1998, « Transfert et affectivité », *Educations*, n°15, pp.57-60.

VERS LA RECONNAISSANCE DES COMPÉTENCES CONSTRUITES *IN SITU* : UN ENJEU DE PROFESSIONNALISATION POUR LES EMPLOIS-JEUNES

Brigitte PAGNANI

Le programme « Nouveaux Services, Emplois Jeunes » constitue un analyseur intéressant de l'évolution du rapport emploi-formation dont l'ajustement est recherché, aujourd'hui, au travers de la valorisation et de la reconnaissance de l'expérience et des compétences. A partir de deux recherches, conduites, l'une pour la DARES – Direction de l'animation, de la recherche, des études et des statistiques (Higelé, Lhotel, 2001) et l'autre pour l'ILSTEF – Institut lorrain des sciences du travail, de l'emploi et de la formation (Gardin, Remoussenard, 2002) auxquelles nous avons contribué et de notre recherche doctorale, nous avons cherché à étudier le rapport emploi-formation à partir de la caractérisation et de l'analyse des compétences d'une centaine de jeunes sous contrat « emploi-jeune » occupant des emplois de service[1]. Les deux tiers de la population enquêtée étaient en emploi depuis environ une année, le tiers restant l'était depuis trois ans. L'échantillonnage a été établi en tenant compte de l'exercice professionnel d'une activité dite de médiation sociale. Il s'est avéré que la médiation sociale pouvait se définir plutôt comme un mode de régulation ou un mode d'intervention[2] que comme une activité à part entière.

L'analyse que nous proposons donne à voir et à saisir les compétences des jeunes qui sont à l'œuvre dans les situations de travail réelles. Elle a pour ambition d'illustrer deux idées majeures. La première étant que la formation et l'expérience jouent le même rôle dans la construction de compétences : elles les font émerger et les développent. La seconde étant que si la formation constitue le mode d'accès dominant à la qualification, la perspective de validation des acquis expérientiels – enjeu majeur pour l'insertion durable

1. Entretiens semi-directifs. L'analyse est produite à partir du discours des emplois-jeunes.
2. M. Guillaume-Hoffnung définit la médiation sociale comme « un mode d'établissement de passerelles et de gestion des tensions sociales, grâce à l'entremise d'un tiers, neutre, indépendant et sans autre pouvoir que l'autorité que lui reconnaissent les partenaires à la médiation, qui l'auront choisi et reconnu librement » *in* M. Guillaume-Hoffnung, *La médiation*, Paris, PUF, Que-sais-je ?, n°2939, 1995.

des jeunes sur le marché du travail – appelle à porter un regard différent sur les compétences construites *in situ* qui tienne compte du fait qu'elles sont dorénavant susceptibles d'être valorisées et reconnues socialement.

Nous nous attacherons, dans une première partie, à mettre en débat la notion de compétence en cherchant à en cerner les enjeux du point de vue de ses usages. Nous évoquerons aussi les conditions de production des compétences induites par le programme « Nouveaux Services, Emplois Jeunes » pour introduire les catégories conceptuelles de la compétence que nous avons retenues pour l'analyse. La seconde partie sera consacrée à la caractérisation et à l'analyse des compétences des « emplois-jeunes » interviewés.

Compétence(s) : de quoi parle-t-on ?

Qu'entendons-nous par « compétence » ? Voilà un concept qui n'est pas nouveau mais pour lequel un regain d'intérêt est apparu au milieu des années 80 dans le champ de l'éducation, de la formation et de l'entreprise. Les définitions pléthoriques dont nous disposons aujourd'hui font de la compétence une sorte de « mot-éponge », une notion polysémique qui reflète, en réalité, la multiplicité des usages sociaux et savants qui en sont faits. D'où la nécessité de clarifier les représentations de la compétence et les différents usages qui en découlent.

Représentation(s) de la compétence

D'après Marcelle Stroobants (1998 : 14), « les compétences apparaissent actuellement comme un potentiel, comme des ressources individuelles cachées, susceptibles de se développer par la formation ou de se transférer d'une situation à l'autre ». Mais la compétence se laisse difficilement enfermer dans une définition unique[3] du fait des usages multiples qui sont faits de cette notion. Son opacité sémantique, précisent Françoise Ropé et Lucie Tanguy (1994), en favorise l'usage inflationniste dans des lieux différents et par des agents aux intérêts divergents.

Sous la plume de Jean-Pierre Le Goff (1999), la notion de compétence prend même des « allures d'auberge espagnole ». Le ton provocateur employé par l'auteur fait écho à l'engouement sans bornes pour cette notion dont le succès est à replacer dans le contexte des années 80 avec la montée en puissance de la Gestion Prévisionnelle des Emplois et des Compétences –

3. F. Ropé et L. Tanguy n'en retiennent qu'une définition minimale extraite du Larousse commercial (édité en 1930) pour souligner ce qui, selon elles, la caractérise principalement : « la compétence est inséparable de l'action ».

G.P.E.C. et qui traverse aujourd'hui les discours et les propos tenus sur la question du travail et de la formation par bon nombre de praticiens dans des champs d'intervention différents et par des chercheurs qui se réclament de disciplines distinctes.

La notion de compétence[4] crée le besoin d'un éclairage conceptuel d'envergure interdisciplinaire mais il paraît nécessaire de relativiser le renouvellement théorique apporté par cette notion[5] et travailler plutôt au repérage et à la caractérisation des enjeux sociaux à partir ses usages sociaux et savants[6].

Pour ce faire, il nous semble nécessaire, dans un premier temps, de poser la compétence comme un objet comportant deux dimensions qui ont été étudiées dans des champs disciplinaires distincts et d'en extraire les représentations respectives. La première approche renvoie aux enjeux de la reconnaissance ou de la non-reconnaissance des savoirs professionnels placés au cœur de la sociologie du travail et la seconde approche, aux éléments cognitifs des situations de travail développés en psychologie et en ergonomie. Dans un second temps, nous nous attacherons plus particulièrement aux usages sociaux de la compétence.

Différentes approches de la compétence

La notion de compétence, affirme Philippe Perrenoud (1998), est en « irrésistible ascension », du fait des « menaces de désordre et de désorganisation (qui) se font plus vives dans les époques de changement et de crise ». Plus concrètement, avance Yves Schwartz (1995, p.126), la compétence surgit au moment où « la qualification comme élément partiellement régulateur, comme point de référence dans le champ des relations et antagonismes sociaux paraît entrer en crise » avec une perte de repères dans la définition des postes de travail, leur classification et la rémunération qui leur correspond. Le « modèle de la compétence » représenterait alors une réponse aux transformations des systèmes de travail dans lequel, selon Gilbert de Terssac (1996), sont prises en compte les relations entre le travail et les savoirs détenus par l'individu.

En fait, la question n'est pas récente. Le point de vue ergonomique en mettant l'accent, à qualifications formelles égales, sur les compétences réelles a mis en évidence la relation dialectique qui fonctionne entre l'activité

4. Parce qu'elle est ancrée dans les évolutions socio-économiques et suscitée par une demande sociale forte située dans le registre de l'évaluation des compétences.
5. R. Wittorski propose dans l'éditorial de la Revue *Education Permanente*, n°135/1998-2 titré : « La compétence au travail » de « théoriser la dynamique individuelle et collective de transformation des compétences » (p.7).
6. C'est cette problématique qui est portée par F. Ropé et L.Tanguy (1994).

et la compétence : « La structure de la compétence est nécessaire à la conduite de l'activité des opérateurs dans des situations naturelles et est, à son tour, continuellement créée et modifiée par le processus même de l'activité »[7]. Mais, comme le souligne Maurice De Montmollin (1986), les compétences correspondent aussi à des « ensembles stabilisés de savoirs et de savoir-faire, de conduites types, de procédures standards, de types de raisonnements que l'on peut mettre en œuvre sans apprentissage nouveau ».

Dans les sciences cognitives, les débats sur la notion de compétence ne sont, là encore, pas récents. Il n'est qu'à évoquer la pédagogie par objectifs avec la construction des référentiels. Il en va de même en didactique. Les didacticiens dans les différentes disciplines ont réfléchi à cette notion pour pouvoir expliciter les compétences, les classifier et construire un outillage posé en termes d' « être capable de » pour leur opérationnalisation dans l'enseignement. Plus récemment, la didactique professionnelle s'y est confrontée pour pouvoir identifier les compétences mobilisées dans les situations de travail (Pastré, 1999).

Philippe Perrenoud (1998 : 7) pour qui, de la même façon, il n'y a pas de définition claire et partagée de la compétence parce qu'elle se prête à différents usages, propose sa définition de la compétence dans le champ éducatif : c'est « une capacité d'agir efficacement dans un type défini de situation, capacité qui s'appuie sur des connaissances, mais ne s'y réduit pas », les connaissances étant définies par l'auteur comme « des représentations de la réalité (...) construites et engrangées au gré de notre expérience et de notre formation ». Dans la mise en œuvre d'une compétence, le sujet effectue des opérations mentales complexes (des mises en relation, des interprétations, des interpolations et des inférences). « La construction des compétences est donc inséparable de la formation de schèmes de *mobilisation* des connaissances à bon escient, en temps réel, au service d'une action efficace (...) les schèmes se construisent au gré d'un entraînement, d'expériences renouvelées, à la fois redondantes et structurantes, *entraînement* d'autant plus efficace qu'il est associé à une posture réflexive ». L'apport de Donald Schön (1996) qui relance le débat sur le rapport recherche/pratique dans la construction des savoirs professionnels est, à cet égard, intéressant.

À la confluence de ces représentations, nous faisons le constat que la notion de compétence s'est chargée d'un contenu psycho-cognitif. Cette évolution marque toutefois un intérêt du point de vue de la compréhension des mécanismes d'apprentissage dans la construction de la compétence pour repenser les relations entre situation de formation et situation de travail et faire

7. « (...) toute activité, en tant que processus temporel, est en rapport avec quelques "structures" stables qui lui permettent d'exister et lui donnent sens », M. de Montmollin (1995).

évoluer ainsi les pratiques de formation dans l'optique d'une reconnaissance sociale affichée. Mais, cette évolution de sens est critiquée notamment par Marcelle Stroobants qui considère qu'il est fait de cette notion, dans les pratiques d'évaluation des compétences, un usage instrumentalisé qui tend à affaiblir le système de régulation conjointe des qualifications.

Un usage instrumentalisé de la compétence

Il semblerait que nous assistions, depuis les années 80, à un glissement sémantique de la notion de qualification à celle de compétence. Sans revenir aux débats controversés portés par les sociologues du travail à partir des années 50 sur le concept de qualification, c'est, selon Marcelle Stroobants (1998), « par opposition à la transmission scolaire classique des connaissances et par opposition à l'ancienne "logique" de la qualification que l'originalité des compétences va s'affirmer. Et, c'est par référence à la modernisation des entreprises que la nécessité d'innover sera justifiée ». La « logique des compétences » introduit l'individualisation de la relation salariale qui s'accompagne d'un effacement des repères collectifs. Chaque salarié détiendrait alors la responsabilité de la construction de sa qualification. C'est dans cette mouvance que se situe Guy Le Boterf (1997) en proposant la trilogie du « savoir-agir, vouloir-agir, pouvoir-agir » qui renvoie à la combinaison de ressources pertinentes par l'individu, à la prise en compte de sa motivation et son implication ainsi qu'à l'existence d'un contexte permettant la mise en œuvre des compétences. Dorénavant, on « gère des compétences » (Levy-Leboyer, 1997) en établissant des bilans individuels et des « arbres » de connaissances ou de compétences représentant le potentiel collectif d'une entreprise (Authier, Levy, 1996).

De ce point de vue, dans un contexte de « modernisation » des entreprises privées et publiques, l'explicitation des compétences recouvre des enjeux socio-économiques auxquels les jeunes, dans le programme « Nouveaux Services, Emplois-Jeunes », sont complètement associés. Le repérage des compétences, leur catégorisation établie à partir de leur discours révèlent ces enjeux et traduisent une demande sociale forte qui s'exprime dans le registre de l'évaluation des capacités des salariés selon la nouvelle logique de la compétence. Mais cette demande sociale est conflictuelle pour les jeunes de par l'intérêt qu'ils manifestent pour l'accès à la qualification par le diplôme. C'est ce que met en évidence l'analyse conduite dans le cadre de notre recherche doctorale.

Un éclairage sur les conditions de production des compétences qui ont été induites par la mise en place du programme peut nous aider à mieux saisir ces enjeux et à comprendre quelles sont les catégories conceptuelles de la compétence que nous avons retenues pour l'analyse.

Conditions de production des compétences induites par le programme « Nouveaux Services, Emplois Jeunes »

Les emplois-jeunes pouvaient être considérés comme des emplois nouveaux dans la mesure où ils étaient supposés répondre à des besoins insatisfaits ou émergents ainsi que le prévoyait le programme. Ne correspondant pas à des métiers existants, les profils d'emploi n'étaient donc pas *a priori* codifiés. Dans les faits, lorsqu'ils existaient, ils étaient établis de façon sommaire ou approximative compte tenu du caractère imprévisible des activités et des multiples configurations d'activités possibles. De ce fait, les recrutements ne s'opéraient pas forcément avec le souci d'une mise en correspondance des profils d'emploi avec les profils des jeunes[8] tant du point de vue de la formation[9] que de l'expérience dont ils étaient détenteurs.

Quand la formation initiale et l'expérience professionnelle étaient prises en considération, elles l'étaient de façon inégale et, dans tous les cas, pas de manière prépondérante. Si les employeurs en ont tenu compte dans certains recrutements, ils ne se sont pas nécessairement renforcés en cours d'emploi : une diversification des tâches a pu être recherchée par l'employeur et par le jeune à son initiative ou survenir au gré des contingences et des exigences des situations de travail et des possibilités de développement qu'elles renfermaient. Cette situation tendrait à révéler une inadéquation entre les acquis formatifs et expérientiels antérieurs et les exigences de l'emploi. Cela peut justifier la faible prise en compte de la qualification du jeune. Pour une partie d'entre eux, notamment dans le champ de la médiation sociale, le potentiel de développement de l'individu, les qualités personnelles ont été davantage appréciées, souvent plus que le niveau scolaire.

Il en résulte que les compétences issues de l'expérience antérieure ont été peu explicitées par les jeunes au contraire de celles issues de l'expérience en cours. Mais, par-delà la prise en compte (ou pas) de ces acquis à l'embauche, les jeunes semblaient ne pas avoir conscience de l'existence de ces savoirs et de leur mobilisation dans l'action. Si ces compétences n'ont pas été identifiées en tant que telles, elles existaient bel et bien et étaient mobilisées sans que les jeunes aient pu toujours les expliciter. Ajoutons aussi que les compétences requises n'étaient pas aisément repérables dans des activités émergentes et évolutives qui se différenciaient d'un contexte à

8. Elle n'a pu avoir lieu qu'à partir du moment où une partie des activités au moins correspondait à une formation (qualifiante ou diplômante) y préparant et susceptible par la suite de faire évoluer le jeune vers un métier identifié. Encore fallait-il que l'employeur et le jeune aient connaissance de l'existence de ladite formation.

9. Malgré ce faible lien, il y a malgré tout quelques jeunes pour qui il en a été tenu compte. Nous avons ainsi repéré 7 jeunes dont la formation est apparue en adéquation avec l'emploi exercé.

l'autre. Tout se passait comme si les situations de travail requerraient exclusivement des compétences nouvelles. Ainsi, leur explicitation limitée peut s'expliquer par le caractère de nouveauté qui était associé à ces emplois censés répondre à des besoins émergents ou insatisfaits et confirmé, dans une certaine mesure, par l'inexistence de formation qualifiante ou diplômante pouvant préparer le jeune à exercer ses fonctions. En effet, les compétences nouvelles acquises *in situ* n'avaient pas fait l'objet d'un apprentissage formel. C'est dans la confrontation aux situations – souvent problématiques – qu'elles ont émergé et se sont développées, dans l'épreuve de l'expérience. Plus l'expérience était vécue comme une épreuve, plus elle revêtait de l'importance dans le discours des jeunes. Par ailleurs, il est vrai que la mesure ne prévoyait pas la formation du jeune comme une obligation pour l'employeur. L'idée semblait acquise par le législateur que les situations de travail sont dans leur essence formatrices et qu'elles peuvent par elles-mêmes faire advenir des compétences susceptibles d'être valorisées individuellement. Aussi, la nature des compétences acquises ou développées *in situ* – principalement dans les emplois de service à la personne – a modifié le rapport à la construction de leur qualification.

Catégories conceptuelles de la compétence

La caractérisation de ces compétences nous a amenés à appliquer un mode de catégorisation qui découle de la prise en compte des formes de compétences qui sont apparues dans le discours des jeunes, et que nous avons affiné au fil des recherches. Ce choix n'est pas neutre car, comme nous l'avons évoqué plus haut, les représentations des notions de qualification, de compétence et de savoir ne sont pas homogènes : leurs usages sociaux dans le champ du travail, de l'emploi et de la formation reflètent cette diversité.

Les compétences qui ont été mises en évidence peuvent se scinder en deux catégories : les savoirs et les savoir-faire. Les savoirs ont été très faiblement explicités, à peine effleurés quand les jeunes faisaient référence à leur formation initiale. C'étaient, dans ce cas, les savoirs théoriques et les savoirs procéduraux qui étaient désignés. Un autre type de savoirs a été répertorié mais, là encore, peu développé dans le discours des jeunes. Ce sont les savoirs contextuels (Fernagu-Oudet, 2001)[10]. Les savoir-faire ont été amplement évoqués. Ils sont représentés par ce que Jean-Marie Barbier (1996) nomme les savoirs d'action apparentés, ou selon d'autres appellations, les savoir-faire expérientiels, les savoirs pratiques et les savoir-faire sociaux ou relationnels.

10. Guy Le Boterf les nomme les savoirs d'environnement.

En dehors des savoirs et des savoir-faire, des savoirs relevant d'une intelligence des situations sont repérables dans certains cas. Ils correspondraient à la « véritable compétence »[11] (Reboul, 1993) et relèveraient de la qualité « propre » de l'individu comme le suggère Olivier Reboul quand il parle de la « compétence à être »[12]. Pour Jean-Marie Barbier (1996), ce type de savoirs est englobé dans les savoirs d'action dès lors que « la pratique est inductrice d'une transformation identitaire et doublée d'une activité de production de représentations et de savoirs sur et à partir de la pratique ». Ils s'apparentent encore aux savoirs en usage (Malglaive,1990) ou au « savoir actionnable » défini par Solveig Fernagu-Oudet (2002).

L'approche des différentes catégories conceptuelles attachées à la compétence sur lesquelles notre étude s'appuie nous permet maintenant d'en présenter les résultats. Les compétences mobilisées *pour* l'action c'est-à-dire les compétences acquises au cours des expériences antérieures et mises en œuvre dans les situations de travail se différencient des compétences construites *dans* l'action qui correspondent à celles spécifiquement développées dans l'emploi occupé. Dans les situations réelles de travail, elles sont, les unes et les autres, en lien étroit tant dans leur émergence et que dans leur développement. Mais la primauté des compétences construites *in situ* – révélée par les jeunes eux-mêmes – sur les compétences préalablement acquises nous a conduits à les distinguer.

Les compétences mises en œuvre

Les compétences des jeunes développées en lien avec les acquis formatifs et/ou expérientiels

Au travers des trois recherches, l'analyse des entretiens met en évidence que, quel que soit le niveau d'études atteint en formation initiale, la place et le poids accordés aux acquis formatifs antérieurs sont peu importants. Dans la majorité des cas, la qualification (acquise par la formation initiale) n'était pas en rapport avec le contenu de l'emploi exercé ou l'était très peu. Cependant, nous avons pu observer que plus le niveau de qualification était élevé, plus les acquis formatifs en formation initiale étaient considérés comme utiles dans les situations de travail. Il pouvait s'agir alors de savoirs

11. Au sens où l'entend O. Reboul : « La compétence se distingue du savoir-faire, aptitude à agir, et du savoir pur, aptitude à comprendre, en ce qu'elle est une aptitude à juger. Précisons aussitôt que cette aptitude ne va pas sans savoirs et savoir-faire. Mais, elle les dépasse par le fait même qu'elle les intègre » (1993 : 186).

12. Au sens proposé par O. Reboul : « celle qui fait de l'homme un adulte au sens plein du terme, un être responsable et autonome, capable, dans tous les domaines qui le concernent, de juger par lui-même » (1993 : 197).

disciplinaires (français, droit, psychologie), de savoirs techniques (techniques rédactionnelles, techniques de vente, informatique) et de savoirs cognitifs (esprit critique, esprit d'analyse, esprit de synthèse). Certains jeunes considéraient même que leur formation de base constituait un pré-requis à l'exercice de leur activité mais, pour ceux-là, le recrutement s'était opéré principalement sur la base de ce critère comme pour cette accueillante/aide-médiatrice titulaire d'un D.E.S.S. en psychologie clinique : *« Je pense que je n'aurais pas pu faire ce travail-là si je n'avais pas eu cette formation en psychologie »*.

Peu nombreux sont les jeunes qui avaient une expérience professionnelle antérieure à valoriser. Ils avaient le plus souvent occupé des emplois saisonniers ou travaillé sous contrat à durée déterminée de courte durée (intérim, par exemple). Une des raisons pour lesquelles ils n'ont pas déclaré mobiliser des acquis qui seraient issus de cette expérience antérieure, dans leur emploi actuel, tient au fait qu'ils ne considéreraient pas leurs expériences antérieures comme significatives. On peut ajouter à cela le fait qu'ils aient opéré une rupture avec le domaine d'activités dans lequel ils ont exercé antérieurement. Ici, à la différence de ce que nous avons noté précédemment, le sentiment d'utilité des acquis expérientiels ressenti par les jeunes ne variait pas en fonction de leur niveau de qualification. Et, quand la formation qualifiante (ou diplômante) a fait défaut à la prise de fonction, notamment dans le domaine de la médiation sociale, les jeunes s'adossaient, sans l'exprimer ouvertement, à leurs expériences antérieures – qu'elles soient professionnelles, extra-professionnelles ou personnelles – en y puisant les ressources nécessaires pour faire face aux situations rencontrées.

Ainsi en témoignent trois agents d'accompagnement circulant dans les bus et accompagnant le facteur dans sa tournée qui considéraient que la pratique se construit avec *« ce qu'on a appris dehors »*. Un médiateur santé, employé dans une structure d'accueil de publics en difficultés qui reconnaît également que son expérience à la caisse de Sécurité Sociale lui a été utile pour obtenir rapidement les affiliations : *« c'est que j'ai des connaissances, j'ai gardé le contact, je sais ce qu'il faut pour les dossiers, je connais aussi les rouages de la sécu »*. Une accueillante/aide-médiatrice, encore, qui met en avant sa compétence à gérer les conflits : *« Par rapport au conflit, le fait d'être dans des situations de crise, je pense que c'est une compétence déjà au départ (...) ne pas paniquer, pouvoir gérer, garder son calme »*.

Les compétences construites en situation de travail

Les compétences nouvelles construites dans les situations de travail et qui contribuent à étoffer l'expérience professionnelle ont incontestablement été les mieux explicitées. Il s'agit surtout de compétences relationnelles qui semblaient relever, d'après les témoignages, d'un véritable apprentissage : *« On apprend les choses, une fois qu'on les a faites »* explique un agent de médiation sociale.

Les savoirs contextuels

Les savoirs contextuels regroupent des savoirs concernant l'environnement dans lequel le professionnel intervient. Ils sont de plusieurs sortes. Guy Le Borterf[13] distingue principalement les savoirs sur les procès, les savoirs sur les matériels et produits, les savoirs organisationnels et les savoirs sociaux. Dans la première enquête, les savoirs contextuels que se sont forgés les jeunes en cours d'emploi ont été globalement très peu évoqués (moins de 20%). Dans la recherche la plus récente, la proportion est inversée[14]. Quand ils le sont, les savoirs contextuels se rattachent principalement aux publics côtoyés et bénéficiaires du service rendu, aux institutions avec lesquelles les jeunes travaillent (leur environnement, leur culture). Un agent d'accompagnement admet que, maintenant, il connaît bien les jeunes. Un agent polyvalent chargé des relations avec l'habitant prétend connaître la *« culture des collectivités territoriales »*. Une animatrice petite enfance confie : *« Il y a pas mal de structures, tout un petit réseau comme le RASED*[15] *dont je ne connaissais pas le fonctionnement avant de travailler dans le système scolaire et qui m'aident ».*

Les savoir-faire

Les savoir-faire que les jeunes disent avoir développés en cours d'emploi ne reflètent, en aucun cas, l'ensemble des compétences mises en œuvre au cours de leurs activités.

Dans un premier temps, nous avons distingué deux pôles majeurs de savoir-faire : les savoir-faire relationnels (qui sont dominants) et les savoir-faire techniques[16]. Les premiers se rapportent à la communication (dialoguer,

13. G. Le Boterf, *De la compétence à la navigation professionnelle*, 1997, Paris, Les Ed. d'organisation, pp.101-102.
14. Rappelons qu'elle concernait des jeunes en emploi depuis 3 ans, la durée d'ancienneté dans l'emploi dans la première enquête avoisinait 1 an en moyenne. Ceci peut expliquer l'inversion de la proportion.
15. Réseau d'Aide Spécialisée aux Élèves en Difficulté.
16. Les résultats d'enquête obtenus lors de la première recherche pour la DARES nous ont aiguillés vers ce découpage.

aller au contact, s'exprimer, écouter, expliquer, etc.) tandis que les seconds font appel principalement aux techniques d'information et de communication (rédaction de comptes-rendus de réunion, de lettres, de supports d'information, etc.). Ils peuvent aussi être liés à une activité dominante dans l'emploi. Dans un second temps, nous avons tenté d'affiner la catégorisation des savoir-faire en répertoriant les savoir-faire procéduraux, les savoir-faire pratiques et les savoir-faire sociaux. Ce nouveau découpage permet d'inclure dans la catégorie des savoir-faire procéduraux ce que nous avons nommé ci-dessus les savoir-faire techniques et de vérifier que les savoir-faire sociaux s'acquièrent par la pratique : ils sont assimilés par les enquêtés à des savoirs pratiques.

Dans la population d'enquête, nous avons découvert une grande diversité d'emplois mais, de façon commune, dominés par la composante relationnelle[17]. C'est notamment le cas des médiateurs sociaux dont les missions s'étendent à la prévention/sécurité, à l'accueil-information, à l'accompagnement social, à l'animation, etc. Les savoir-faire sociaux sont donc prépondérants dans ces emplois.

Les savoir-faire sociaux

Il y a tout d'abord les savoir-faire liés à la communication pris dans le sens où nous avons coutume de l'entendre c'est-à-dire discuter et/ou échanger. C'est ce à quoi s'emploie cet agent d'accompagnement qui va au contact des usagers dans les bus et discute avec eux et cette chargée de mission à l'environnement qui a appris à communiquer avec les habitants et les élus : *« la communication (...) on n'apprend pas à le faire à l'école »*. Savoir communiquer, c'est aussi savoir s'exprimer pour plusieurs d'entre eux. Un agent médiateur dit : *« j'ai appris à m'exprimer au téléphone (...) à prendre la parole comme ça autour d'une table avec des élus »*. Un agent d'accompagnement travaillant dans les bus et aux côtés du facteur précise qu'il faut *« savoir parler comme eux sans être vulgaire (...) les faire entrer dans notre jeu en parlant poliment »*. Cependant, ce savoir-faire s'exerce rarement seul. Les jeunes communiquaient mais ils écoutaient aussi, observaient ou expliquaient ou encore « géraient les situations » (ils réglaient ou anticipaient des situations conflictuelles principalement). Il s'agit d'une communication qui est orientée par les objectifs poursuivis dans les activités. C'est dans leur caractérisation fine que se révèle toute la richesse des savoir-faire sociaux.

17. La question des compétences relationnelles est abordée par P. Champy-Remoussenard dans le texte qui suit.

Ecouter – observer – comprendre

Une combinaison de savoir-faire qui débouche sur une réelle compétence à communiquer. Ainsi, trois agents de convivialité exerçant leur activité en maison de retraite ou en milieu hospitalier, se mettaient à l'écoute des personnes âgées et échangeaient avec elles. C'est tout un savoir-faire complexe que l'une d'entre elles explicite difficilement : *« Il faut avoir le truc, si vous avez le truc, ça passera tout seul. Ne me demandez pas c'est quoi le truc, j'en sais rien ! »*. De la même façon, ce médiateur santé qui avait en charge d'accompagner des personnes en grandes difficultés vers les soins, révèle un savoir-faire complexe basé sur l'écoute conduite dans le cadre d'entretiens individuels pour lesquels elle n'a pas été formée : *« je n'ai aucun diplôme (...) j'ai des petits trucs que j'ai acquis »*.

Expliquer – éduquer – apprendre

La communication peut être associée à une visée éducative ou pédagogique. Ainsi, deux agents de médiation sociale dans un Centre intercommunal de prévention de la délinquance, développaient des savoir-faire liés à l'éducation. Ils essayaient d'inculquer aux jeunes certaines valeurs, procédaient au rappel de la loi : *« On met en place tout un système dit éducatif pour qu'ils rentrent dans une démarche cohérente face à la société »*.

« Gérer les situations »

Les agents d'accompagnement circulant dans les bus et les A.L.M.S. (les Agents Locaux de Médiation Sociale) étaient souvent confrontés à des situations conflictuelles ou qui pouvaient rapidement le devenir. Leur objectif était de ramener le calme. Ils mettaient alors en œuvre des savoir-faire qu'ils avaient acquis en situation. Un A.L.M.S. témoigne : *« Quand je vais régler un conflit, ça va être du naturel. Et, ce geste naturel, je vais me rendre compte qu'on l'a appris. Mais moi, je le fais instinctivement »*. Ils n'étaient pas les seuls : un agent de contact à la Poste qui accueillait les clients, communiquait avec eux pour les renseigner, était parfois amené à désamorcer leur agressivité, à apaiser leur colère et à éviter les débordements.

Les savoir-faire procéduraux

Les savoir-faire procéduraux ne sont pas déconnectés des savoir-faire sociaux et contribuent même à les consolider. Ils se rapportent principalement à la conception ou à la rédaction de supports d'information et de communication. Par exemple, un agent polyvalent chargé des relations avec l'habitant en Mairie réalisait des dossiers de presse et des plaquettes d'information pour les associations ; un agent local de médiation sociale a appris à faire une enquête pour un sondage, à exploiter des questionnaires, à monter un film d'information. Ils sont secondairement liés à d'autres domaines déterminés par l'activité dominante dans l'emploi. Ils concernent notamment l'utilisation de l'outil informatique mais aussi d'autres domaines (la communication, la comptabilité, etc.). À titre d'exemple, un écrivain public en mairie aidait les demandeurs d'emploi à formaliser leurs expériences en saisissant et en mettant en forme leurs C.V. ; une animatrice-accompagnatrice de personnes âgées avait appris à faire du secrétariat et de la saisie informatique, à tenir un standard téléphonique et à rédiger des bons de commande.

Les qualités révélées et développées dans l'emploi

En dehors des savoirs et des savoir-faire, quand la question : « Qu'est-ce que vous avez appris ? » leur a été posée, les jeunes énonçaient fréquemment ce que nous pourrions nommer communément des qualités personnelles, notamment les qualités relationnelles qui touchent à l'individu en propre : être moralement et psychologiquement solide, intègre, respectable, etc. et celles qui relèvent de l'individu dans sa relation à autrui : sociable, diplomate, ouvert, etc., ainsi que les qualités organisationnelles (être *« consciencieux », « méthodique », « rigoureux »*).

Des qualités orientées surtout vers la maîtrise de soi et l'ouverture à l'autre sont évoquées par de nombreux jeunes pour adapter leur conduite dans les situations. Elles renvoient à une réelle *« compétence à être »* mais qui n'est que rarement explicitée par les jeunes. Un agent médiateur en mairie énonce ainsi les qualités relationnelles qui lui sont nécessaires dans son emploi (*« calme », « diplomate », « convivial »*) ; un agent de médiation et de sécurité urbaine en mairie a appris à *« se tenir devant le public »* et un agent d'accompagnement *« à avoir une bonne présence »*. Parfois, les propos rendent compte du processus d'autonomisation et de responsabilisation dans lequel le jeune adulte se construit et par lequel il construit son identité personnelle, professionnelle et sa vie. Ainsi, un agent local de médiation sociale en mairie, évoquant ses relations de travail avec les élus, déclare : *« On a appris à encaisser, à retourner quand même et à insister (...) à se taire aussi »*. Une animatrice-accompagnatrice de personnes âgées dit qu'il faut être prêt à se confronter à toutes les expériences même négatives et, pour *« s'y préparer »*, il faut *« déjà être préparée soi-même »*. Un agent de convivialité confie que les confidences des personnes âgées *« permettent d'apprendre des choses sur soi-même »* c'est-à-dire de se découvrir et d'évoluer. Un agent de communication dit avoir évolué : *« je suis plus responsable, j'aime mieux vivre (...) c'est vrai que je suis changé »*.

De fait, les compétences construites dans les situations de travail, celles qui contribuent à étoffer l'expérience professionnelle, ont été les mieux explicitées. Nous avons pu ainsi les répertorier en trois catégories distinctes (savoirs contextuels, savoir-faire sociaux et procéduraux). Les savoir-faire sociaux ont été de loin les plus cités par les jeunes car elles ont fait l'objet, d'après les témoignages, d'un apprentissage professionnel en cours qui a interpellé le jeune dans son identité personnelle et lui a fait prendre conscience qu'il était au cœur de situations complexes dont l'expérience l'a enrichi et qui l'a grandi. Ces savoir-faire n'ont pas nécessité de formation car ils ont été acquis *in situ*. Ils se sont construits par l'observation, la confrontation aux situations et la réflexion quand elle a été soutenue par un accompagnement (fonction tutorale de l'encadrement) ou par de la formation[18]. Les jeunes ont démontré désormais que dans le domaine du relationnel, ils *« s'y connaissent »*[19]. C'est la question de leur reconnaissance qui se trouve maintenant posée.

Vers la reconnaissance et la validation des compétences *in situ*

L'explicitation des compétences par les emplois-jeunes rend compte d'un enjeu de reconnaissance sociale. Sa nouveauté réside dans le rapport qu'ils établissent à l'expérience et à la construction de leurs compétences. En effet, de par l'absence ou la quasi-inexistence de formation formelle en rapport direct avec l'emploi occupé, l'expérience a été déterminante dans l'acquisition des compétences sociales. Cependant, les apprentissages ne sont pas réductibles à l'expérience : l'accompagnement dans les situations de travail assuré par un tuteur (désigné ou non) en améliore l'efficacité. La formation, quant à elle, contribue à consolider les compétences et à les faire reconnaître.

Du point de vue de l'emploi, en quoi l'expérience et la formation, facilitent-elles respectivement l'insertion professionnelle des jeunes sur le marché du travail ? D'après une enquête récente menée par le ministère du travail, « plus encore que la formation, l'expérience professionnelle acquise dans la durée favorise l'accès des jeunes à un emploi à l'issue du programme »[20]. Cependant, si nous concevons aisément que l'expérience constitue en soi un tremplin vers l'emploi et que les jeunes s'y investissent dans une logique de professionnalisation[21], on peut se demander si elle garantit pour autant une insertion durable sur le marché du travail ?

18. Cette dimension est particulièrement apparue dans les résultats de l'enquête conduite dans le cadre de notre recherche doctorale.

19. O. Reboul : « La compétence, c'est pas connaître seulement quelque chose mais c'est aussi "s'y connaître" » (p. 182).

20. *Les Nouveaux services – Emplois-Jeunes : bilan fin 2003,* Premières synthèses - DARES Mai 2004 – n°20.1

21. Ainsi que le révèlent les résultats d'une recherche dirigée par Pelage A., 2001, « Les emplois-jeunes autour de la médiation sociale. Processus de construction sociale et temporelle de ces "nouveaux emplois" », Printemps-U.V.S.Q., rapport final DARES.

Nos recherches nous conduisent à considérer que la formation validée (certifiante ou diplômante) permet de finaliser l'expérience et d'accroître les possibilités d'accès à un emploi durable. Les pouvoirs publics l'ont encouragée[22] et la promeuvent[23], les employeurs ont entendu le message et ont formé les jeunes[24]. Ces derniers, qui l'ont appelée de leurs vœux, s'y sont en général engagés[25]. L'intérêt de la formation est bien compris par l'ensemble des acteurs[26] : elle offre des garanties collectives qui tendent à disparaître dans le « modèle libéral du professionnalisme » qui se caractérise par l'absence de dispositif collectif de certification ou de codification des compétences. Le risque est grand alors de faire des jeunes « les dépositaires de leur propre avenir » à qui il revient « de le concevoir, de le construire et de s'y s'engager » (Pelage, 2001). Dans ce modèle, la référence majeure est établie, en effet, à partir des savoirs comportementaux et conduit souvent « à définir la compétence par des attributs personnels, des aptitudes, des qualités de caractère, des styles de personnalité – des savoir-être, dit-on souvent – et non par des connaissances socialement validées ». C'est justement ce que pointent Anni Borzeix et Damien Collard (2001) qui ont étudié le cas d'agents d'ambiance dans les gares pour qui la reconnaissance future sur le marché du travail de ces compétences sociales risque alors d'être compromise.

Jacques Ion (2001 : 138) défend un point de vue différent sur cette question de la reconnaissance des compétences sociales des emplois-jeunes. Il explique que, dans le champ du travail social, la modernisation du service public passe par de nouveaux modes de prise en charge dans lesquels l'expérience personnelle s'imposerait comme compétence spécifique (2001, p. 138). Les compétences individuelles des emplois-jeunes ainsi exhaussées seraient le reflet et la confirmation de cette métamorphose du travail social en « intervention sociale d'aide à la personne » dans laquelle la composante relationnelle placée au centre de la pratique et la ressource de son expérience deviennent essentielles. Jacques Ion affirme ainsi qu'un tournant décisif a été amorcé dans l'évolution des professions du social à l'occasion du dispositif

22. Plan de consolidation des emplois-jeunes présenté par Elisabeth GUIGOU (6 juin 2001).
23. D.I.F. (Droit individuel de formation), Accord National Interprofessionnel du 20 septembre 2003.
24. Premières synthèses – N°20.1, *opus cit.*
25. Ce sont les conclusions de Higelé P. *in* : Boulayoune A, Champy-Remoussenard P., Dupuis P.-A., Flye Sainte-Marie A., Gardin A., Higelé P., Jory H., Lhotel H., Pagnani B (2001), *Les médiations sociales dans le dispositif « Nouveaux services-Nouveaux emplois » : dynamiques d'activités, perspectives de professionnalisation et de pérennisation (étude sur un échantillon).* Rapport final DARES, Ministère de l'Emploi et de la Solidarité.
26. Vasconcellos M.-D. (textes réunis par), *Les emplois-jeunes : nouveaux métiers, nouvelles modalités de professionnalisation*, éd. du Conseil Scientifique de l'Université Charles-de-Gaulle – Lille 3, 2003.

« emplois-jeunes ». De ce point de vue, la formation diplômante constitue une perspective intéressante pour les jeunes. Ils l'ont compris en accordant une importance plus marquée pour les formations diplômantes garantes d'une insertion durable sur le marché du travail[27].

Ainsi, l'expérience apportée par la durée du contrat et alliée à la formation diplômante constituent les principaux déterminants de leur professionnalisation, entendue non seulement dans le sens que les pouvoirs publics lui confèrent[28] mais aussi dans celui que définit la sociologie des groupes professionnels (Dubar, Tripier, 1999)[29]. Dans cette perspective, la validation des acquis de l'expérience qui vise l'obtention d'un diplôme, ouvre la voie à la reconnaissance sociale de nouvelles compétences qui s'inscrivent déjà dans de nouveaux référentiels de formation diplômante ou qui les font évoluer de sorte d'accroître les chances d'une insertion durable. Ce qui renforce la nécessité de formaliser ces compétences, de les codifier et de les évaluer.

Pour l'heure, l'analyse des compétences des « emplois-jeunes » nous aura permis de dévoiler leur richesse mais aussi de pointer la difficulté à les expliciter et à les formaliser. Cette analyse qui s'est attachée aux aspects expérientiels de la construction de la compétence des jeunes porte en elle les prémices d'une réflexion sur le renouveau des pratiques de formation alliant formation et expérience (Barbier, Berton, Boru, 1996) et des pratiques d'accompagnement dans la mise en œuvre de la V.A.E. qui est apparue comme nouveau mode d'accès à la certification. C'est à ce prix que les objectifs de professionnalisation, pris dans son double sens, finalisés par la loi de modernisation sociale du 17 janvier 2002 et réaffirmés dans l'accord interprofessionnel national du 20 septembre 2003 auront quelques chances d'être atteints pour insérer durablement les jeunes sur le marché de l'emploi.

27. Champy-Remoussenard P., Dupuis P.-A., Flye Sainte-Marie, Higelé P., Pagnani B., Situations de travail et professionnalisation : les « nouveaux services » étudiés à partir d'une enquête auprès de 34 emplois-jeunes en Lorraine *in* : Gardin A., Champy-remoussenard P. (coord.), 2002, *Analyse pluridisciplinaire de la mise en œuvre du programme « Nouveaux services-Nouveaux emplois » : réalités et perspectives de l'expérience emploi-jeune*. ILSTEF, Université Nancy 2. Pagnani B., recherche de 3e cycle sous la direction de Pierre Higelé, *Rapport des « emplois-jeunes » à la formation et à l'expérience. Enjeux de qualification et de professionnalisation à travers le développement de la médiation sociale* (soutenance décembre 2004).
28. La notion de professionnalisation s'inscrit dans la nouvelle logique d'acquisition de compétences. Le recours à ce terme suggère ainsi un nouveau mode de relation entre formation et emploi qui articule davantage l'expérience professionnelle à la formation et les compétences acquises en situation de travail aux qualifications ou aux diplômes obtenus dans le cadre de la formation initiale (Danvers, 2002). Se référer aussi à C. Guitton (2000).
29. Pagnani B., La professionnalisation des «emplois-jeunes » dans le champ de la médiation sociale à travers l'analyse de leurs compétences et de leur rapport à l'expérience et à la formation, Association Internationale de Sociologie, Comité de Recherche 52, Sociologie des Groupes Professionnels-Conférence intermédiaire, 22-24 septembre 2004-Université de Versailles-Saint-Quentin-en-Yvelines, laboratoire Printemps, UNR CNRS 8085 « Savoirs, travail et organisation ».

Références

Apprendre par l'expérience, 1989, revue *Education Permanente*, n°100/101.

Authier M., Levy P., 1996, *Les arbres de connaissances*, Paris, La Découverte.

Barbier J.-M. (dir.), 1996, *Savoirs théoriques et savoirs d'action*, Paris, Paris, Presses universitaires de France.

Barbier J.-M., Berton F., Boru J.-J. (coord.), 1996, *Situations de travail et formation*, Paris, Éd. L'Harmattan, coll. « Action et Savoir ».

Borzeix A., Collard D., 2001, « Entre lieux-mouvement et lieux de vie : peut-on 'gérer' les gares de banlieue ? », pp. 39-52 *in* : Jeannot G. et Veltz P., *Le travail, entre l'entreprise et la cité*, Colloque de Cerisy, l'Aube éditions.

DARES, mai 2004, *Les Nouveaux services – Emplois-Jeunes : bilan fin 2003,* Premières synthèses – N°20.1.

Dubar C., Tripier P., 1999, *Sociologie des professions,* Paris, Armand Colin.

Gardin A., Champy-Remoussenard P. (coord.), 2002, *Analyse pluridisciplinaire de la mise en œuvre du programme « Nouveaux services-Nouveaux emplois » : réalités et perspectives de l'expérience emploi-jeune*, ILSTEF, Université Nancy 2.

Guitton C., 2000, « La professionnalisation, nouvelle catégorie de l'intervention publique. L'exemple du programme « Nouveaux Services - Nouveaux Emplois », *Formation Emploi*, 70, pp.13-30.

Danvers F., 2002, « Métier, qualification, professionnalisation : la dynamique des professions appliquée aux emplois-jeunes », *Recherche sociale*, 163, pp.53-66.

Fernagu-Oudet S., 2001, « Voyage au cœur de la compétence... ou pour une épistémologie de la pratique », *Actualité de la formation permanente*, 170 – Centre Inffo, pp. 8-20.

Guillaume-Hoffnung M., *La médiation*, Paris, PUF, Que-sais-je ?, n°2939, 1995.

Higelé P., Lhotel H. (coord.), 2001, *Les médiations sociales dans le programme Nouveaux services-nouveaux emplois*. Rapport final DARES.

Hillau B., 1995, « De l'intelligence opératoire à l'historicité du sujet », p.62 *in* : Minet F., Parlier H., Witte (de) S. (coord.), La compétence, mythe, construction ou réalité ?, Paris, L'Harmattan.

Ion J., 2001, « L'intervention sociale : travail public ou implication de soi ? », pp. 133-141, *in* : Jeannot G., Veltz P., *Le travail, entre l'entreprise et la cité*, Colloque de Cerisy, l'Aube éditions.

Le Boterf G., 1997, *De la compétence à la navigation professionnelle*, Paris, Les Editions d'organisation.

Le Goff J.-P., 1999, *La barbarie douce. La modernisation aveugle des entreprises et de l'école*, Paris, Éd. La Découverte sur le vif.

Levy-Leboyer C., 1996, *La gestion des compétences*, Paris, Les Editions d'Organisation.

Malglaive G., 1990, *Enseigner à des adultes*, Paris, Presses Universitaires de France.

Montmollin (de) M., 1986, « L'intelligence de la tâche », p.122, Berne, Peter Lang Editeur.

Montmollin (de) M., 1995, « La compétence dans le contexte du travail », pp. 39-40, *in* : Minet F., Parlier M., Witte (de) S. (coord.), *La compétence, mythe, construction ou réalité ?*, Paris, Éd. L'Harmattan.

Pagnani B., La professionnalisation des «emplois-jeunes » dans le champ de la médiation sociale à travers l'analyse de leurs compétences et de leur rapport à l'expérience et à la formation, Association Internationale de Sociologie, Comité de Recherche 52, Sociologie des Groupes Professionnels-Conférence intermédiaire, 22-24 septembre 2004 - Université de Versailles-Saint-Quentin-en-Yvelines, laboratoire Printemps, UNR CNRS 8085 « Savoirs, travail et organisation ».

Pagnani B., thèse de doctorat, sous la direction de Pierre Higelé, *Rapport des « emplois-jeunes » à la formation et à l'expérience. Enjeux de qualification, de compétences et de professionnalisation à travers le développement de la médiation sociale* (soutenance décembre 2004).

Parlier M., Witte (de) S. (coord.), 1995, *La compétence, mythe, construction ou réalité ?*, Paris, Éd. L'Harmattan.

Pastré P., 1999, « Travail et compétences : un point de vue de didacticien », *Formation Emploi*, n°67, pp. 109-125.

Pelage A., (dir.), 2001, « Les emplois-jeunes autour de la médiation sociale. Processus de construction sociale et temporelle de ces "nouveaux emplois" », rapport final DARES.

Perrenoud P., 1997, *Construire des compétences dès l'école*, Paris, ESF Editeur, coll. Pratiques et enjeux pédagogiques, 1998.

Reboul O., 1980, *Qu'est-ce qu'apprendre ?*, Paris, Presses Universitaires de France, 1993.

Romainville M., 1996, « L'irrésistible ascension du terme « compétence » en éducation... », *Enjeux*, n°37-38, pp.132-142.

Ropé F., Tanguy L., 1994, *Savoirs et compétences. De l'usage de ces notions dans l'école et l'entreprise*, Paris, Éd. L'Harmattan, Logiques sociales.

Schön D., 1996, « A la recherche d'une nouvelle épistémologie de la pratique et de ce qu'elle implique pour l'éducation des adultes » *in* : Barbier J.-M. (dir.), *Savoirs théoriques et savoirs d'action*, Presses Universitaires de France.

Schwartz Y., 1995, « De la "qualification" à la "compétence" », *Education Permanente*, 123, pp.125-135.

Stroobants M., 1998, « La production flexible des aptitudes », *Education Permanente*, 135, pp.11-21.

Stroobants M., 1993, *Savoir-faire et compétences au travail. Une sociologie de la fabrication des aptitudes*, Bruxelles, Ed. de l'Université de Bruxelles.

Terssac (de) G., 1996, « Savoirs, compétences et travail » (p.223) *in* : Barbier J.-M. (dir.), *Savoirs théoriques et avoirs d'action*, Paris, Paris, Presses Universitaires de France.

Vasconcellos M.-D. (textes réunis par), 2003, *Les emplois-jeunes : nouveaux métiers, nouvelles modalités de professionnalisation*, éd. du Conseil Scientifique de l'Université Charles-de-Gaulle – Lille 3.

Wittorski R., 1998, Éditorial de la Revue *Education Permanente*, n°135 titré : « La compétence au travail ».

EMPLOIS-JEUNES : LES COMPÉTENCES « RELATIONNELLES » EN QUESTION

Patricia CHAMPY-REMOUSSENARD

L'analyse des entretiens conduits auprès de 26 anciens emplois-jeunes interviewés en région Lorraine entre juillet 2002 et mars 2003 a mis en évidence que les compétences d'ordre relationnel qu'ils ont mobilisées à l'occasion de l'emploi-jeune ont fait l'objet d'un transfert dans les emplois actuels. Si la caractérisation de ces compétences relationnelles a été difficile, elles n'en ont pas moins été massivement présentées par les jeunes comme résultant des situations de travail vécues pendant l'emploi-jeune et des transferts opérés vers les emplois dorénavant occupés. Les propos tenus dessinent une sorte de consensus qui interpelle l'apparente inutilité de la formation formelle[1]. C'est ce que nous avons analysé et ce dont nous avons souhaitons interroger l'impact.

Des salariés concernés par les activités de service, aujourd'hui comme hier...mais dans des contextes différents

Les activités d'un certain nombre d'emplois-jeunes (EJ) peuvent être classées dans la catégorie des services à la personne ou des emplois de proximité (Champy-Remoussenard, Gardin, 2002). Alors qu'elles ont exercé ce type d'activités, les personnes que nous avons interviewées sont aujourd'hui majoritairement insérées dans des emplois classiques et y mobilisent l'expérience acquise précédemment. Pour constituer la population d'enquête, nous avons choisi des salariés engagés dans des situations de travail qui les mettent en coprésence avec les usagers, dans une logique de service, ainsi que l'exploration des compétences qui, dans les activités impliquant un service rendu à des personnes, permettent la prise en compte privilégiée des individus, de leurs besoins, de leurs difficultés, de leurs projets. Les emplois occupés actuellement sont très divers : psychologues, travailleurs sociaux, conseillers en Mission locale ou ANPE, manipulatrice

1. Au sens d'une formation délivrée par des institutions dont c'est l'objectif premier et organisées pour former.

radio, commerçante, conseillers bancaires, employé des pompes funèbres, animateur laïc en Pastorale, et une dizaine de personnes travaillant dans les collectivités territoriales dans différentes fonctions. La moyenne d'âge de la population est de 29 ans.

L'analyse des emplois désormais occupés par cette population d'anciens emplois-jeunes conforte des hypothèses formulées lors d'une réflexion portant sur les frontières entre l'activité des EJ et celle d'un certain nombre de travailleurs sociaux (Champy-Remoussenard, 2001). Nous avions constaté que les jeunes interviewés, questionnés à propos de leurs perspectives de devenir professionnel, se disaient obligés de tourner leurs regards vers des professions reconnues qui leur paraissaient proches de leur travail quotidien. Cela tend à confirmer que les activités de service à la personne ne font pas partie de celles considérées comme des activités valorisées, notamment du point de vue salarial. On peut avancer l'hypothèse qu'elles se superposent aux emplois aidés ou sont recherchées par des personnes sans doute moins armées pour s'insérer que nos interviewés, qui sont diplômés et qui, de surcroît, sont désormais dotés d'une expérience. On peut remarquer qu'aucun de ces interviewés n'exerçait, au moment de l'enquête (2003), des activités relevant véritablement des emplois de service à la personne[2]. Par contre, la population auprès de laquelle nous avons enquêté a transféré vers les emplois actuels des acquis développés ou renforcés pendant la période EJ et, parmi eux, des compétences qu'on peut qualifier de relationnelles et ayant trait à la relation avec le client ou l'usager.

Actuellement, on constate que les activités qui supposent une interaction avec un usager ou un client se développent dans les situations de travail, en même temps que monte en puissance le secteur des services, au détriment d'autres secteurs d'activités plus présents dans le passé. Et, même dans les secteurs industriels et agricoles, la prise en compte des besoins du client et l'intérêt accordé à la relation qui est construite avec lui sont plus forts. Une importance croissante est, par conséquent, accordée à la relation de service

2. Le déroulement de l'enquête a conduit à reconsidérer les hypothèses de travail initiales. Il était prévu de constituer la population d'enquête sur la base de l'investissement des individus dans des activités pouvant relever strictement des services à la personne (Laville, 1998). La sélection des anciens EJ interviewés a été faite sur cette base pour ce qui concerne leurs activités lors de l'EJ, telles que l'intitulé de poste pouvait les laisser envisager. Mais, lors de la prise de contact téléphonique, et compte tenu de la difficulté de retrouver la trace des anciens EJ, nous avons élargi notre champ d'investigation et reconsidéré de façon plus large les caractéristiques de la population visée. Les personnes retenues sont finalement toutes en relation avec des usagers ou des clients. La relation peut être directe ou à distance, elle est toujours dirigée vers la satisfaction des besoins des personnes, mais elle ne s'inscrit pas, la plupart du temps, dans des activités désignées comme faisant partie des services à la personne ou des services de proximité.

ainsi qu'aux compétences qu'elle mobilise. Ceci a un impact sur la nature même des activités de travail, aussi bien dans le secteur public que dans le secteur privé (Weller, 1998). Nous utilisons les termes d'« usagers » et de « clients » pour signaler que le travail s'effectue tout autant dans le secteur marchand que dans le secteur non-marchand. La relation ou l'activité de service est sans doute une caractéristique transversale du travail et un des éléments fondamentaux de sa mutation. Si les activités des emplois-jeunes excluaient la relation commerciale, les anciens EJ se sont, pour certains, dirigés vers des emplois du secteur marchand et y ont transféré des compétences construites dans leur emploi-jeune. Nos travaux précédents (Gardin, Champy-Remoussenard, 2002) montrent qu'un certain nombre d'activités des EJ étaient d'ailleurs proches de celles que l'on trouve aussi, à différents degrés, dans les activités commerciales[3]. L'analyse du passage entre l'emploi-jeune et l'emploi actuel nous a incités à relativiser les catégories habituellement utilisées pour désigner les spécificités attachées aux différentes formes de services. La frontière entre services marchands et non-marchands traduit, peut-être, davantage des modes distincts de financement du travail que des différenciations dans le travail réel et les types de compétences mobilisées par les acteurs en situation. Comme le dit Jacques Ion (1998 : 65), une ligne de clivage « oppose [...], en reprenant l'expression anglo-saxonne (qui distingue le *front-office* et le *back-office*), tous ceux dont on peut dire qu'ils sont « au front » et tous ceux qui sont « à l'arrière ». En l'occurrence, les diplômes et les statuts disent de moins en moins la réalité de l'exercice professionnel. C'est la nature du poste qui semble avant tout définir le contenu de la pratique ».

La population interviewée est relativement diplômée. 50% des interviewés ont au moins un niveau bac +3. Les diplômes acquis ne coïncident pas nécessairement avec les activités exercées lors de l'EJ, et les personnes interviewées n'ont pas cherché à faire valider leur expérience par des diplômes dont on peut supposer qu'ils se seraient situés à des niveaux inférieurs à ceux dont ils disposaient initialement. Dans la mesure où la plupart des activités référées aux secteurs des services de proximité ou à la personne correspondent à des niveaux V ou IV de qualification, il n'est pas surprenant que ce ne soit pas vers eux que se sont dirigés les jeunes adultes d'emblée titulaires de diplômes plus élevés. On peut faire l'hypothèse que ce sont les EJ les moins diplômés et les plus en quête de reconnaissance qui se sont véritablement dirigés vers les emplois de service de proximité ou aux

3. Voir le texte de P. Champy-Remoussenard, P. Higelé et B. Pagnani dans la première partie de cet ouvrage.

personnes, qui relèvent pour partie de la catégorie des « emplois aidés ». Le niveau de formation des personnes intervenant dans ces services ne traduit-il pas alors des choix de société, plutôt qu'il ne reflète les savoirs et les compétences véritablement mobilisés dans les activités et nécessités par elles ? Cette question soulève celle, plus large, du type de reconnaissance de ces activités. Si l'on fait l'hypothèse que l'existence de services adaptés passe par la reconnaissance d'emplois de droit commun durables et professionnalisés, les choix qui seront faits dans l'actuelle phase de recomposition[4] de l'offre de certification[5] de les positionner à tel ou tel niveau de qualification retentiront nécessairement sur le statut des activités de service.

Comprendre et analyser les activités de service

Les pistes de réflexion que nous livrons ici ont pour but de mieux cerner les compétences relatives aux activités de service, que nous qualifierons de « compétences relationnelles ». L'ensemble des activités qui se construisent principalement autour du service pourraient être qualifiées d'emplois à forte composante relationnelle. Notre enquête a permis d'analyser l'origine, la mise en œuvre et la reconnaissance des compétences relationnelles intervenant dans la relation de service dans des situations de travail très diversifiées et pour des individus aux trajectoires aussi complexes que diverses. En ce sens, si le nombre faible d'enquêtés interdit toute généralisation, il ouvre sur une compréhension fine du rapport entre diverses formes d'expériences, les diplômes et les différentes modalités de formation. Les trajectoires des interviewés proposent d'ailleurs, à elles seules, un éventail intéressant de combinaisons entre formation initiale, expérience de travail, formation continue, et/ou non formelle.

L'analyse des activités de service pose des problèmes particuliers. La place particulière de l'usager, du client, du destinataire du service en est un. Une activité de service est en effet une action sociale, orientée vers autrui. Par conséquent, pour les emplois de service, « il apparaît difficile de déterminer des savoirs nécessaires en dehors de la relation particulière client-employé, la qualité du service ne pouvant s'analyser abstraction faite du client ». (Dugué, 1999) La figure de l'employé (et surtout de l'employé de service qui met essentiellement en jeu des ressources relationnelles) résiste aux formes classiques de l'analyse du travail. Annie Borzeix (2000) dit de la relation de service qu'en tant que travail qui vise à transformer des personnes et non des

4. Cf. le texte de Fabienne Maillard dans cet ouvrage.
5. Avec la construction en cours d'un répertoire national des certifications, la mise en œuvre de la législation en matière de Validation des acquis de l'expérience (VAE), et de la nouvelle loi sur la formation professionnelle.

matériaux, elle perturbe nos problématiques, nos catégories mentales héritées de la sociologie industrielle. Il y a donc une difficulté à déplacer nos modes de pensée habituels sur le travail, à penser la division du travail de façon plus complexe, parce qu'elle se trouve désormais déterminée non pas seulement par les produits (industrie), par le travail sur la matière (artisanat), et tout ce qui relève de l'agriculture (au sens large) mais aussi par les besoins en services des personnes. Analyser la relation de service et les compétences qu'elle mobilise constitue donc un défi épistémologique et méthodologique.

Il paraît intéressant de poser de façon transversale les questions de formation relatives aux dimensions relationnelles engagées dans la relation de service, c'est-à-dire quels que soient le public concerné et le mode de financement du service.

Un consensus à propos de la construction des compétences relationnelles

L'enquête permet de constater que les compétences transversales – et parmi elles les compétences relationnelles acquises ou renforcées – font l'objet de transferts[6] dans la plupart des activités exercées. L'importance de ce type de compétences conduit à interroger la manière dont la formation, tant initiale que continue, les prépare. Or les entretiens mettent en évidence une position relativement consensuelle des interviewés au sujet de l'origine des compétences relationnelles. La formation institutionnelle, qu'elle soit initiale ou continue, n'aurait qu'un rôle mineur dans leur construction.

Sur le registre des activités de service à la personne, *Denise*[7] – médiatrice et aujourd'hui psychologue – identifie ce qui est le plus utile : « *Tout ce qui est accompagnement... en termes de faciliter la vie de tous les jours de certaines personnes* [...], *tous ces petits boulots, en fait, qui, mine de rien, enfin, ont l'air de rien, mais qui en fait facilitent drôlement la vie des gens et qui rendent un petit peu les choses plus humaines* », dont elle se demande si elles peuvent faire l'objet d'une formation et nécessiter la création de diplômes : « *Mais, je sais pas s'il peut y avoir un diplôme dans ce domaine-là* [...] *des compétences qui seraient... savoir écouter les gens, de savoir bien connaître ce qui se passe autour d'eux, de pouvoir, d'être disponible, patient... mais je sais pas s'il faut être formé pour ça* ». Les compétences requises pour ces emplois sont présentées comme des qualités, des caractéristiques des personnes, qui ne s'acquerraient pas nécessairement en formation.

6. Voir plus précisément la contribution d'A. Flye Sainte Marie et P.-A. Dupuis dans cet ouvrage.
7. Pour chaque interviewé, nous indiquons quel a été l'emploi-jeune et quel est l'emploi actuel.

Marjorie – animatrice dans un organisme à vocation caritative, pérennisée dans l'emploi – pointe l'existence de besoins individuels non comblés par la formation continue parce que correspondant à des besoins spécifiques à chaque personne : *« Vous avez autant de profils de postes d'animateur qu'il y a d'animateurs en France. Donc ça veut dire qu'on ne peut pas mettre en place des types de formations qui soient pour, ben... pour aider un animateur à acquérir des compétences. Ça vous savez, à mon avis, ça peut pas se faire, c'est de l'ordre du besoin individuel, en fait. »*

Richard – médiateur dans un centre social et aujourd'hui directeur adjoint du même centre – évoque une habileté/aptitude particulière dont il dispose, la diplomatie, et remarque qu'il est difficile d'analyser comment elle s'est construite : *« Un autre savoir qui est important, j'appelle ça la diplomatie, ... la diplomatie, ça, je sais pas si ça s'apprend, ... C'est vrai que je manque encore de recul pour savoir si, si je suis arrivé sur le terrain avec, ... avec ces notions-là ou, ou si je les ai apprises ».* Il met cependant en évidence un lien entre ce type de compétences et la Maîtrise de sciences et techniques (MST) « Développement local de l'emploi » qu'il a suivie : *« Dans le cadre de la MST, ... puisqu'il y a toute une partie pratique de travail des professionnels, de travail théorique sur la méthodologie de montage de projets, donc là 50 %, puis il y a 50 %, ben, petit à petit, ... dans le, sur le travail de terrain, ... C'est 50% du boulot c'est-à-dire que dans notre boulot, ... on peut avoir un projet très bien ficelé, ... si on l'adresse pas à la bonne personne ou de la façon qu'il faut, ... ça passe pas forcément et inversement, il y a aussi des dossiers qui passent uniquement sur du relationnel, des enjeux politiques, ... c'est-à-dire les élus, ...* [...] *Donc ça, c'est des choses que j'ai apprises, notamment en formation, dans le cadre de la MST, ... au moins dans les grandes lignes ».* Ce n'est pas non plus grâce aux études qu'*Asma* – chargée de l'insertion professionnelle dans un « Espace-infos » municipal et aujourd'hui conseillère en insertion professionnelle dans une Mission locale – pense avoir des acquis dans ce domaine : *« J'ai toujours été très scolaire... j'aime beaucoup le contact humain, mais je ne vais jamais vers l'autre. »* Ses études l'ont plutôt incitée à rester dans le cocon des livres. Elle pointe la contradiction entre son attitude scolaire, sa proximité avec les *« bouquins »*, et la nécessité dans laquelle elle s'est trouvée, au cours de l'EJ, d'apprendre à aller vers l'autre, de *« sortir de ce cocon »*, de son *« introversion »*, de sa timidité, pour *« retravailler sa personnalité »*, à l'occasion de la confrontation avec les situations de travail qui, au quotidien, exigent cette capacité de sortir de soi et d'aller vers l'autre. Dans ce cas, les études, en dépit du fait qu'il s'agissait d'études en sciences humaines, n'ont pas participé de cette construction qui s'est bien faite en situation. Mais, maintenant en poste à la Mission locale, elle affirme disposer désormais de ce type de compétences : *« J'arrivais pas à tenir un discours face à un nombre important de personnes, et maintenant ça va beaucoup mieux, maintenant j'anime des ateliers et j'ai pas ce blocage que j'avais auparavant ».*

Pour *Laëtitia* – médiateur social, aujourd'hui chargée de clientèle dans une banque – les compétences relationnelles ne résultent pas non plus des acquis de la formation. Elle parle de *« fibre »*, ou emploie le terme de *« compétence innée »* : *« On partait du principe qu'on vous avait recrutée sur un profil social, eh ben, c'est que vous étiez sociale et que vous aviez la fibre en vous et allez hop ! [...] Pour moi, ça ne me pose pas un problème d'organiser une soirée... C'est naturel, je dirais ! Donc, à partir de là, c'est pas quelque chose qu'on m'a enseigné* [...] *Animer une réunion, ouais ! C'est assez inné. La santé, non ! »* L'interviewée précise que l'orientation prise dans le domaine du social est due à son caractère, ainsi qu'à l'environnement dans lequel elle a évolué (notamment familial) : *« Puisque j'ai un caractère plutôt sociable. Et puis, avec donc des personnes autour de moi qui ont été dans le social, avec des travailleurs syndiqués, ... enfin, bref, vraiment quelque chose de très, très fort* [...]. *Ma famille ! D'ailleurs, j'ai toujours une tante qui est dans le social* [...]. *Donc, je me suis dirigée vers le social. Et je voulais quelque chose de court. »* Pour *Isabelle* – animatrice en gériatrie dans une maison de retraite, aujourd'hui commerçante – les compétences relationnelles sont caractérisées ainsi : *« Politesse, serviabilité, ponctualité* [...] *et avoir envie de rendre service aux gens, en fait, avoir envie, être là pour apporter, pas seulement pour vendre un paquet de cigarettes parce que c'est pas que ça, mais aussi être là pour dire, ... : « Ah ben, tiens, vous avez pas une bonne tête aujourd'hui ! Qu'est-ce qui vous arrive ? Vous vous êtes levé du mauvais pied ce matin ? »* Elles procéderaient de l'expérience vécue et développée en EJ, notamment en relation avec les activités de *« médiation »*, de sa propre personnalité (*« Je suis quelqu'un d'assez méticuleux, qui aime bien les choses bien faites et vite faites ! »*), ainsi que de son attachement à certaines valeurs : *« Faut avoir un certain tact, une certaine diplomatie, et puis beaucoup de respect aussi pour la personne humaine parce que, finalement, c'est ça... ».*

Clarisse – éducatrice de jeunes enfants dans une association-relais, dorénavant puéricultrice dans une crèche municipale – ne considère pas non plus que les compétences d'ordre relationnel ont quelque chose à voir avec la formation. Leur origine est différente, préalable au choix de la formation, et en lien avec le milieu familial : *« Tout ce qui est contact, relation, etc.... je pense que c'est des choses que j'avais avant. Bon après, à l'école, on acquiert aussi tout ce qui est méthodes de travail... tout ce qui est activités, ce qu'on peut faire avec les enfants, etc., le développement, les choses comme ça... tout ça, mais euh... au niveau de ma façon d'être, non, je pense qu'il y a pas eu trop de changements, enfin je pense* [...]. *Je pense pas que je les ai acquises à l'école. Je crois que c'est dans sa façon d'être, personnellement, à mon avis. Je crois que c'est, de toute façon, ma personnalité qui m'a orientée vers ce type d'études* ».

Suite à une question de l'intervieweur (sur les diplômes qu'il lui semblerait nécessaire de mettre en place, par rapport à certaines compétences), *Matthieu* – agent de médiation devenu responsable de la planification dans une entreprise de Pompes Funèbres – évoque la possibilité de créer un diplôme « *de connaissance du milieu, de culture du milieu.* » Mais il parle ensuite de cette sorte de « *connaissance générale de la vie* », de « *maturité* » que seule donne l'expérience : « *Cet espèce de truc de connaissance générale de la vie où une maturité, ... pseudo-maturité, quoi, manque. Je pense que s'il y a un manque, ce sera à ce niveau-là, et moi, je me sens plutôt à l'aise, quoi. C'est pour ça, en fait, ça me gêne... C'est parce que tu penses être à l'aise, mais je pense que c'est, ... sur le plan scolaire...* » L'expérience confère des acquis que l'interviewé a du mal à qualifier, dont il perçoit tout à la fois l'importance et le fait qu'ils ne peuvent correspondre à aucun diplôme.

Finalement, *Raïssa* – chargée d'accueil à l'ANPE, désormais chargée d'accueil et d'animation en Mission Locale – est quasiment la seule à évoquer une formation relative à certaines compétences relationnelles. Lors de son emploi, elle a suivi une formation pour « *gérer les conflits* », et également une formation sur la déontologie de l'ANPE, permettant de travailler sur la confidentialité de certaines informations : « *Surtout sur les dossiers de demandeurs, c'est des choses qu'on ne peut pas divulguer comme ça. Parce qu'il arrivait, dans les cas de litige, de divorce, la femme téléphonait pour savoir si le mari était rémunéré, tout ça ! Pour donner les informations à l'avocat, pour verser la pension. Ça c'est des choses qu'on ne devait pas donner !* »

Les propos des interviewés traduisent donc assez largement cette quasi-conviction que les « compétences relationnelles » ne relèveraient, pour l'essentiel, ni de la formation initiale, ni de la formation continue, qui ne semblent pas considérées comme permettant véritablement leur construction.

Un consensus à interroger et à relativiser

En nous interrogeant sur le degré de nouveauté qui caractérisait les activités des emplois-jeunes, et sur l'émergence d'éventuels « métiers de la médiation » (Lhôtel, Higelé *et al.*, 2001), nous avions déjà mis en évidence que la nouveauté relative (Flye Sainte Marie *et al.*, 2002) des activités tenait en partie au fait que les dimensions relationnelles de l'activité étaient mobilisées de façon inédite, conjointement avec des dimensions techniques, et qu'elles répondaient à des besoins de la population qui n'avaient pas été jusque là satisfaits. Le rôle primordial de ce type de compétences avait donc déjà été repéré. Les jeunes les présentaient massivement comme s'exerçant et se développant en situation, et ils soulignaient le fait que la formation institutionnelle n'avait pas contribué à leur construction. Par ailleurs ces compétences étaient associées à des activités qui n'avaient pas nécessairement conquis une entière légitimité et souffraient d'une reconnaissance insuffisante, notamment quand l'accompagnement relationnel se greffait sur une activité technique qui, en quelque sorte, leur « volait la vedette », comme nous l'avons montré dans nos études de la pluri-activité des EJ[8], en parlant notamment d' « activités-écrans ». L'enquête réalisée auprès des anciens EJ fait ressurgir et renforce ces constats.

Si nous tentons maintenant d'inscrire notre réflexion dans un questionnement plus global en termes de division du travail éducatif, nous remarquons que la question est loin d'être nouvelle. En analysant le développement des stages en entreprise destinés aux étudiants dans les écoles d'ingénieurs, depuis le début du 20e siècle (Champy-Remoussenard, 2005), nous avons pu remarquer que l'on a toujours tendu à leur assigner la fonction d'assurer des pans de la formation (non technique et non scientifique) que les institutions d'enseignement ne pensaient pas pouvoir ou devoir prendre en compte. Un débat permanent est perceptible à ce sujet depuis la fin du 19e siècle jusqu'à nos jours. Parmi les dimensions de la formation « sous traitées » à l'entreprise, les compétences qui permettent d'avoir de bonnes relations avec les ouvriers sont, dans le cas des ingénieurs, parmi les plus souvent évoquées. Ces dimensions du métier sont constamment jugées importantes, mais les tentatives pour les intégrer dans les programmes de formation semblent toujours timides, partielles et controversées, en tout cas subordonnées à la transmission des savoirs scientifiques et techniques qui sont considérés comme prioritaires. Cet exemple montre que le statut de ce type de compétences, et le rôle que les institutions de formation peuvent jouer dans leur construction, est un problème récurrent en matière de construction des compétences professionnelles.

Pour les anciens EJ interviewés, ce sont bien les situations plutôt que les actions de formation – donc la formation non formelle plutôt que la formation formelle voire informelle[9] – qui sont perçues comme étant à l'origine de ces

8. Cf. la contribution de Patricia Champy-Remoussenard, Brigitte Pagnani et Pierre Higelé dans cet ouvrage.
9. Le *Mémorandum sur l'éducation et la formation tout au long de la vie* (Bruxelles, Commission des Communautés Européennes, nov. 2000) distingue la formation formelle « qui se déroule dans les établissements d'enseignement et de formation et débouche sur l'obtention

compétences, quand elles n'apparaissent pas comme associées à des qualités innées ou aux attributs d'une vocation, d'une prédisposition à être habile pour entrer en relation avec autrui et pour communiquer, etc. Selon eux, les compétences relationnelles résulteraient d'expériences vécues dans des contextes divers et nombreux, mais non organisés à des fins de formation. Elles relèveraient plutôt d'une « expérience de la vie ». Leur acquisition se trouverait caractérisée par un principe cumulatif de diversification des expériences vécues, dès lors qu'elles sont suffisamment durables et pluridimensionnelles.

Cependant, certains propos apportent quelques nuances intéressantes. Pour *Richard*, il existe une méthodologie de montage de projets ; pour *Clarisse*, c'est à l'école que l'on apprend des méthodes de travail et à mettre en place certaines activités avec les enfants ; selon *Matthieu*, il pourrait exister un diplôme de *« connaissance du milieu »* ; et enfin, c'est une formation qui a aidé *Raïssa* à gérer les conflits et à acquérir une déontologie de la confidentialité. Ces nuances apportées à la position plutôt consensuelle sembleraient donc indiquer que tous ces traits de la « professionnalité relationnelle » ne peuvent pas se constituer uniquement « en situation ». Mais alors comment les articuler avec les « façons d'être » qui semblent, elles, plutôt relever de qualités personnelles « innées », quoique renforcées par l'expérience ?

Reconnaissance, transférabilité et validation des compétences relationnelles

Si l'on déploie l'éventail des principales compétences relationnelles mentionnées par les interviewés, il semble qu'elles se répartissent selon deux pôles. Certaines renvoient plutôt à des attitudes générales et à des ressources internes : *« envie de rendre service aux gens »*, serviabilité, sens du contact, écoute, politesse, tact, respect, disponibilité, patience, ponctualité, *« diplomatie »*, *« connaissance de la vie »*, *« maturité »*. D'autres apparaissent comme plus *« professionnelles »* : repérage, compréhension et prise en compte des attentes de l'usager ou du client, relation d'aide, stratégies d'accompagnement, mise en confiance des publics, négociation, gestion des conflits, connaissance des contextes et des populations, analyse des besoins, élaboration de diagnostics, orientation pertinente des publics,

---

de diplômes et qualifications reconnues », la formation non formelle « qui peut s'acquérir sur le lieu de travail ou dans le cadre des activités d'organisations ou de groupes de la société civile et n'aboutit pas à l'obtention de certificats officiels », et la formation informelle qui « est le corollaire de la vie quotidienne… n'est pas forcément intentionnelle et peut donc ne pas être reconnue ».

montage de projets, travail en équipe et en partenariat, déontologie de la confidentialité. Or, on peut faire l'hypothèse que les pôles « professionnel » et « personnel » des compétences se correspondent pour l'essentiel, mais à des niveaux différents et qu'ils se renforcent mutuellement (Dupuis, Flye Sainte Marie, 2004). C'est le cas, par exemple, de la disponibilité et de la patience pour la connaissance fine des contextes et des populations, de l'écoute et du tact pour l'analyse des besoins et la compréhension fine des attentes, de la connaissance de la vie et de la maturité pour la relation d'aide et d'accompagnement, de l'ensemble des qualités personnelles qui sous-tendent les compétences professionnelles de gestion des conflits, de travail en équipe et en partenariat, de montage de projets, etc. Les compétences plus « professionnelles », bien qu'elles puissent être considérées comme « naturelles » par les interviewés, reposent probablement sur des élaborations spécifiques de l'expérience, dont les conditions concrètes seraient à élucider, et, pour certaines d'entre elles, sur des formations « formelles ». Par ailleurs, ce n'est pas parce qu'une compétence est devenue « personnelle » qu'elle doit être considérée comme « innée », tant, dès le plus jeune âge, les interactions avec le milieu et la façon dont, au cours du temps, se construisent les rapports à l'expérience ont d'importance dans la formation d'un « caractère » (Wallon, 1949).

Le pôle personnel constitue un ensemble de ressources pour les compétences « professionnelles » qui n'en découlent pas directement, tandis que les acquisitions ou renforcements professionnels peuvent conforter et enrichir le pôle des qualités personnelles qui trouvent à s'y exprimer. Cet ensemble de complémentarités et de dissymétries contribue, dans le secteur des services, à définir le caractère mixte (Dupuis, Flye Sainte Marie, 2004) des compétences relationnelles, qui sont à la fois personnelles et professionnelles, ainsi que les inflexions singulières que peuvent prendre des parcours de professionnalisation qui sont pourtant contextualisés socialement et institutionnellement. Toutefois, ce caractère mixte pose des problèmes potentiels en matière de reconnaissance, puisque le registre « personnel » n'a pas, de fait, une légitimité en termes de compétences reconnues. En effet, la reconnaissance des compétences relationnelles pose des questions spécifiques. Dans la mesure où le caractère formateur des situations de la vie quotidienne n'est pas perçu spontanément, celles-ci ne sont pas appréhendées comme sources d'apprentissage. Elles échappent également au découpage global des savoirs (Laroche, 2003), dominé par les savoirs académiques, ce qui complexifie leur conscientisation et leur formalisation. De plus, elles sont en lien avec la mémoire collective des savoirs, des valeurs, des principes transmis dans une société donnée par différentes instances éducatives (comme la famille ou l'école).

La nature des savoirs d'expérience apparaît difficile à identifier, dans la mesure où l'on est d'abord frappé par la diversité des circonstances de leur construction, qui semble irréductible à tout « modèle ». Yves Clot et ses collaborateurs ont montré que, par l'expérience, les individus s'enrichissaient de « compétences insoupçonnées » (Clot, Ballouard, Werthe, 1999), et Pierre Pastré (1999) qu'il y avait plusieurs manières d'apprendre des situations. En outre, si certains environnements professionnels facilitent l'accès au savoir, d'autres sont « neutres » du point de vue des apprentissages, voire même, dans certaines conditions, dés-apprenants, dé-qualifiants. Le savoir issu de l'expérience et le savoir issu d'une discipline n'ont pas la même fonction sociale, et ne résultent pas des mêmes processus de formation. Si l'expérience, à certaines conditions, peut être source d'apprentissages, leur sens et leur valeur n'adviennent pleinement qu'à la suite de leur conscientisation et de leur formalisation par la personne qui les a effectués.

Une difficile mise en mots

La question de la reconnaissance des compétences relationnelles se pose parce qu'elles sont particulièrement difficiles à formaliser. Nous avons relevé la difficulté éprouvée par les interviewés à mettre en mots les compétences qui relèvent de la relation avec le client ou l'usager, qu'il s'agisse d'expliciter celles qui sont mobilisées dans l'activité réalisée, ou de qualifier précisément celles qui relèvent du domaine « relationnel ». Si les difficultés inhérentes à la mise en mots de ces aspects du travail (habituellement peu formalisés) entrent en ligne de compte, l'absence d'une définition stabilisée et la polysémie liée à l'usage du terme de « compétence » jouent, sans doute, un rôle. Par ailleurs, il existe une difficulté spécifique à dire ce qui n'est pas valorisé ou ce qui n'entre pas dans des catégories préétablies (Lahire, 1998). Enfin, on peut faire l'hypothèse que les compétences relationnelles font partie des dimensions transversales du travail dont le caractère éminemment générique entraîne sans doute une certaine difficulté à les désigner en tant que compétences car elle ne paraissent pas d'emblée distinguer les différents types d'activités et d'expertises. Mais, c'est aussi, *a contrario*, cette universalité des dimensions relationnelles de l'activité qui les rend si importantes du point de vue du processus de transfert des acquis d'une situation de travail à l'autre.

L'exemple de *Richard,* quand il tente d'expliquer d'où lui vient sa *« diplomatie »*, montre qu'un dispositif d'investigation dirigé précisément vers cette seule question[10] aurait sans doute pu faire émerger des informations

10. En mobilisant par exemple les techniques d'explicitations (Vermersch, 1994) ; les auto-confrontations croisées (clot et al., 2001) ou l'écriture sur l'activité (Champy-Remoussenard, 2003).

complémentaires, susceptibles de remonter le processus de construction de la diplomatie dorénavant si utile à l'activité de cet interviewé. La mise en mots ainsi suscitée, en conduisant les enquêtés à explorer des situations vécues aurait sans doute, entre autres effets, celui de mettre en évidence cette part informelle du processus de formation et de construction des compétences qui est rarement dévoilée, non seulement parce qu'elle mobilise des savoirs tacites, mais aussi parce qu'elle n'est pas forcément conforme aux normes imposées à celui qui travaille et relève des dimensions clandestines du travail (Champy-Remoussenard, 1994).

Si la mise en mots des dimensions du travail mobilisant des compétences relationnelles se heurte à des difficultés d'ordre technique, elle se heurte aussi à des difficultés d'ordre social. Dans les emplois de la grande distribution, les compétences relationnelles équivalent ainsi à des « qualifications cachées » (Soares, 1998), parce qu'elles sont considérées comme des qualités féminines innées auxquelles on ne peut attribuer le statut de compétences. Dans le cas des téléopérateurs des centres d'appels, l'analyse de l'interaction avec le client montre que les compétences mobilisées sont complexes et sont prises dans une tension entre les valeurs véhiculées par l'organisation prescrite du travail (rentabilité qui entraîne une certaine standardisation des réponses fournies au client) et l'organisation réelle du travail, qui intègre d'autres dimensions du « service au client » et certaines formes d'aide mutuelle entre opérateurs (Champy-Remoussenard, Glaudel, 2004). Ces caractéristiques ne sont pas propres aux activités peu valorisées ou en cours de professionnalisation (aide à la personne, téléopérateurs, emplois-jeunes...). On les retrouve aussi lorsque, même dans des métiers reconnus, les dimensions relationnelles restent assez indistinctes et minorées. Or, comme le montre l'analyse de textes écrits par des enseignants, des formateurs, des personnels soignants, des inspecteurs, etc. (Champy-Remoussenard, 2003), les aspects relationnels des situations de travail comptent beaucoup pour ceux qui exercent ces métiers où cette composante est importante. Mais il en va ainsi également pour d'autres (gestionnaires, secrétaires...), lorsqu'ils sont amenés eux aussi à revenir sur ces dimensions. Comparativement au besoin exprimé par les différents professionnels d'élucider ces aspects de l'activité, l'importance qui leur est accordée en formation initiale et continue apparaît en fait comme insuffisante. Tout ceci explique peut-être une part du malaise constaté dans certaines professions. Différents professionnels (infirmières, enseignants, assistantes sociales, policiers) verraient leurs activités traversées par la nécessité de plus en plus nette de venir en aide à autrui, s'inscrivant dans une « relation sociale de service » (Sainsaulieu, 2001), mais ils ne percevraient pas que cet aspect de leur professionnalité est reconnu par les instances qui les emploient et ne se sentiraient pas autorisés à « dire » ces aspects de leur travail. La difficulté à expliciter les aspects relationnels de l'activité témoigne du statut que les compétences liées aux relations ont dans notre société.

Enjeux et conséquences d'un processus d'euphémisation des compétences relationnelles

On remarque ainsi une sorte de processus d'euphémisation en boucle. Dans la mesure où les « compétences relationnelles » ne sont pas suffisamment travaillées et élaborées dans la formation initiale et dans la formation continue, elles tendent à devenir « invisibles » dans la représentation que l'on se fait des métiers comprenant des dimensions de « service ». N'est-ce pas alors parce qu'ils ont intériorisé cela et que, de plus, la mise en mots est techniquement difficile, que les interviewés s'accordent pour dire que ce n'est pas la formation qui les a préparés sur ce registre, et surtout qu'ils suggèrent qu'il ne peut en être autrement ? On peut relever un contraste entre l'importance de ces dimensions relationnelles du travail et le fait qu'elles se trouvent spontanément reléguées dans la formation informelle ou non formelle. Elles sont constamment jugées importantes mais leur intégration dans les programmes de formation n'est-elle pas bien souvent timide, partielle, controversée et subordonnée à la transmission des savoirs correspondant à des disciplines considérées comme prioritaires ?

La persistance d'un paradoxe potentiel entre l'importance de ces dimensions du travail, notamment dans les emplois à forte composante relationnelle, et leur faible prise en compte par la formation s'accompagne d'une sorte de difficulté pour les institutions et les acteurs à s'engager dans un véritable débat à ce sujet. Il est pourtant nécessaire de réfléchir aux compétences mobilisées dans la relation pour nombre de métiers caractérisés par une complexification des relations avec les usagers, les clients, ou les destinataires d'un service. Il existe un contraste entre l'importance évidente de ces dimensions du travail et le fait qu'on les relègue dans ce qui relève surtout d'une « formation non formelle » ou d'une « formation informelle ». Les compétences associées à la relation avec le client et l'usager sont, il est vrai, souvent prises en compte dans l'écriture des référentiels, mais sont-elles toujours vraiment prises en charge dans le système éducatif ?

Par ailleurs, on peut se demander si les stratégies pédagogiques qui visent à les construire sont pertinentes. Le développement de formes d'analyse des pratiques (que les interviewés de cette enquête valorisent), privilégiant l'analyse de situations dans le cadre de formations en alternance et plus généralement en formation professionnelle serait sans doute profitable. Enfin, la question des frontières disciplinaires peut être posée. Ce type de compétences est le plus souvent en lien avec des savoirs qui ne s'intègrent pas dans les découpages disciplinaires. Du coup, elles sont peut-être plus facilement négligées par les enseignants.

Conclusion

L'enquête a permis de montrer que les compétences relationnelles peuvent être transférées d'une situation de travail à l'autre, même lorsque leurs contextes sont très éloignés et qu'elles sont, par ailleurs, tout aussi importantes aujourd'hui dans les nouveaux services que dans des activités plus anciennes et/ou plus traditionnelles, si ce n'est sans doute plus. Les modalités de leur processus de construction est un bon analyseur des difficultés rencontrées lorsqu'il s'agit de remettre en question des consensus sociaux, des *allants de soi* qui nous évitent peut-être d'interroger les limites et les difficultés de notre système éducatif et de notre système de formation continue. Ainsi, se persuader que ce type de compétences se constituent surtout ailleurs qu'à l'École éviterait à cette dernière de se demander de quelle manière elle pourrait contribuer à leur construction…

Références

Borzeix A., 2000, « Relation de service et sociologie du travail. L'usager : une figure qui nous dérange ». *Les Cahiers du genre*, n°28, pp.19-48.

Champy-Remoussenard P., 1994, « *L'analyse à caractère sociologique des situations de travail et ses utilisations en formation professionnelle : le cas de la fonction Entretien Routier au Ministère de l'Equipement* », sous la dir. de F. Marquart, Université Nancy 2.

Champy-Remoussenard P., 2001, « Le social c'est mon truc », *Informations Sociales*, n°94, pp. 110-119.

Champy-Remoussenard P., 2003, « Conditions et modalités de mise en mots du travail réel dans un dispositif de formation destiné aux professionnels du système éducatif », *Perspectives Documentaires en Education*, INRP, n°58, pp.33-39.

Champy-Remoussenard P., 2005, « La formation au métier d'ingénieur et ses limites à l'Ecole Nationale Supérieure, d'Electricité et de Mécanique de Nancy entre 1900 et 1960 », à paraître in *Un siècle de formation d'ingénieurs*, dir. F.Birck et A. Grelon, Paris, Maison des Sciences de l'Homme.

Champy-Remoussenard P., Glaudel C., 2005, « D'un service à l'autre, les activités des télé-conseillers de la téléphonie mobile ». Article à paraître.

Champy-Remoussenard P., Higelé P., Pagnani B., 2002, *Analyse pluridisciplinaire de la mise en œuvre du programme nouveaux services-nouveaux emplois : réalités et perspectives de « l'expérience » emplois-jeunes*, Nancy, ILSTEF, Rapport final, Tome 2, Rapport n° 1 : Situation de travail et professionnalisation (ERAEF).

Clot Y., Ballouard C., Werthe C., 2001, « la construction de la certification : quelles méthodes pour quels usages ? », *CPC Documents*, Paris, ministère de l'Education, DESCO.

Dugué E., 1999, « La logique de la compétence : le retour du passé », *Éducation Permanente*, n°140, pp.7-18.

Dupuis P. A., Flye Sainte Marie A., 2004, « Analyse du processus de transfert des compétences » in « *La reconnaissance de l'expérience professionnelle dans les activités de service pour une population d'anciens emplois-jeunes* », coord. P. Champy-Remoussenard, *CPC Documents*, 2004/4, Paris, Ministère de l'Education Nationale, Desco, pp.37-69.

Flye Sainte Marie A., Champy-Remoussenard P., Dupuis P.-A., 2002, « Les activités des emplois-jeunes dans le champ de la médiation sociale : de nouveaux métiers ? », *Recherche Sociale*, n°163, juillet-septembre, pp. 42-53.

Ion J, 1998, *Le travail social au singulier*, Paris, Dunod.

Lahire B, 1998, « Logiques pratiques : le « faire » et le dire sur le « faire », *Recherche et formation* (Les savoirs de la pratique, un enjeu pour la recherche et la formation), n°27, pp.15-28.

Laroche A, 2003, *La reconnaissance et la validation des acquis, aujourd'hui : des repères à l'appréhension de ses modalités, pour une démarche d'élucidation de ses enjeux*, mémoire de DEA, sous la dir. de P. Champy-Remoussenard, Université Nancy2.

Laville J.-L., 1998 « Les services de proximité en Europe », Paris : CFDT Presse, n°spécial de la *Revue de la Confédération Française Démocratique du Travail*, juin-juillet, n°11, pp. 3-24.

Lhôtel H., Higelé P., Boulayoune A., Dupuis P.-A., Flye Sainte Marie A., Champy-Remoussenard P., Gardin A., Jory H., 2001, *Les médiations sociales dans le dispositif « Nouveaux services-nouveaux emplois » : dynamiques d'activités, perspectives de professionnalisation et de pérennisation (étude sur un échantillon)*, Rapport pour la DARES, Ministère de l'Emploi et de la Solidarité.

Sainsaulieu Y., 2001, « Le pourquoi d'un malaise », *Le Monde*, 27 novembre.

Soraes A., 1998, « Les qualifications invisibles dans le secteur des services : le cas des caissières de supermarché », *Lien social et politique*, n°40, 2e semestre, pp. 105-116.

Vermersch P.,1994, *L'entretien d'explicitation en formation initiale et en formation continue*, Paris, ESF éditions.

Wallon H., 1949, *Les origines du caractère chez l'enfant : les préludes du sentiment de personnalité*, Paris, Presses Universitaires de France.

Weller J.-M., 1998, « Abuse-t-on de la notion de service ? » *Éducation Permanente*, n°137, pp. 9-21.

VALIDER L'EXPÉRIENCE ACQUISE PAR D'ANCIENS EMPLOIS-JEUNES DANS LE SECTEUR DES SERVICES : QUELS ENJEUX ?

Alexandra LAROCHE

Aujourd'hui, par la Validation des acquis de l'expérience (VAE), il s'agit de faire acquérir un statut à cette forme particulière d'apprentissage dont relèvent les « savoirs d'action ». Ainsi, l'acte de valider nourrit-il certaines préoccupations relatives à la pertinence d'une évaluation et d'une reconnaissance officielle des acquis expérientiels. Car, finalement, l'attribution d'un niveau de formation ou de qualification constitue le principe au fondement des différents dispositifs de VAE mis en œuvre en France. Or, s'ils peuvent engager dans une démarche de bilan et de reconnaissance individuelle, ne risquent-ils pas tout autant de se voir réduits à une simple procédure d'attribution d'une certification ? Nous avons tenté de comprendre quel regard était porté sur ce nouveau mode d'accès au diplôme, et d'identifier la diversité des usages sociaux et individuels qui pourraient en être faits. En effet, il semble possible, à travers une typologie des « modes d'emploi » auxquels ces diplômes, titres ou certificats de qualification acquis par la VAE seront destinés, d'appréhender les implications individuelles et collectives de ces pratiques de valorisation de l'expérience.

Si cette contribution reprend, pour l'essentiel, les conclusions formulées lors de précédents travaux (Champy-Remoussenard et *al.*, 2004), elle n'a cependant pas pour ambition d'en proposer une synthèse mais plutôt de saisir les constats qui en résultent comme des prétextes pour renouveler les interrogations relatives à la validation des acquis. En plus de permettre une compréhension plus fine des positionnements des anciens Emplois-jeunes (EJ) interviewés, l'analyse de l'activité de validation que nous proposons visera, dans un second temps, à déceler les problèmes soulevés par la valorisation de l'expérience et à évaluer la pertinence des questionnements suscités, notamment au vu des enjeux de mise en mots et d'écriture des pratiques professionnelles. Enfin, la conclusion suggèrera deux voies de réflexion à explorer autour de la valeur à garantir à l'expérience et de sa dimension collective.

Délimitation de l'objet d'étude

Avec la loi de modernisation sociale du 17 janvier 2002 – dont la VAE constitue l'un des volets –, une nouvelle réponse juridique est apportée aux diverses questions associées à la Reconnaissance et la validation des acquis (RVA) et, principalement, à celles qui concernent l'adaptation et la qualification professionnelle, la formation continue ou encore le bilan personnel et la gestion de carrière. Depuis la loi d'orientation de 1984, et après le décret de 1985, la VAE fait suite à la loi de 1992 et à son décret d'application paru en 1993[1]. Elle prévoit, en prenant appui sur la procédure de VAP, d'accéder à des validations partielles ou totales de diplômes, titres ou certificats de qualification. À travers elle, il s'agit de bâtir un projet de société qui offre à tous les citoyens une chance égale, et qui reconnaisse à chacun le droit à l'acquisition et à la remise à niveau de ses connaissances et compétences tout au long de la vie (Farzad, Paivandi, 2001 ; Madoui, 2002).

Dans le cadre de la recherche intitulée : « La reconnaissance de l'expérience professionnelle dans les activités de service pour d'anciens emplois-jeunes » (Champy-Remoussenard et *al.*, 2004) et sur laquelle reposent certains des développements abordés ici, nous avons sollicité une population d'anciens EJ en raison de ses caractéristiques en correspondance étroite avec les conditions de validation instituées par la loi de modernisation sociale[2]. L'abaissement à trois ans de la durée de l'expérience exigée pour prétendre à la validation de ses acquis est identique à celle du contrat EJ. En outre, la formation a constitué, pour ces emplois, un enjeu crucial de professionnalisation et de pérennisation, du fait de la monnaie d'échange qu'elle offre à son détenteur sur le marché du travail. En effet, de l'expérience acquise à l'occasion de l'EJ émergent des compétences et des connaissances nouvelles, transférables à d'autres situations de travail. Mais encore faut-il que celles-ci puissent faire l'objet d'une certification ou, du moins, d'une validation.

1. Le décret du 23 août 1985 introduit la Validation des acquis professionnels (VAP) en vue de permettre à un individu d'intégrer une formation professionnelle sans posséder les diplômes requis pour y accéder. La loi du 20 juillet 1992 vient compléter ce décret « en permettant à toute personne ayant exercé une activité professionnelle pendant cinq ans de faire valoir son expérience pour être dispensée d'une partie des épreuves d'un diplôme. Ces dispenses sont accordées pour les épreuves générales et professionnelles, mais elles ne peuvent couvrir la totalité du diplôme. Une épreuve au moins doit être subie de manière traditionnelle » (Kirsch, Savoyant, 1999 : 2).
2. *Cf.* dans ce même ouvrage les textes de Pierre-André Dupuis, Anne Flye Sainte Marie et Patricia Champy-Remoussenard.

En apportant la preuve des acquisitions réalisées, on peut faire l'hypothèse que la VAE paraît susceptible d'assurer à ces jeunes la reconnaissance sociale attendue, en vue de l'accès à l'emploi, à l'enseignement supérieur ou aux dispositifs de formation continue, à un niveau adapté aux acquis et apprentissages réalisés antérieurement. De fait, les modalités de mise en œuvre de la VAE conduisent à considérer le parcours personnel, professionnel ou social de chacun comme créateur de savoirs, de savoir-faire et de savoir-être susceptibles, désormais, de donner lieu à une reconnaissance officielle, dans la mesure où elle est destinée à être utilisée dans la négociation sociale au même titre que les diplômes académiques.

Or, le flou relatif aux activités, comme aux compétences mobilisées dans le travail réel, questionne leur intégration possible dans un champ professionnel déjà constitué. De même, l'absence de lisibilité de ces emplois – en raison de l'hétérogénéité des situations qu'ils convoquent et de la pluriactivité qu'ils mobilisent chez les jeunes – complexifie l'accès potentiel à leur certification. Ainsi, ces deux mesures (EJ et VAE) se heurtent à la même tension : comment réussir à concilier deux logiques apparemment antagonistes, celles de la compétence et de la qualification ? D'autant plus qu'il s'agit de reconnaître la validité des acquis issus d'une expérience mobilisant des compétences plurielles relevant de dimensions en partie non conscientisées, complexes et composites, dans des contextes divers et multiples, souvent sans correspondance avec les certifications existantes.

Terrain d'investigation particulièrement intéressant au regard des mutations susceptibles d'affecter aujourd'hui le travail et la formation, le dispositif « EJ » constitue, dans cette perspective, un analyseur pertinent des usages et effets potentiels des pratiques de validation et de reconnaissance des acquis. La diversité des situations convoquées (pluralité des activités de travail et des tâches exercées, variabilité des statuts occupés, multiplicité des parcours de vie suivis) confère à ce terrain toute sa pertinence en tant qu'analyseur.

Il convient d'indiquer dans la mesure où le repérage et l'identification des acquis s'opèrent selon des modalités distinctes (bien souvent cloisonnées du fait de logiques institutionnelles autonomes), que nous nous bornerons ici à considérer le dispositif de validation des acquis élaboré par le ministère de l'Éducation nationale. Reste à définir la notion d'« acquis », essentielle à la compréhension de cette problématique née du débat autour de la preuve à attester.

La notion d'« acquis »

Dans ce contexte particulier, le terme d'« acquis » désigne, par opposition aux savoirs académiques, les connaissances et compétences issues d'apprentissages informels. Mais on peut aussi l'envisager à la manière de Jacques Aubret et Patrick Gilbert (1994 : 12) : « Sous un angle plus psychologique, les acquis sont définissables en termes d'effets durables laissés par les apprentissages (quelle que soit leur nature) sur les modalités de connaître, d'être et d'agir ». L'intérêt de cette analyse réside dans l'importance accordée au caractère intégré des acquis, au détriment de la distinction opérée entre les différentes formes d'apprentissage qui fait l'objet des débats souvent stériles portant sur la VAE. En effet, définis ainsi, les acquis ne peuvent être confondus avec les apprentissages qui les ont générés. De même, sont exclus de leur caractérisation les critères de « durée » de l'expérience professionnelle acquise ou ceux de « contextualisation ». Dès lors, la distance établie avec les situations dans lesquelles ces « savoirs d'usage » ont été développés n'affecte pas le savoir constitué sur ces dernières. Bien au contraire, appréhendée dans cette perspective, l'expérience acquise « permet de conserver à titre de potentialité une remobilisation éventuelle partielle ou totale de ces savoirs spécifiques » (Aubret, Gilbert, 1994 : 13).

Si l'appréhension des connaissances en acte et leur confrontation aux savoirs théoriques sont un objet d'investigation déjà ancien, le fait que la pratique puisse comporter une certaine forme de théorie, de nature différente et aux modes de production non encore stabilisés, interroge notre rapport au savoir. Ainsi, à travers l'analyse du corpus retenu[3], il est possible de saisir les questionnements et tensions qui traversent la mise en œuvre de la VAE, tant pour des personnes qui se pensent concernées par cette procédure de validation que pour celles qui estiment ne pas en relever.

L'ambiguïté des positionnements exprimés et adoptés

Les positionnements exprimés par les anciens EJ interviewés constituent un révélateur des inquiétudes des titulaires de diplômes qui s'interrogent sur leur valeur, et sur les effets « néfastes » qu'engendrerait une logique trop forte de valorisation de l'expérience. Aussi, l'attachement au diplôme traditionnel reste fort, tandis que le recours à la VAE suscite de nombreuses interrogations.

3. Les 26 entretiens semi-directifs menés ont été intégralement retranscrits, et ont fait l'objet d'une analyse de contenu transversale essentiellement autour des thématiques des compétences mobilisées dans l'exercice de leurs activités de service et de leur transfert potentiel à d'autres situations de travail.

La valorisation et la reconnaissance au cœur de la validation

Comprendre la signification que recouvre la démarche de VAE nécessite de prendre en compte de façon concomitante ses deux usages. « Acte qui atteste de la conformité des acquis par rapport à des exigences fixées et réglementaires », elle est « en même temps l'acte qui sert de garantie de valeur par rapport à un usage déterminé » (Aubret, Gilbert, 1994 : 15), celui dévolu et reconnu à la certification. De fait, la mise en place de la VAE conduit à différencier « reconnaissance » et « certification », alors que cette distinction n'était souvent pas opérée par le passé (Charraud, 1999). Aussi, non seulement « l'action de rendre ou déclarer valide » emprunte au droit son acception, en se rapportant à l'idée de conformité aux diplômes, titres ou certificats de qualification auxquels elle est censée « se mesurer » et correspondre, mais elle est également associée à celle de « garantie de valeur ». Cet enjeu est particulièrement sensible chez la population interviewée qui conçoit principalement le recours à la VAE pour des publics fragilisés, concernés par des questions de précarité et d'employabilité : les *« chômeurs »*, les *« jeunes en échec scolaire »*, les *« sans diplôme »*, *« pas si bêtes que ça »* et qui font *« pas mal de choses complexes »*. De fait, *« ça peut les aider à monter en compétences, en compétences reconnues, l'équivalent d'un diplôme »*. Pour ces interviewés, l'objet de la validation se trouve ainsi réduit à des compétences d'ordre pratique, spécifique et technique, relevant *« de domaines pointus* [...] *de techniques vraiment très pointues »*.

Quant à l'usage de la VAE, il est envisagé différemment selon le niveau d'études atteint. Tandis qu'ils reconnaissent l'intérêt qu'elle présente pour les plus démunis face au marché du travail en vue d'accéder à un emploi ou de s'y maintenir, les plus diplômés parmi les interviewés envisagent de solliciter cette procédure, pour eux-mêmes, plutôt dans une perspective ascensionnelle d'évolution professionnelle : « *Ça m'éclaire effectivement sur des possibilités d'évolution de carrière. Parce que je suis rentré dans cette fonction-là, c'est mon premier travail, je vais pas passer ma vie dans la structure* ».

Cependant, la difficulté à admettre comme réels ou légitimes les acquis issus de l'expérience de situations de travail est prégnante chez les personnes rencontrées, sans doute du fait de la dissociation formation/certification opérée par l'acte de validation : *« J'ai un peu de mal à accepter entre guillemets le fait que quelqu'un suive pas cette formation-là* [...] *et d'entendre que d'autres personnes qui ont fait un emploi-jeune de cinq ans, en tant qu'aide éducateur, vont avoir le grade d'éducateur, qu'ils en ont l'appellation et qu'ils l'utiliseront comme telle dans leur C.V. parce que c'est ce qui se fera »* ; *« On ne peut pas rattraper, même en cinq ans de terrain, ce qu'on peut apprendre en trois ans d'études »* ; *« Ce qui me fait peur, c'est comment être sûr que ces cours sont acquis dans leur totalité ? Dans la vie de tous les jours, on ne peut pas être formé comme on est formé dans un cadre bien précis »*.

Ce positionnement est d'autant plus remarquable qu'il se révèle systématique et spontané, alors que la plupart des interviewés valorisent très nettement le processus d'apprentissage par l'expérience, y compris ceux qui disposent d'un niveau de qualification élevé. Seule une des interviewés, développant un véritable argumentaire en faveur de la VAE, en présente la plus-value par rapport à la formation. Elle situe l'expérience acquise sur un registre privilégié, « *en surplomb* » de ce qui habituellement fait l'objet d'une formation et d'une certification : *« On peut acquérir des savoirs techniques et son expérience personnelle va faire qu'on va peut-être les utiliser de manière différente »*.

Or, c'est précisément cette ambiguïté à l'égard de la valeur accordée aux « savoirs d'action » qui amène à percevoir ce que l'acte de validation recouvre. En effet, il convient d'envisager les activités de reconnaissance comme conditionnées par la perspective de leur validation puisque, comme dans toutes situations d'évaluation, la VAE positionne les acquis identifiés par rapport à un référentiel. Transparaît ici la dimension institutionnelle ou sociale de l'acte de valider qui consiste en l'attribution d'une reconnaissance de la société à l'égard de l'individu, telle qu'il est possible de définir la reconnaissance « par/pour autrui ». Ainsi, il s'agirait, en accédant à une meilleure image professionnelle de soi, *« de légitimer* [sa] *position par rapport aux personnes avec qui* [on] *travaille »*. Cependant, dans la VAE, c'est l'individu lui-même qui est chargé d'apporter la preuve. À travers la demande qui lui est adressée d'identifier les connaissances et compétences dont il dispose, ce dernier s'approprie ce qu'il a acquis et, partant, ce qu'il est. Aussi, nul ne contestera la seconde dimension du processus de reconnaissance engagé dans ce contexte particulier, et que nombre d'auteurs s'attachent à nommer : « reconnaissance personnelle » ou « reconnaissance par/pour soi ».

La preuve à attester : difficultés et enjeux de légitimation

On peut s'interroger, à l'instar de nombre d'interviewés, sur les garanties à chercher ou à attendre de l'identification de ses acquis par l'individu lui-même : *« Enfin moi, je ne me vois pas, en tant qu'employeur, embaucher quelqu'un qui va me dire : "Bon ça y est, j'ai mon truc de validé, euh... vous pouvez m'embaucher !"* ; *« parce que c'est facile aussi d'arriver, puis de dire : " Bon, j'ai rien dans les mains, mais je suis très compétent, vous verrez. Je fais ça, ça et ça !" »*. Nul doute que sa présentation en tant que démarche de conversion de l'expérience en diplôme (*cf.* le slogan de la campagne de sensibilisation « transformez votre expérience en diplôme ») participe de cette crainte d'une dépréciation de la valeur du diplôme. D'ailleurs, l'idée que la VAE se réduit à une opération de « facilitation », de « simple » traduction est très présente chez nos interviewés : *« Voilà, c'est les expériences qu'on a eues qui peuvent nous faire valider un diplôme ou une partie d'un diplôme »* ; *« ils valident l'expérience de certaines personnes qui travaillent depuis longtemps et qui n'ont pas de diplôme... c'est des validations qui sont diplômantes »* ; *« c'est comme un tout petit concours interne. On vous pose 3-4 questions »*.

Dans cette perspective, le travail de formalisation et de distanciation que requiert la VAE n'est pas même envisagé : *« Moi, ma position, c'est que je pense que pour quelqu'un qui se sent prêt à le faire, il vaut mieux privilégier le plan de formation continue et faire des formations classiques qui permettent notamment de sortir de son cadre de travail. Parce que c'est vrai que la formation est intéressante par son contenu, mais elle est aussi intéressante parce qu'elle permet de faire reconnaître une capacité à prendre du recul, une capacité à théoriser. Je fais la différence entre des apports très techniques comme ça et des choses qui sont plus du domaine de la, encore une fois, de la prise de recul »*, et donc encore moins reconnu : *« Dans quelle mesure ça remet en cause la validité du diplôme ou pas parce que si on continue à penser à ce diplôme comme une reconnaissance de capacités de prise de recul, ça veut dire que la VAE oblitère une partie de cette dimension de la formation »*.

D'autant plus que ce travail de repérage de ses propres acquis se caractérise par sa difficile transmissibilité voire, dans certains cas, son « invisibilité ». L'analyse du corpus recueilli a été tout particulièrement révélatrice de cette « dimension-obstacle » à l'identification et à la définition des compétences mobilisées dans l'exercice de leurs activités de service : *« Mais je sais pas trop comment la qualifier. En tous cas, ça fait quand même partie de la relation d'aide » ; « je ne vois pas comment le dire d'une manière autre que morale »*.

En outre, une fois franchie cette difficulté à se dire, à se raconter, reste que les acquis expérientiels ne se construisent pas en vue de leur évaluation comme les savoirs académiques, transmis à l'occasion de contextes formalisés et en fonction de modalités pédagogiques. Cela n'implique-t-il pas alors de repenser les manières de faire en matière d'évaluation (Kirsch, Savoyant, 1999) ? Au demeurant, révéler l'existence de limites à leur accessibilité de « l'extérieur » ne permet pas moins de favoriser leur « reconnaissance institutionnelle », dans la mesure où ce travail de reconnaissance de soi aboutit à des formes d'expression communicables.

Refuser cette potentialité serait d'ailleurs nier l'un des objectifs poursuivi par le bilan de compétences[4], préconisé par la loi du 31 décembre 1991 en ces termes : « se reconnaître pour se faire reconnaître ».

Une procédure complexe

Malgré l'irréductible singularité des parcours qui structurent l'« histoire de vie » de chacun d'entre nous, la nécessité d'une mise en mots de l'expérience est considérée comme importante par nombre d'auteurs. Cependant, elle se heurte à ce que Bernard Liétard (1997) nomme « le maquis des acquis ». C'est en tous cas ce dont témoignent les extraits suivants, où les interviewés évoquent la complexité des modalités et conditions d'accès au processus de validation : *« On se pose la question de savoir qui gère ce genre de diplôme parce que c'est un diplôme qui est dans l'animation donc je ne sais pas de quel côté, actuellement, ils le situent... Je suis allé à "Jeunesse et Sports", j'ai retiré les papiers pour les validations d'acquis, ce genre de choses, etc.... J'ai vu aussi avec la préfecture... »*. L'éventuel recours à un « concours de troisième voie », ouvert au sein de la Fonction publique selon des modalités identiques à la procédure de VAE, a été également évoqué. S'ajoutent aussi des difficultés associées à la compréhension des questions posées dans le dossier de validation à remplir, ainsi qu'à la formulation adéquate des réponses à fournir, *« sachant que c'est pas facile »* car *« ils demandent quand même pas mal de choses »*. Enfin, certaines des personnes rencontrées s'interrogent sur la pertinence d'une recherche de correspondance entre les activités exercées et le référentiel du diplôme visé.

Cette première clarification des problématiques de « reconnaissance », de « certification » et de « validation » dans le champ spécifique de la RVA est d'importance. Elle permet de réitérer le constat selon lequel « l'absence de prise en compte de ces distinctions induit des confusions et des ambiguïtés qui nuisent à la compréhension des systèmes et à la lisibilité de ses effets, surtout pour les bénéficiaires des formations » (Charraud, 1999 : 69). En effet, la plupart des interviewés avaient une connaissance très faible de la VAE. Parmi les 22 personnes interrogées sur cette thématique, 6 seulement disposaient au préalable d'une réelle connaissance de la procédure. Pour 5 d'entre elles, seule la signification du sigle était connue. Enfin, tandis que

4. Convenons que, en vue d'analyser ses compétences professionnelles et personnelles, ainsi que ses aptitudes et motivations, le bilan de compétences (BC) est destiné au salarié afin de définir un projet professionnel et, le cas échéant, un projet de formation. Dans ce dernier cas, une démarche en validation des acquis peut être engagée à sa suite. Or, si ces deux actions (VAE et BC) présentent certaines similitudes – sources des confusions dont elles font parfois l'objet –, elles poursuivent cependant des objectifs distincts, et sont organisées autour de modes et de conditions de mise en œuvre différenciés.

6 interviewés ont exprimé leur méconnaissance totale du dispositif de VAE, 5 autres ne possédaient que des éléments approximatifs sur la démarche et ses modalités de mise en œuvre.

Si, de prime abord, s'attacher à considérer les dimensions procédurales de la VAE apparaît réducteur, force est de reconnaître que ces dernières s'inscrivent au cœur même des tensions dans lesquelles se trouvent pris les différents acteurs et les bénéficiaires potentiels de ce dispositif. Aussi, c'est à travers l'analyse de l'activité de validation qu'il nous est possible de prolonger ces quelques pistes de réflexion qui, pour une part d'entre elles, ont pu être dégagées lors de précédentes investigations (Laroche, 2003) destinées à identifier les modalités, usages et enjeux de la validation des acquis.

La procédure de VAE

Rappelons tout d'abord, qu'« en France, la validation des acquis de l'expérience se fait soit en situation de travail, réelle ou reconstituée, soit à partir d'un dossier où les candidats décrivent les activités qui leur ont permis d'acquérir les compétences qu'ils veulent faire valider. La constitution d'un tel dossier requiert un important travail d'élaboration car le discours de la personne sur ses activités doit pouvoir être confronté aux normes d'évaluation, lesquelles ne peuvent se référer à une activité de travail spécifique » (Kirsch, Savoyant, 1999 : 3).

Dès lors, le degré de précision que doivent revêtir les référentiels d'évaluation, ainsi que celui de l'analyse des activités et situations sur laquelle ils peuvent se fonder questionne, « sachant que les savoirs de référence de l'activité de travail ne sont réductibles ni à des savoirs disciplinaires, ni à des connaissances construites et mobilisées en situation de formation » (Kirsch, Savoyant, 1999 : 3). Quelle place réserver aux connaissances formelles au regard de l'importance à consacrer désormais à celles informelles ? D'autant plus que le parcours diplômant traditionnel est considéré, par nombre des personnes que nous avons rencontrées, comme une épreuve qui engage des efforts et des sacrifices importants. La VAE susciterait alors une concurrence déloyale, donnant un avantage certain à ceux qui disposent de l'expérience, en leur permettant à la fois l'obtention d'une certification et l'accès ou le maintien dans l'emploi : « *Dans ce cas-là, il faudrait arrêter cette formation initiale. Enfin, faudrait mettre tout le monde sur le terrain et que tout le monde parte à égalité... parce qu'on risque de préférer les gens qui ont de l'expérience sur le terrain, c'est sûr* ».

Le risque d'une nouvelle déstabilisation du rapport « certification/emploi » accompagnée d'une dévalorisation de certains diplômes, susceptible de conduire à une dérégulation des qualifications et des salaires, a aussi été évoqué : « *Donc si ça permet de considérer autrement la qualification, c'est bien. Mais si ça fait que les personnes qui ont plus de capacités scolaires tout bêtement vont s'orienter vers le diplôme supérieur, on reviendra au même. On aura déplacé un petit peu la limite, mais on aura toujours la même différence si, derrière, les grilles de salaire et les possibilités de postes n'évoluent pas en fonction de ça* ».

Évaluer l'expérience acquise

Dans son acception la plus courante, « évaluer » consiste à « produire un jugement de valeur sur un objet ou un ensemble d'objets, d'êtres, de phénomènes, d'événements, de comportements ». En ce sens, tout acte d'évaluation suppose un cadre de normes, de valeurs, implicite ou explicite, propre à un individu donné ou partagé par un ensemble d'individus. Le système de validation français n'échappe pas à ce schéma. Or, dans la mesure où les savoirs expérientiels sont le produit de l'agir d'un sujet, leur évaluation en fonction d'indicateurs « standards » de mesure échoue, comme leur définition échappe aux catégories et critères de référence établis. C'est d'ailleurs la non-correspondance des savoirs avec les « savoirs d'action » que s'attachent à dénoncer certains des interviewés : « *Les personnes qui ont le diplôme ne sont pas efficaces tout de suite et il faut encore qu'on leur explique comment ça fonctionne sur le terrain, et puis les personnes qui ont l'expérience sur le terrain n'ont pas spécifiquement, non plus, les connaissances nécessaires à tel ou tel poste* » ; « *la formation ne remplacera pas le terrain et le terrain ne remplacera pas la formation* » ; « *il y a des trucs qui ne s'apprennent qu'en formation...* » ; « *je pense qu'on ne pourrait pas pratiquer, si on n'avait pas un minimum de théorie* ». Au demeurant, il semble que les acquis de l'expérience, puisqu'ils relèvent d'autres modes de production, doivent pouvoir être appréhendés selon d'autres modalités, à même de tenir compte de leur spécificité.

Aussi, si la VAE intègre le champ de l'évaluation, « évaluation » et « validation » répondent à des logiques distinctes. Bien qu'issues d'une conception à l'origine identique, elles procèdent selon un renversement dialectique. Attestant l'aptitude d'un individu pour une profession à travers la possession des savoirs et savoir-faire requis pour son exercice, la certification est, dans le cadre de la validation des acquis, déduite ou constatée (selon la modalité choisie) sur la base de la description/démonstration de ce que le candidat fait et sait faire. Dans le cas du diplôme obtenu par voie « classique », elle correspond à une estimation des potentielles dispositions ultérieures de l'individu, prédiction permise par l'évaluation des connaissances dont dispose celui-ci (Brucy, Ropé, 2000).

Ainsi, ce rapprochement ne peut être trouvé dans l'adéquation entre un « référentiel » et le contenu des activités professionnelles ou sociales. Il ne s'agit pas non plus de les mesurer à l'aune des savoirs « académiques ». Aussi, si les pratiques de validation d'acquis évaluent, la correspondance à établir n'est pas à envisager en terme de traduction des « savoirs d'action » en savoirs savants. Mais il appartient de la concevoir dans la mesure « d'autres formes de connaissances et de production de ces dernières, ayant même valeur et même reconnaissance » (Lenoir, 2002 : 73). Dès lors, la VAE ouvre à « une autre conception de l'apprendre et de la mesure de ses manifestations » (Lenoir, 2002 : 73). Loin d'être située « en extériorité » du processus d'évaluation, la personne, à travers la formalisation de ses « savoirs en acte », intègre ce dernier pour en élaborer les modalités mêmes. En effet, au cours de cette procédure, le candidat à la validation procède bien plus qu'à une simple extraction des acquis détenus, et réalise un véritable travail d'élaboration des compétences mobilisées en situation de travail (Clot, Ballouard, Werthe, 2000)[5]. Mais la mise en forme par le discours des savoirs expérientiels est, dans la démarche de VAE, convoquée au regard de l'intérêt qu'elle présente pour le travail d'évaluation. La procédure de RVA se distingue alors des pratiques d'évaluation sommative, consistant en une co-évaluation de la signification que l'expérience est susceptible de revêtir.

Aussi, la mise en mots et la formalisation par l'écriture de l'expérience apparaissent-elles essentielles à sa « transmutation »[6] en connaissance, et trouvent ainsi leur signification. Mais la validation, en supposant et soutenant la possibilité d'un « dire sur le faire », est sujette à de nombreuses controverses auxquelles nous souhaiterions apporter quelques éléments de clarification. Car « nous ne sommes pas spontanément "conscients" de (et en mesure de parler de) ce que nous sommes, de ce que nous faisons et de ce que nous savons » (Lahire, 1998 : 16). Or, ce paradoxe affecte la procédure étudiée dans la mesure où, l'analyse par le candidat de sa propre activité est, dans le cas de l'Éducation nationale, au cœur du dossier présenté devant le jury, comme d'ailleurs du dispositif de validation tout entier.

Intérêts et enjeux de la mise en mots et de l'écriture de sa pratique

Dans le cadre de la procédure de VAE étudiée, un entretien d'accompagnement est proposé au candidat à une validation afin de revenir sur son parcours, pour s'assurer de la nature et du niveau des activités réalisées,

5. Bien qu'ils n'aient pas eu cette ambition, les entretiens semi-directifs menés se sont révélés porteurs d'une dimension formative à l'égard de la compréhension rétrospective des expériences vécues par les interviewés.
6. Terme emprunté à Hugues Lenoir.

compte tenu des exigences de la certification convoitée. Dans la mesure où le diplôme visé constitue « un repère social de la qualification », il est demandé au candidat de prouver que les connaissances et compétences acquises au cours de ses expériences professionnelles, associatives, syndicales, etc., peuvent être mises en relation avec celles décrites dans le référentiel du diplôme correspondant. La forme imposée du dossier requiert donc la description de pratiques familières, mais non moins singulières, et desquelles extraire des savoirs, savoir-faire et savoir-être plus généraux peut s'avérer difficile, voire même insurmontable, lorsqu'on tente de le faire seul.

En effet, force est de constater la difficile correspondance du « dire » et du « faire ». Cependant, révéler l'existence d'un tel écart ne lui assigne en rien un caractère irréductible. Précisons tout d'abord que « les acteurs peuvent d'autant mieux parler de ce qu'ils font et de ce qu'ils savent que leurs pratiques et leurs savoirs ont été désignés, nommés, distingués verbalement dans l'ensemble continu et infini des pratiques et des savoirs » (Lahire, 1998 : 17). C'est ainsi que les anciens EJ interviewés se montrent souvent incapables d'expliciter les activités réalisées au quotidien sans les référer aux tâches mentionnées dans le profil du poste occupé ou aux contenus des enseignements dispensés en formation initiale : *« C'est une fonction d'un diplôme »* ; *« c'est vraiment le travail d'éducatrice de jeunes enfants »* ; *« c'est une partie de ma formation initiale »* ; *« mais c'est des choses que je connaissais avant, parce qu'on avait quand même un gros cursus psychosocial. Ce que j'ai utilisé, ça a plus été ce que j'ai appris dans les cours de psychosocial »*.

Dans cette perspective, il est possible de relever la dimension formative du dispositif de VAE dans la mesure où, les pratiques comme les savoirs sont d'autant plus identifiables que des temps et des lieux accompagnent leur expression et leur visibilité. À cette condition, les savoirs bruts issus de l'expérience trouveraient une légitimité dans cette nouvelle expérience de conscientisation et de « formulation » donnée à vivre à l'occasion de la VAE. Par ailleurs, ces « dispositions cognitives, évaluatrices, affectives, etc., construites non consciemment dans les liens d'interdépendance qui nous relient à d'autres acteurs » (Lahire, 1998 : 22) font bien souvent échec à notre mémoire *« parce que ne les pratiquant pas, on oublie »*. Les pratiques quotidiennes devenues « routinières » présenteraient même, à ce titre, un danger, pour certains interviewés : *« Je crois que c'est important la formation tout au long de la vie professionnelle. Autrement, je dirais, on s'encroûte, on fait toujours les mêmes choses et puis, au bout d'un moment, on se dit : "Ouais ben, j'en ai marre d'être là et puis, on claque la porte !" »*. Au demeurant, ces savoirs issus d'apprentissages informels suscitent, dans certains cas, méfiance et défiance : *« La personne qui a pris l'initiative d'aller en formation de temps en temps, et puis de découvrir ce qui se passe ailleurs, je trouve qu'elle a plus de connaissances que l'autre personne qui reste toujours dans un bureau, et puis qui fait toujours le même travail »*, voire de la déconsidération : *« Des compétences, oh non ! Je pense qu'il faut... oui, savoir répondre quand on pose des questions, se tenir informé, mais sinon...* [...] *On ne se pose même pas la question, c'est naturel... »* ; *« c'est assez inné ! »*.

Ainsi, « considérés comme des moyens pour atteindre des fins autres, des éléments secondaires et annexes dans le cadre d'activités perçues comme principales » (Lahire, 1998 : 18), certains acquis, difficilement identifiables, en deviennent quasi innommables : *« C'est difficile à dire. Mais voilà, j'y ai jamais réfléchi de manière systématique grâce à une formation »*.

Au regard de ces dernières considérations, il convient de percevoir la seconde dimension formatrice du travail de mise en mots engagé. Ainsi, non seulement celui-ci concourt à la compréhension et l'intelligibilité des expériences vécues, du parcours et contribue à mieux se connaître, mais il constitue aussi « le ressort de nouvelles acquisitions et la possibilité de nouveaux transferts » (Lenoir, 2002 : 73). Au-delà d'une énonciation des savoirs disposés et de leur conceptualisation, le travail de réflexion et de mise en mots convoqué dévoile au candidat leur existence et leur valeur. Il suscite alors une dimension essentielle à la transformation et au passage du faire à « l'expérience reproductible et adaptable dans un ou plusieurs contextes » (Lenoir, 2002 : 73), du fait « des modifications des schèmes mentaux et de pensées » (Barkatoolah, 1989 : 52) qui conduisent au réinvestissement de ses résultats dans des situations nouvelles.

Cependant, ce processus d'analyse réflexive et de transfert n'advient que dans la mise en relation du travail du candidat et de la personne qui l'assiste dans la rédaction de son dossier. En effet, en menant un questionnement conjoint autour du contenu du référentiel, en lien avec les activités à décrire dans le dossier par le candidat, les accompagnateurs suscitent chez ce dernier un conflit intra-psychologique qui le pousse à « sortir » de lui-même, afin de se réapproprier son expérience et de la traduire en des termes conformes aux attentes supposées du jury de validation. Tandis que le professeur de spécialité conduit une investigation élargie des situations professionnelles pour lesquelles il partage avec le candidat la connaissance de la nature de l'activité et son langage spécifique, le conseiller en validation des acquis, plus en « extériorité » face à l'activité décrite, adopte une attitude « naïve », sollicitant un approfondissement et un développement toujours plus détaillés de chaque situation. Dès lors, de l'accompagnement mené et du travail de formalisation dépendent la qualité et la transférabilité des « savoirs d'action ». Aussi s'agit-il, au cours de cette procédure de validation, d'initier un premier travail d'« explicitation » (Vermersch, 1994), avant de procéder à un second d'« élaboration ».

Au-delà de constituer un moyen de valorisation et de reconnaissance « en soi, de soi, pour soi » à l'égard de l'individu, la pertinence de la procédure de VAE tient son sens de la compétence de transfert qu'elle permet de construire. Dès lors, la VAE permet « de repérer des compétences dans diverses expériences paraissant *a priori* « anodines » mais révélant, à l'analyse, des savoirs, savoir-faire ou savoir-être parfaitement transférables, donc réutilisables dans les situations nouvelles » (Dumont, Schmitt, 2001 : 126). Or, cette question de la transférabilité des connaissances et compétences détenues[7] ne se pose-t-elle pas de manière particulièrement prégnante pour toute action de formation ? Ne devrait-elle pas être au fondement même de celle-ci, dans une société où il est exigé une mobilisation « flexible » de ses acquis, dans des situations professionnelles évolutives ? Désormais, admettre ces principes de transversalité et de transférabilité comme fondateurs de l'acte de former, et envisager notre rapport à l'expérience comme ressource et condition pour y accéder nous semble nécessaire.

Il est vrai, ce processus reste encore aléatoire et intuitif puisqu'il requiert cette « nécessaire interprétation des règles » pour que se résolve « ce qu'il y a d'apparemment inconciliable entre le caractère général des critères d'évaluation et la singularité de chaque expérience individuelle » (Kirsch, Savoyant, 1999 : 4). Cependant, « la constitution d'équipes stables », en permettant « des échanges réguliers sur les pratiques d'entretien », suscitera sans doute, sinon « des ajustements sur les conduites à tenir » et une harmonisation des procédures de validation, du moins des approches voisines dans la conduite de celles-ci (Lucas, Retiere, 2001 : 156).

Conclusion

Toutes les propositions et positions défendues à l'occasion de cette contribution viennent, finalement, corroborer celles que d'autres ont pu déjà formuler à propos du champ polémique de la RVA. En vue de contribuer au débat, les remarques conclusives qui suivent tentent d'orienter la réflexion sur deux registres.

Garantir la valeur de l'expérience

Le caractère singulier et hétérogène de l'expérience suppose un accompagnement individualisé de la personne qui investit un tel dispositif. Mais recourir à une démarche personnalisée de validation ne peut être le prétexte à empêcher « à terme de penser à construire collectivement des

7. *Cf.* le texte de Pierre-André Dupuis et Anne Flye Sainte Marie dans la deuxième partie de cet ouvrage.

outils renouvelés d'évaluation » (Lenoir, 2002 : 71). Cette demande de rigueur adressée à l'évaluation s'avère fortement exprimée chez les personnes rencontrées, pour qui elle semble l'unique garante de la valeur à reconnaître à la VAE : *« À mon avis, il faut une validation qui se fasse type examen ou autre, comme sur un modèle universitaire, où vous puissiez à ce moment-là vérifier que les compétences sont là, que ces acquis sont vraiment ceux qu'aurait permis la formation ou alors c'est une validation partielle et, dans ce cas, on ne délivre le diplôme que si il y a un complément de formation »*. En tous les cas, seule la qualité de l'évaluation serait susceptible d'éviter l'effet pervers inverse : *« S'il n'y a pas une évaluation suffisamment rigoureuse, ça va dévaloriser complètement les formations scolaires et universitaires »*, et ainsi que ne surgissent de nouveaux clivages sociaux, car : *« Si vous dévalorisez complètement ça, vous restreigniez aussi la possibilité pour un étudiant de vraiment choisir sa voie »*.

Valider la dimension collective de l'expérience

Sans doute le travail d'écriture réalisé par le sujet sur sa pratique, dans le cadre de ce dispositif de VAE, s'appuie « non pas sur une réalité unique, mais sur de permanentes variations », notamment en ce qui concerne son expérience professionnelle « entre les entreprises, les emplois, les tâches réalisées bien sûr, mais aussi entre ses propres évolutions au fil de son expérience, pour réaliser la même tâche, les différentes conditions de travail qui permettent de voir la même action sous un autre jour ou de penser une action à partir d'une autre, plus ancienne ». Car c'est finalement « dans l'appartenance et la différenciation avec les activités des autres sur le même objet, ses collègues, ceux de l'autre atelier, de l'entreprise concurrente, etc. » (Prot, 2001 : 137-138) que s'expérimentent et s'affirment nos pratiques. Aussi, parce qu'elle impose de rechercher la signification des multiples expériences vécues, cette procédure invite à percevoir le rapport que l'individu entretient, à travers son expérience, au monde, à autrui. De fait, les « savoirs d'usage » sont, pour une part non négligeable, développés à l'occasion d'interactions et de contextes favorables.

En ce sens, ne peut-on pas se risquer à concevoir les dimensions collectives de la VAE ? De cette prise en compte du rapport au collectif et de son inscription dans le processus, une conscientisation et une meilleure compréhension des expériences vécues n'adviendraient-elles pas, à travers l'exigence de leur formalisation convoquée dans le groupe par le conflit intra et socio-cognitif ainsi généré ? Cette conception présente un certain nombre de caractéristiques communes avec d'autres démarches ou expériences pédagogiques conduites dans des dispositifs de formation initiale et continue[8]. Parce qu'autorisant « une confrontation mutuelle exempte de jugement de valeur sur ce qui est dit, mais suscitant l'analyse de la manière dont les choses sont exprimées », le rapport au groupe se révèle « un des éléments qui donne à l'écriture sur la pratique son plein impact en terme de réflexion » (Champy-Remoussenard, 2002 : 5). Ainsi, nous souhaitons réaffirmer la pertinence de ces types d'actions de formation ou pratiques formatrices qui présentent l'intérêt d'(ap)porter, dans le même temps, les clefs de compréhension et d'analyse du « rapport à l'expérience » et de son utilisation.

À travers cette contribution, nous espérons avoir démontré la pertinence des modalités de mise en œuvre de la VAE au sein de l'Éducation nationale, et leur intérêt pour la conscientisation et la formalisation des acquis détenus, souvent de manière insoupçonnée, par les individus. Certes, la « formation expérientielle » est un concept multidimensionnel qui s'avère source d'ambiguïtés et de contradictions[9]. Il n'empêche que ces anciens EJ sont désormais en possession d'un capital d'une richesse considérable, susceptible de se décliner selon une pluralité de modalités complexes, sur les multiples registres d'un « savoir agir en situation » aux diverses combinaisons possibles, et dans des domaines tout aussi variés. La VAE apparaît alors, pour ces anciens EJ dotés d'une expérience dans le domaine des activités de service, comme un mode de reconnaissance adapté pour valoriser leurs compétences et affronter, ainsi, les évolutions des professions, qu'elles soient dues à la recomposition des marchés du travail, à l'accroissement des exigences des employeurs, ou encore à la concurrence exercée par la proximité de certaines activités ou la superposition d'autres certifications.

Aussi, en ouvrant une « troisième voie » d'accès à la qualification, outre celle de la formation initiale et de la formation continue, la VAE s'inscrit au cœur même des questionnements actuels sur les « nouveaux métiers », notamment dans le secteur des « services », et sur les compétences « invisibles » souvent requises pour leur exercice. Au-delà, les

8. Notamment, les recherches « portant sur l'écriture de la pratique professionnelle (Champy-Remoussenard, 2002-2003) comme stratégie pédagogique participant d'une forme de professionnalisation » qui considèrent la démarche de mise en mots, « notamment quand elle repose sur certaines formes d'écriture », comme « l'un des moyens pour prendre en compte cet espace interstitiel qui produit cette situation d'apprentissage spécifique » (Champy-Remoussenard, 2002 : 1-3). « L'ensemble du dispositif est organisé dans un cadre aux présupposés éthiques clarifiés qui repose sur le volontariat, l'implication personnelle, la confidentialité, tout autant que l'explicitation des consignes et critères d'évaluation (dans une perspective formative) » précise Patricia Champy-Remoussenard (2002 : 3-5).

9. On rappellera, notamment, la confusion que cristallise le terme de « reconnaissance des acquis », entre le principe de justice sociale qu'il recouvre (possibilité offerte à tout individu de se voir reconnaître ses acquis actuels, quelle que soit leur origine) et son usage institutionnel, qui est plus sélectif.

transformations induites par la VAE incitent à interroger les processus de formation existants et les modalités de construction des nouveaux parcours de professionnalisation. Une analyse fine des situations de travail, permettant d'identifier et de décrire le contenu des activités de service, contribuerait à une réflexion prospective sur ces questions. En particulier, à partir de l'élucidation des logiques d'actions qui s'y développent, cette analyse amènerait à réfléchir aux articulations possibles entre les divers types de certification disponibles aujourd'hui, l'accès à l'emploi, et la mobilité professionnelle des individus. La compréhension des positionnements présents et envisagés de ces anciens EJ à l'égard des connaissances et compétences mobilisées dans l'exercice de leurs activités de service, ainsi qu'à l'égard de leur reconnaissance et de leur validation, ouvre la voie à de nouvelles recherches qui contribuent sans doute à renouveler, selon une recomposition pertinente et une combinaison plus adaptée, l'offre des diplômes et des parcours de formation existants.

Références

Aubret J., Gilbert P., 1994, *Reconnaissance et validation des acquis*, Paris, Presses universitaires de France.

Barkatoolah A., 1989, « L'apprentissage expérientiel : une approche transversale », *Éducation Permanente*, n°100/101, pp.47-55.

Brucy G., Ropé F., 2000, *Suffit-il de scolariser ?*, Paris, Éd. de l'Atelier.

Champy-Remoussenard P., Rothan B., 1999, « De la mise en mots du travail à l'analyse des pratiques professionnelles : la formation des étudiants de Licence de Sciences de l'Éducation », *Recherche et Formation*, INRP, n°32.

Champy-Remoussenard P., 2002, « Formations en alternance et écritures de l'expérience professionnelle », Paris, Actes de la première conférence internationale du CERALTES, pp.1-5.

Champy-Remoussenard P., 2003, « L'écriture sur les pratiques professionnelles, modalité d'analyse des situations de travail et pratique de formation », Perspectives Documentaires en Éducation, L'écriture entre recherche et formation, n°58, 2003, pp.33-40.

Champy-Remoussenard P. (dir.) 2004, *La reconnaissance de l'expérience professionnelle dans les activités de service pour une population d'anciens emplois-jeunes*, Paris, CPC Documents, 2004/4, ministère de l'Éducation nationale.

Charraud A.-M., 1999, « Reconnaissance, validation, certification. Principes et concepts dans le champ de la formation », *Éducations*, n°18-19, pp.65-69.

Clot Y., Ballouard C., Werthe C., 2000, *La validation des acquis professionnels : nature des connaissances et développement*, Paris, CPC Documents, 2000/4, ministère de l'Éducation nationale.

Dumont J.-L., Schmitt C., 2001, « Que faire de mon expérience ? », *Pratiques de formation/Analyses*, n°41-42, pp.119-130.

Farzad M., Paivandi S., 2001, « De la validation (VAP) à la valorisation des acquis de l'expérience (VAE) », *Pratiques de formation/Analyses*, n°41-42, pp.25-43.

Kirsch E., Savoyant A., 1999, « Évaluer les acquis de l'expérience, entre normes de certification et singularité des parcours professionnels », *Bref CEREQ*, n°159, pp.1-4.

Lahire B., 1998, « Logiques pratiques. Le "faire" et le "dire sur le faire" », *Recherche et formation*, n°27, pp.15-28.

Laroche A., 2003, *La reconnaissance et la validation des acquis, aujourd'hui : des repères à l'appréhension de ses modalités, pour une démarche d'élucidation de ses enjeux*, Mémoire de DEA sous la direction de P. Champy-Remoussenard, université Nancy 2.

Lenoir H., 2002, « Considérations sur l'expérience et sa valeur sociale », *Éducation Permanente*, n°150, pp.63-78.

Lucas J.-M., Retiere J.-F., 2001, « Des activités singulières sont-elles solubles dans un référentiel ? », *Éducation Permanente*, n°146, pp.151-159.

Madoui M., 2002, « Éducation permanente et validation des acquis professionnels : enjeu social, défi éducatif », *Éducation Permanente*, n°150, p.107-125.

Prot B., 2001, « Sur quelques conditions sociales du développement de la conscience dans les activités de travail », *Éducation Permanente*, n°146, pp.127-142.

Vermersch P., 1994, *L'entretien d'explicitation en formation initiale et en formation continue,* Paris, ESF éditeur.

SERVICES, COMPÉTENCES ET CERTIFICATIONS. LES ÉVOLUTIONS DE L'OFFRE DE DIPLÔMES PROFESSIONNELS DANS LE SECTEUR DES SERVICES

Fabienne MAILLARD

La question de la certification des compétences est aujourd'hui au cœur du débat social. La hausse générale du niveau d'éducation et les changements qui ont eu lieu ces dernières années dans le système d'emploi et dans les organisations productives ont rendu nécessaire la détention d'une, voire de plusieurs certifications, qu'il s'agisse de diplômes, de titres ou d'autres formules (comme les certifications d'entreprises ou des certificats de qualification professionnelle). Le nouveau modèle de gestion des ressources humaines intitulé « modèle compétences », qui donne aux compétences individuelles la place occupée auparavant par les qualifications pour répondre à une « *interrogation (...) sur la nature des acquis mobilisés au travail que la notion de qualification n'arrive plus à cerner de façon pertinente* » (Lichtenberger, 1999)[1], repose pour une grande part sur la certification de ces compétences, autrement dit sur leur reconnaissance traduite dans un document officiel (Dupray, Guitton et Monchatre, 2003). Être compétent ne suffit plus pour conserver son emploi ou être promu, encore faut-il pouvoir en faire la preuve. Or, cette preuve ne semble plus pouvoir être donnée par un certificat de travail ou par une attestation d'employeur, comme c'était le cas il n'y a encore pas si longtemps, mais par une certification institutionnelle, si possible estampillée par l'État. En conséquence, c'est non seulement pour avoir accès à l'emploi après la sortie du système éducatif que la possession de diplômes et autres certifications est devenue indispensable, mais aussi pour conserver une place sur le marché du travail et assurer la linéarité de sa carrière professionnelle.

L'importance donnée à la certification s'observe dans la démultiplication des diplômes, titres et certificats qui a cours depuis une vingtaine d'années. Un véritable champ de la certification s'est ainsi constitué, autant à l'adresse des jeunes en formation initiale que des adultes en activité. Traditionnellement investi par les ministères et par les organismes de formation, il

1. Même s'il n'est pas question ici d'entrer dans la polémique qui oppose les défenseurs du modèle « qualification » aux promoteurs du modèle « compétences », on doit souligner cependant que l'interprétation proposée par Yves Lichtenberger se prête au débat, dans la mesure où elle technicise un problème essentiellement social.

s'est élargi aux branches professionnelles, productrices de certificats de qualification professionnelle (CQP). Si le nombre des certifications ne cesse de s'accroître, c'est aussi parce que celui des institutions habilitées à certifier augmente. En effet, nombreuses sont les instances qui délivrent désormais des « certifications », ce mot englobant toutes les formes existantes de « parchemins »[2].

Pour réguler ce champ et en même temps consacrer sa légitimité et son autonomie, la loi de modernisation sociale de janvier 2002 a créé une nouvelle structure, la Commission nationale de la certification professionnelle, ainsi qu'un Répertoire national des certifications professionnelles. Elle a aussi mis en place la procédure de Validation des acquis de l'expérience (VAE), généralisée à l'ensemble des certifications[3]. Instigatrice d'un changement social profond, cette loi fait de l'accès à la certification un droit individuel et de la certification un bien susceptible de devenir commun. Pour cela, elle divise formation et certification, instaurant un champ de la certification indépendant du champ de la formation, et reconnaît à l'activité professionnelle ou expérientielle une valeur formative. La loi impose aussi l'usage du mot « certification », qui se substitue peu à peu au mot « formation ». Comme Lucie Tanguy nous le rappelle avec force (Ropé et Tanguy, 1994), le choix des mots n'est pas anodin : c'est bien à une transformation des rôles dévolus à la formation et à la certification dans notre système social que l'on assiste.

Ce rôle crucial accordé à la certification invite à considérer autrement l'offre nationale de certifications, que certains jugent pléthorique et beaucoup trop diversifiée, alors que d'autres la trouvent insuffisante et plutôt mal adaptée aux activités émergentes comme aux évolutions du travail. L'adaptation de cette offre au nouvel ordre certificatoire suscite maintes interrogations et polémiques. Souvent adressées au ministère de l'Éducation nationale, les critiques portent beaucoup depuis quelques années sur le domaine des services, qui serait mal pris en compte dans les *curricula* des diplômes professionnels. Obsolescence des diplômes, décalage des compétences, immobilité de l'offre de diplômes… orientent régulièrement les jugements formulés sur les diplômes professionnels, malgré le travail permanent de rénovation et de prospective qu'engagent les Commissions

2. On désigne par cet intitulé tous les documents qui attestent de la délivrance d'une certification. Ces certifications peuvent provenir d'organismes de formation privés, d'entreprises, d'écoles d'entreprise, d'instances de l'État, de branches professionnelles. Il n'existe pas de conditions pour la délivrance de certifications. Il en existe en revanche pour l'inscription au Répertoire national des certifications professionnelles, qui accorde le label de l'État.
3. Alors que la Validation des Acquis Professionnels, instituée par le ministère de l'Éducation nationale en 1992, était réservée aux diplômes technologiques et professionnels du ministère.

professionnelles consultatives responsables de la construction des diplômes[4]. Issues d'employeurs ou de représentants de syndicats de salariés, de telles critiques sont également formulées par des chercheurs ou par des acteurs institutionnels. Les questions soulevées par le dispositif « nouveaux services-nouveaux emplois » et par la VAE (par quelle certification faire valider des compétences acquises *in situ*[5] ? Ces compétences peuvent-elles toutes correspondre à une certification existante ?) viennent renforcer leur influence. Par les difficultés qu'elles mettent à jour, ces critiques demandent qu'on leur accorde une attention particulière. Pour mieux saisir leur sens, on s'interrogera ici sur l'éventuelle dimension lacunaire de l'offre de diplômes professionnels dans le domaine des services, puis l'on étudiera la manière dont la professionnalité et les compétences de service sont envisagées dans les référentiels de certification. La troisième partie se préoccupera des liens entre certification et qualification, liens que la loi de modernisation sociale présuppose et voudrait pouvoir garantir. Partant des diplômes professionnels du ministère de l'Éducation nationale, sur lesquels on dispose de connaissances approfondies (Maillard, 2003), la réflexion s'élargira ainsi à la relation certification/emploi dans le monde des employés.

Une offre de certification lacunaire pour le domaine des services ?

Les chercheurs qui analysent le secteur des services et certains représentants de syndicats de salariés soucieux d'assister à une distribution de plus en plus généreuse des diplômes et titres en tous genres, dénoncent volontiers la pénurie de certifications ou l'inadaptation des diplômes disponibles dans le domaine des services. Dans des ouvrages récents publiés à l'instigation du Commissariat général du plan, par exemple, il est fait mention du manque de certifications correspondant à certaines compétences liées à des activités de service, que ces ouvrages traitent des emplois et des qualifications dans les services en général (« Services : compétences orientées vers le client », 2001), des évolutions de la population active (« Avenirs des métiers », 2002), ou de l'influence sur les compétences et les emplois des technologies de l'information et de la communication (« Les métiers face aux technologies de l'information », 2003). Cette insuffisance de certifications concernerait tous les niveaux de formation, du niveau V au niveau I.

4. Ces commissions paritaires, qui sont rattachées à la Direction de l'enseignement scolaire (DESCO), rassemblent des représentants des pouvoirs publics, des partenaires sociaux et des experts pour créer, rénover et supprimer les diplômes professionnels, du CAP au BTS. Il existe à ce jour 20 Commissions Professionnelles Consultatives, qui gèrent plus de 600 diplômes. Aucun diplôme ne peut voir le jour sans avoir reçu l'avis de la CPC compétente.
5. *Cf.* la contribution de Brigitte Pagnani dans cet ouvrage.

Difficultés à définir les frontières des services et méconnaissance de l'offre de certification

Dans la mesure où la Commission nationale de la certification professionnelle, créée par la loi de modernisation sociale, recensait plus de 14 000 certifications professionnelles en 2003, le constat d'un défaut de certifications dans le domaine des services suscite une certaine perplexité. On peut s'interroger sur la nature du manque incriminé. En effet, quelles sont les certifications indispensables qui n'existent pas actuellement dans l'offre disponible ? Et comment interpréter cette évocation continuelle du manque ? Sachant que tous les ministères dispensent des certifications intégrées dans les services et qu'il existe un véritable marché de la formation et de la certification dans ce domaine[6], l'idée d'une pénurie apparaît *a priori* un peu... décalée. Une part élevée des 600[7] diplômes professionnels qui dépendent du ministère de l'Éducation nationale sont dédiés aux services. Si le nombre de diplômes est plus élevé pour l'industrie et certaines activités artisanales que pour les services, les spécialisations très fines caractérisant encore une part importante des emplois dans l'industrie, le bâtiment ou la production alimentaire, les activités tertiaires sont néanmoins largement représentées. L'idée d'une incomplétude de l'offre se heurte par ailleurs à la critique systématiquement adressée au ministère de l'Éducation nationale sur la pléthore de diplômes (Gauron et Sauvageot, 2003).

C'est plutôt à la méconnaissance de l'offre existante que l'on peut imputer la mention de son insuffisance. Cette méconnaissance tient probablement aux difficultés d'accès à l'information, à la faible structuration de cette information – que le nouveau Répertoire des certifications professionnelles voudrait résoudre –, au caractère parfois abscons des intitulés de diplômes, elle repose sans doute aussi sur la manière dont chacun définit le champ des « services », qui ne recouvre pas nécessairement les mêmes activités pour les uns et pour les autres. L'intitulé de « services » prête à confusion et donne une unité arbitraire à cet espace constitué de réalités très différenciées. En rassemblant dans un même cadre des emplois qui ont peu d'éléments communs, sur lesquels on manque de données qualitatives et pour lesquels les grilles d'analyse issues de l'observation du travail industriel s'avèrent mal adaptées (même si l'on peut parler à juste titre d'industrialisation de certains services et y reconnaître des formes connues

6. Les chambres de commerce et d'industrie (CCI), les organismes de formation privés proposent une liste importante de titres divers, à coûts variables. Ces titres concernent en grande partie le commerce, le secrétariat et l'informatique. De très grandes entreprises internationales, comme Microsoft, vendent par ailleurs des certifications spécifiques, indispensables à l'usage de leurs produits.
7. Nombre approximatif.

d'organisation du travail et de mobilisation des compétences, comme c'est le cas dans la restauration rapide et les centres d'appel), on renforce la complexité de l'approche. Comme le souligne Jean Gadrey (2003), les problèmes de frontières entre industrie et services et à l'intérieur même du domaine des activités tertiaires rendent difficile l'évaluation de la croissance des services et de leurs emplois. Ces problèmes se révèlent dans les terminologies employées, qui peuvent apparaître comme plus ou moins orthodoxes. Alors que Jean Gadrey, éminent spécialiste de la socio-économie des services choisit d'utiliser indifféremment les mots « tertiaire » et « service » pour désigner le même objet, ce recours s'avère plus problématique au sein du ministère de l'Éducation nationale, où le terme « tertiaire » désigne surtout le « tertiaire administratif », c'est-à-dire ce qui se rapporte au secrétariat, à la comptabilité et aux activités des banques et des assurances. Parmi les Commissions professionnelles consultatives, le tertiaire administratif, les soins aux personnes du type esthétique et coiffure, le commerce et l'hôtellerie-restauration sont clairement circonscrits et disposent chacun d'une CPC particulière. En revanche, les autres activités tertiaires se répartissent entre différentes commissions. La sécurité, le nettoyage, l'aide à domicile, les soins aux enfants, la médiation… sont intégrés avec d'autres activités dans plusieurs commissions. Il n'existe donc pas de CPC « Services », pas plus que de commissions spécialisées pour les services aux personnes ou pour les services aux entreprises, ce qui n'empêche pas l'existence d'une pluralité de diplômes.

Les « services » n'ont pas une identité strictement définie et leur organisation interne suscite bien des questions. Les distinctions courantes que l'on peut opérer entre services aux personnes et services aux entreprises, services marchands et services non-marchands ne résolvent pas les difficultés que l'on rencontre pour catégoriser les activités professionnelles. Malgré tous les efforts entrepris ces dernières années pour améliorer les nomenclatures, qu'elles traitent des activités économiques, des professions ou des spécialités de formation, certains obstacles demeurent. La manière dont sont classés les formations et les diplômes illustrent ces difficultés, qui concernent aussi bien la catégorisation du domaine d'activité que l'emploi : par exemple, la réparation automobile, activité de service, est considérée par le ministère de l'Éducation nationale comme un secteur d'activité industriel et, à ce titre, rattaché à la CPC de la métallurgie ; dans la restauration, les cuisiniers sont classés par l'INSEE parmi les ouvriers parce qu'ils ont une activité de production, mais les titulaires du CAP Agent polyvalent de restauration, qui exercent dans les cuisines et dans les salles de restauration, peuvent figurer parmi les ouvriers ou les employés. En tant qu'opérations sociales de sélection et d'identification (Bourdieu, 1994), ces exercices de classification ont des effets concrets : les choix réalisés pour répertorier les diplômes font varier l'importance d'une catégorie (industriel/tertiaire, ouvriers/employés). Le nombre des diplômes appartenant à chaque catégorie, comme celui de leurs titulaires, dépend de ces marquages.

Étendue et évolutions de l'offre de diplômes

Alors que les diplômes industriels dépendent d'un nombre limité d'instances certificatrices, la situation est très différente pour les diplômes de service. Tous les organismes et institutions présents dans le champ de la certification ou presque délivrent des « parchemins » destinés à des activités de service. C'est vrai aussi pour les instances de l'État, puisqu'une grande part des diplômes accessibles ne dépendent pas du ministère de l'Éducation nationale mais d'autres ministères, comme les diplômes de la santé et du social, de l'éducation sportive et de l'animation. Cependant, même si sa légitimité sur ces domaines est réduite, le ministère de l'Éducation est présent sur l'assistance aux personnes ou sur la sécurité (en collaboration avec le ministère de l'Intérieur), dans quelques interstices réservés. En dépit de ce que revêtent les notions d'« État » et de « service public », et malgré l'image parfois monolithique que l'on peut avoir de l'État centralisateur, le partage des responsabilités en matière de certification se dérobe à toute vision uniformisante. Plusieurs ministères délivrent des certifications, mais tous ne possèdent pas les mêmes droits dans cet exercice. Si les diplômes du ministère de l'Éducation, du ministère de l'Agriculture, du ministère de la Santé et, depuis la loi de 2002, du ministère du Travail sont inscrits de droit dans le Répertoire national des certifications professionnelles, ceux du ministère de la Défense doivent passer par une procédure officielle d'habilitation avant d'obtenir le label de l'État. La gratuité de l'accès aux diplômes n'est pas non plus garantie par l'État, ce qui explique le coût relativement élevé des brevets délivrés par le ministère de la Jeunesse et des Sports tels que le Brevet d'Aptitude aux Fonctions d'Animation (BAFA). Les territoires propres à chaque ministère imposent des découpages qui n'ont pas forcément grand-chose à voir avec la réalité des organisations et des exercices professionnels ou avec les logiques de service public. Et s'il arrive que certains projets soient construits en commun, la tradition va plutôt vers la clôture. Une telle segmentation ne facilite pas l'accès à la connaissance de l'offre de certification. On remarque en outre quelques étrangetés dans l'espace des certifications occupé par l'État : le diplôme le plus important en volume d'inscrits du ministère de l'Agriculture est un diplôme de niveau V de services à la personnes ; quant au ministère du travail, il prépare par le biais de l'Association pour la Formation Professionnelle des Adultes (AFPA) à des diplômes parfois très proches par leur cible et par leur contenu de ceux de l'Éducation nationale, les distinctions résidant dans la composition des publics visés : en exclusivité des adultes pour l'AFPA, toutes sortes de candidats pour le ministère de l'Éducation nationale[8].

Lorsqu'on observe la liste des diplômes professionnels de l'Éducation nationale, on remarque qu'il existe un nombre important de diplômes réservés aux services. Ces diplômes s'inscrivent la plupart du temps dans des filières, autrement dit le même type de spécialité peut caractériser des diplômes de niveau V, de niveau IV et de niveau III. C'est le cas entre autres de la vente, de l'esthétique, du nettoyage, de l'hôtellerie-restauration, qui disposent de filières complètes allant du CAP au BTS. Officiellement, chaque diplôme correspond à une qualification particulière au sein d'un même espace d'activités : alors que le titulaire du CAP exerce un emploi d'exécution simple, le titulaire du baccalauréat professionnel est doté d'une certaine autonomie et peut même encadrer une petite équipe. La réalité est cependant beaucoup moins finement découpée, les emplois auxquels conduisent les diplômes de niveau V et de niveau IV dans le secteur des services se regroupant dans cette catégorie vaste et particulièrement opaque qu'Alain Chenu nomme « l'archipel des employés »(1990). Ces difficultés pour distinguer les emplois et les qualifications, cerner l'espace d'autonomie et d'initiative propre à chaque niveau de formation, attisent la critique relative à la surproduction de diplômes. Elles posent également la question de la pertinence des niveaux de formation. Alors que les diplômes de niveau V sont aujourd'hui centrés sur des tâches relativement simples d'exécution, pour bien les dissocier des diplômes d'autres niveaux, les enquêtes en entreprises mettent à mal les délimitations construites, qui apparaissent formelles et arbitraires par rapport à l'activité réelle de travail (Maillard, 1994). Le découpage hiérarchisé des diplômes, dans certaines spécialités tertiaires, semble ainsi davantage corrélé aux publics en formation qu'à une représentation fidèle des organisations du travail.

Si la structuration de l'offre de certification en niveaux et en filières répond davantage à une logique de formation qu'à une logique d'emplois et de qualifications, la sphère du travail occupe néanmoins une place essentielle dans la politique des diplômes. Le souci qu'ont les Commissions professionnelles consultatives de faire évoluer l'offre des diplômes génère une

8. On rappelle que si les jeunes en formation initiale, lycéens et apprentis, constituent la majorité des candidats aux diplômes professionnels, les populations des aspirants aux diplômes sont néanmoins très composites. Les candidats libres, les adultes passés par la formation continue, les candidats à la VAE représentent une part importante des candidats, part qui varie selon les diplômes et selon les spécialités. Les adultes se révèlent très nombreux dans les spécialités de l'aide aux personnes et de la vente. Après avoir rassemblé le plus grand nombre de candidats adultes, le CAP a été supplanté depuis 1998 par le BTS.

dynamique en contradiction totale avec l'image d'immobilité parfois accolée au ministère de l'Éducation nationale. La liste des diplômes change en permanence, et les demandes de création de nouveaux diplômes ne s'interrompent jamais. La participation des partenaires sociaux à la construction des diplômes et à leur reconnaissance dans les conventions collectives impose au ministère de l'Éducation nationale une vigilance précautionneuse, à la fois pour éviter que se multiplient les diplômes particularistes et pour faire en sorte que les diplômes élaborés conquièrent leur place sur le marché du travail. Ces opérations sont difficiles à mener, comme on a déjà eu l'occasion de le montrer, tout particulièrement dans le tertiaire (Maillard, 2002). L'audace de certaines décisions, l'imprécision de certaines demandes, la capacité de versatilité des organisations professionnelles et l'insatisfaction que peuvent éprouver les employeurs après avoir expérimenté de nouveaux « produits », sont autant de facteurs de risque pour un nouveau diplôme. Dans le domaine des services, où la concurrence entre diplômes généraux et diplômes professionnels est fréquente, ces risques sont accrus. Les enjeux que représente la valorisation des diplômes en termes de rémunération, de classification et de carrière produisent en outre des engagements mitigés de la part des entreprises. Ainsi, leur contribution à la création d'un nouveau diplôme et à la définition de ses objectifs ne constitue pas une garantie pour la reconnaissance de ce diplôme sur le marché du travail.

Telle qu'elle se présente, l'offre de certification professionnelle du ministère est le résultat des initiatives prises par les partenaires sociaux et par les représentants des pouvoirs publics, comme des luttes d'influence que se livrent les différents acteurs. La quête d'adaptation aux évolutions de l'emploi s'articule aux logiques institutionnelles propres à l'Éducation nationale – scolarisation de masse, poids des corps enseignants, rôle de l'Inspection générale (Fourcade, 1997) – et aux autres organes de l'État. Elle se heurte au partage institutionnel du champ des services, par secteurs, professions (une part d'entre elles sont réglementées) et par niveaux de formation (le territoire sur lequel intervient l'enseignement supérieur est ainsi beaucoup moins délimité que celui des diplômes professionnels). Toutes ces dimensions ne concourent pas à rendre très claire l'organisation interne des diplômes et des filières. Mais une autre difficulté s'y ajoute, celle qu'éprouvent les constructeurs des diplômes à définir la professionnalité de certains emplois de service et à repérer – et c'est le cas pour le dispositif « Nouveaux services, emplois-jeunes » – les véritables innovations qui interviennent dans l'univers du travail.

De nouveaux diplômes pour de nouvelles professionnalités ? Les compétences relationnelles et la transversalité des compétences en question

Quelle que soit l'institution dont elle dépende, la mise en place d'une offre de certification tournée vers les services bute sur le flou qui caractérise les « nouveaux métiers » et les « nouvelles compétences ». Si la question des nouveaux emplois est une question récurrente pour les analystes du travail et pour les institutions qui délivrent des certifications, les problèmes que posent l'indétermination des frontières entre activités et la définition de certaines compétences dites « de service » donnent à cette question une ampleur particulière. De plus, la référence à un nouveau paradigme productif rendant nécessaire le développement de nouvelles compétences centrées sur l'autonomie, la polyvalence, l'adaptabilité, le travail en équipe et la relation au client dans l'ensemble des organisations productives, ne simplifie pas l'analyse. En effet, comment identifier ces dimensions censées figurer dans la plupart des emplois, quels que soient leur domaine d'activité et leur niveau de qualification ? Qu'est-ce qui constitue alors le cœur du métier dans les emplois de service exercés par les employés ?

À la recherche des nouveaux métiers

L'idée d'une inadaptation de l'offre de diplômes aux évolutions du travail et de l'emploi trouve sans doute une part de son ancrage dans le nombre assez réduit des créations *ex nihilo* intervenues depuis une quinzaine d'années. Bien que de nombreux diplômes aient été institués, leur part de nouveauté ne s'impose pas immédiatement. Orientés vers des activités existantes comme celles qu'exercent les nourrices, les gardiens d'immeubles, les agents de restauration collective ou les agents de sécurité, ils s'inscrivent davantage dans une logique de reconnaissance de la professionnalité de ces emplois que dans une perspective d'innovation. Plus qu'à l'émergence de nouveaux métiers c'est à la transformation d'emplois en métiers que l'on assiste (Piotet, 2003), transformation à la fois sanctionnée et autorisée par la mise en place de diplômes d'État. Les « vrais » nouveaux métiers se font beaucoup plus rares, malgré l'abondance des nouveaux intitulés dont rendent compte toutes les enquêtes statistiques sur l'emploi. Les travaux menés par l'INSEE et par différents chercheurs dans le cadre du « Groupe prospective des métiers et des qualifications » du Commissariat général du plan[9] montrent bien que la

9. Créé officiellement en 1997, ce groupe interministériel et paritaire, auquel participaient également différents chercheurs et experts, a été à l'origine de plusieurs publications. Chargé d'élaborer une prospective des métiers et des qualifications, ce groupe s'est beaucoup préoccupé des nouveaux métiers et des certifications susceptibles d'y conduire. Les principales publications figurent dans la bibliographie.

diffusion de nouvelles appellations professionnelles n'a pas nécessairement de lien avec l'arrivée de nouveaux métiers. Les recherches conduites en entreprises à l'initiative de ce groupe pour objectiver ces métiers et les compétences qu'ils mobilisent concordent : ce sont moins souvent de nouveaux métiers qui se constituent actuellement que de « nouvelles logiques professionnelles » (Pichault, 2002), fondées sur la recomposition de métiers existants. Les résultats du dispositif « Nouveaux services, emplois-jeunes » s'inscrivent dans le même sens, c'est pourquoi ils n'ont pas abouti à la création des nouveaux titres attendus. Bien que certains besoins aient pu être répertoriés, comme ceux dont rendent compte les auteurs des chapitres qui précèdent ou ceux auxquels répondent les assistants d'éducation (ex aide-éducateurs), aucune révélation n'a vraiment eu lieu. Par ailleurs, comme les nouvelles fonctions mises en valeur semblent pouvoir être occupées sans dommage par des titulaires de diplômes existants, la mise en place de nouvelles certifications par les instances de l'État apparaît peu justifiée.

Aidés par des études commanditées afin de les éclairer, les services centraux du ministère de l'Education nationale adoptent une attitude de circonspection face à l'engouement que suscitent certaines découvertes. Quelques expériences négatives renforcent cette position de principe. L'apparition de nouveaux métiers est trop régulièrement contredite peu après sa proclamation pour favoriser sans conditions l'irruption de nouveaux diplômes. L'histoire récente met ainsi cruellement en valeur l'inanité des propos qui prédisent depuis vingt ans la création de dizaines de milliers d'emplois dans l'environnement, les services aux personnes ou la médiation. Les confusions entre l'émergence de besoins et la création de nouveaux emplois alimentent ces discours de futurologie, qui ont peu à voir avec la raison scientifique. Comme le ministère de l'Éducation nationale n'a pas vocation à créer des formules éphémères et qu'il doit garantir la valeur professionnelle de ses diplômes, son activité de construction de certifications ne peut se soumettre aux pressions et emballements divers dont les media se font le relais enthousiaste. Ce besoin de disposer d'éléments robustes et ses missions de service public expliquent ce que certains considèrent comme une forme de malthusianisme.

La part faite aux compétences de service dans les diplômes

Malgré la rareté relative des nouveaux métiers, les compétences centrées sur le service ne sont pas absentes des diplômes existants. Leur prise en compte s'étend à la plupart des diplômes récemment rénovés, même lorsqu'ils dépendent du secteur industriel. L'insistance des employeurs sur la nécessité d'incorporer des compétences qu'on a pendant un temps seulement appelées des « savoir-être » dans les *curricula* a poussé les acteurs institutionnels à accorder une place croissante à ces compétences dans les référentiels. Une étude approfondie des référentiels de certification montre leur importance (Maillard, 2003). Elle souligne aussi leurs différentes formulations, les contenus multiples que peut recouvrir la catégorie des compétences transversales, ainsi que les chevauchements repérables entre les savoirs généraux, les savoirs associés et les savoir-être. L'identification des limites entre savoirs et compétences reste une difficulté pour les concepteurs des diplômes, car l'essence de la compétence professionnelle dans le champ des services comporte une large part d'énigme. Ainsi, bien que la tertiarisation de l'économie date de quelques décennies et que le développement des services constitue un objet continu d'intérêt depuis les années 80, les compétences fondatrices de nombreux emplois dits « de service » ne sont pas toutes encore précisément définies. Pour qualifier les compétences qui relèvent de la relation à autrui tout en faisant partie de manière intrinsèque de l'exercice professionnel, on parle de « savoir-être », de « compétences d'interaction », de « compétences relationnelles » ou de « compétences de marché » (Combes, 2002), formules dont le sens reste le plus souvent à construire. Les savoir-être ont un contenu plus large que les compétences de marché, qui rassemblent compétences organisationnelles, compétences techniques et relation au client. Quant aux compétences relationnelles, elles peuvent concerner l'ensemble du collectif de travail associé aux clients et aux usagers, ou s'arrêter à ces deux dernières figures. Ces « nouvelles » compétences se diffusent néanmoins très largement, en prenant des contours multiples. Dans le CAP de cordonnier récemment rénové par exemple, une nouvelle compétence professionnelle vient d'être ajoutée : celle de « relations professionnelles », liée au travail en équipe et aux relations collectives en général. Les initiatives se multiplient, produisant de nouvelles catégories de compétences et de nouveaux intitulés. Autrement dit, bien que les savoir-être et les compétences relationnelles soient présents dans les référentiels depuis leur origine, au début des années 80, il n'existe pas au sein du ministère de l'Éducation nationale une culture commune propre à les identifier.

En dépit de tous les efforts réalisés pour établir leurs propriétés et les distinguer de l'aisance sociale, du dévouement ou des facultés d'empathie auxquelles on les réduit volontiers (l'innéisme conservant une large audience dans notre société), l'identification des compétences de service reste à la fois un parcours d'obstacles et un sujet de controverse. Malgré son ancienneté relative, puisqu'on l'attribue au sociologue américain Erving Goffman (1968), la notion de « compétence de service » reste une notion difficile à élucider. Porteuse de multiples représentations dont beaucoup sont ancrées dans l'histoire, histoire des femmes comme histoire de la domesticité, elle apparaît comme un objet social en soi. Le fait qu'on lui substitue parfois l'expression de « compétences sociales » montre bien l'ampleur de la difficulté : le social et le professionnel s'entremêlent, dans une relation qui peut aussi bien être dialectique que fusionnelle. Le passage du « savoir-être » aux « compétences » représente cependant un progrès dans la conceptualisation, dans la mesure où l'inscription dans le registre des compétences professionnelles d'aptitudes à « mettre en relation » signale une césure entre socialisation individuelle et socialisation professionnelle[10]. En effet, cette césure veille à mettre en valeur le caractère professionnel de compétences qu'on identifie encore trop souvent comme des qualités liées à l'éducation, voire comme des qualités « naturelles » (en général propres aux femmes, majoritaires dans les métiers de service). Séparer ce qui relève de l'écoute, de la communication, du relationnel dans l'activité professionnelle des acquis de la prime éducation ou de la nature humaine permet d'envisager autrement ces aptitudes et les conditions de leur formation.

Toutefois, il n'est pas certain que les tentatives d'éclairage des notions utilisées à propos des activités de service suffisent à résoudre les difficultés que rencontre la mise en forme des diplômes. D'autres obstacles se superposent. La création du baccalauréat professionnel « Service-assistance-conseil » en est une illustration exemplaire. Créé à la demande de plusieurs très grandes entreprises publiques pour répondre au besoin d'une activité transversale d'orientation et de conseil (dans les gares, les aéroports, les services après-vente…), ce baccalauréat s'avère peu reconnu par les entreprises, qui ne parviennent pas à lui donner une véritable identité professionnelle. Un cœur de métier centré sur des compétences relationnelles dans un diplôme professionnel de niveau V ou de niveau IV n'apparaît pas très pertinent aux yeux des employeurs, qui réclament finalement plus de compétences techniques. La polyvalence, le sens de la relation et l'adaptabilité sont souvent corrélées, dans les représentations des employeurs, à des origines sociales particulières ou à des niveaux supérieurs de formation. En conséquence, le débat reste ouvert sur ce qui constitue la professionnalité dans les activités d'exécution : quelles compétences doivent primer, lesquelles sont périphériques ? Un métier peut-il exister à partir de compétences définies comme « transversales » ? Un nouvel obstacle s'ajoute alors : sur quelles disciplines « accrocher » ces compétences, qui ne constituent pas une entité de savoir spécifique ? Comment y former, en fonction de quels contenus, avec quelles méthodes et par quels enseignants ? Même si formation et certification sont dissociées, peut-on faire figurer dans un référentiel de certification des

10. *Cf.* la contribution de Patricia Champy-Remoussenard dans ce même ouvrage.

compétences auxquelles la formation ne saurait pas préparer ? Tant que ces difficultés ne seront pas résolues, le statut et la place des compétences de service dans les diplômes poseront problème.

Certification et qualification

En mettant en valeur la nécessité pour les individus de posséder au moins une certification, la loi de modernisation sociale présente la détention de certifications comme une condition indispensable à l'employabilité. Principe de précaution contre les aléas du marché du travail, elle constituerait une garantie individuelle d'insertion et de mobilité professionnelle. Elle serait à la fois protection individuelle et protection collective, grâce aux effets attendus contre l'exposition au chômage et contre l'exclusion. En rendant l'information sur les compétences des individus plus transparente, elle devrait favoriser l'appariement entre individus et emplois et améliorer les trajectoires professionnelles. La certification apparaît ainsi comme un élément fondateur du fonctionnement du marché du travail, à partir du principe que les diplômes ont largement contribué à la construction de la qualification professionnelle (Cornu, 2001). Cependant, comme en France la relation diplôme-emploi est très peu régulée, cette conception de la certification fortement inspirée par la sociologie des professions interroge. Si la possession d'un diplôme est devenue depuis une vingtaine d'années une condition indispensable pour accéder à l'emploi, elle ne garantit pas pour autant l'accès à une classification professionnelle déterminée. Et le fait que les publics les plus fragiles sur le marché du travail, parmi les jeunes débutants comme parmi les adultes expérimentés, soient en priorité constitués d'individus non diplômés, ne permet pas d'affirmer que la certification protège contre les licenciements et la mobilité imposée.

Contrairement à une idée répandue, qui trouve sans doute son origine dans la confusion qui persiste entre les employés et les petites classes moyennes, c'est dans le domaine des services que la relation diplôme-emploi est la plus lâche. Les phénomènes de dérégulation que l'on observe dans les emplois d'ouvriers (Beaud et Pialoux, 1999) accompagnent depuis longtemps le développement des services[11]. Ils ont été masqués par la croissance des activités et du nombre des emplois, par l'augmentation du taux d'activité féminin, mais aussi par la confusion que l'on fait volontiers entre les « employés » et les « cols blancs ». A partir des enquêtes annuelles

11. Ce sont surtout les travaux sur le genre et l'inégalité sexuelle qui abordent ce sujet. L'essor des services, l'émergence de nouveaux besoins et de nouveaux emplois, l'impact des technologies de l'information et de la communication ont davantage attiré leur attention.

sur l'emploi de l'INSEE, Pierre Concialdi et Sophie Ponthieux nous signalent que les nouveaux travailleurs pauvres sont surtout des femmes, principalement des employées, car c'est dans les activités de services que le travail à temps partiel s'est le plus développé et que les salaires sont les plus bas (Concialdi et Ponthieux, 1999). Comme le pouvoir syndical y est également peu développé et que les femmes employées se mobilisent peu pour la défense de leurs droits, les caractéristiques négatives se multiplient. En font partie le déclassement et des carrières sans envergure. La dernière enquête générationnelle du Centre d'études et de recherches sur les qualifications (« Génération 98 ») montre que la hausse du niveau d'éducation a eu davantage d'effets sur les exigences des employeurs au moment du recrutement que sur les classifications et sur les salaires. Dans les services, les diplômes qui protègent le mieux les femmes sont supérieurs au niveau III. Plutôt efficaces contre le chômage, ils n'empêchent pas le déclassement. Comme un même emploi peut être occupé par des individus aux profils différents, une concurrence exacerbée oppose les personnes en quête d'emploi.

L'imprécision de ce que revêtent les compétences de service se retrouve dans la définition des emplois, principalement ceux d'employés. Principale catégorie socioprofessionnelle, la catégorie des employés regroupe près de 8 millions d'actifs dont on a du mal à discerner le niveau de qualification professionnelle (Burnod et Chenu, 2001). Les débats qui agitent actuellement le ministère de l'Emploi sur la détermination de l'emploi non qualifié mettent en valeur l'opacité des modes de classification des entreprises, qui n'hésitent pas à répertorier dans un même ensemble des individus diplômés du supérieur et des non-diplômés. Dans la mesure où les employés sont en majorité des femmes, il est difficile de ne pas relier les difficultés d'objectivation que l'on rencontre à la manière dont notre société considère le travail des femmes. Activités de service, compétences de service sont historiquement liées au travail des femmes et aux prétendues qualités naturelles qui les prédestineraient aux soins et à l'éducation. En l'absence d'une reconnaissance de la composante professionnelle de ces activités et de ces compétences, il apparaît difficile d'envisager une valorisation des certifications. En revanche, il est possible que la détention de plusieurs certifications devienne une obligation pour trouver du travail ou garder son emploi.

Malgré sa dimension volontariste, la loi de modernisation sociale ne pourra avoir de réelle influence sur la reconnaissance des certifications. Créer des certifications, quel que soit leur modèle, et leur accoler un niveau ne permet pas de garantir leur valeur sur le marché du travail. Aujourd'hui, aucune instance certificatrice ne peut se prévaloir de telles garanties, même lorsque les certifications sont citées dans les grilles de classification des conventions collectives, comme c'est le cas des CQP et d'un grand nombre de diplômes professionnels. Confronté au pouvoir discrétionnaire de l'employeur (Caillaud, 2000), l'individu en recherche d'emploi peut difficilement faire valoir ses droits et devenir l'entrepreneur de sa propre carrière comme l'y incite la loi.

Conclusion

L'appréciation que l'on porte sur la pertinence des certifications en place dépend de la perspective dans laquelle on se situe : adéquation diplôme-emploi, transversalité des certifications versus spécialisation, création de nouveaux diplômes en réponse à l'apparition de nouvelles activités, individualisation des formes certificatives adaptées à la pluralité des compétences... Ces approches divisent les observateurs car elles mettent en jeu des conceptions différentes de la certification. Les dimensions politiques, philosophiques et morales s'articulent trop sensiblement pour favoriser l'objectivité.

Vouloir démocratiser l'accès à la certification et envisager la certification comme un élément fondateur de la qualification professionnelle, comme le fait la loi de janvier 2002, revient à négliger l'autonomie du marché du travail et des employeurs, qui semblent peu disposés aujourd'hui à associer certifications et emplois. Ils sont plus enclins en revanche à réclamer des certifications pour favoriser leurs recrutements ou organiser la mobilité. En l'absence de modes de régulation plus définis – et plus strictement appliqués – entre certification et qualification, le rôle des entreprises restera déterminant. Pour ce qui concerne le domaine des services, un important travail de reconnaissance des qualifications reste à entreprendre. Face à des qualifications floues, les certifications auront peu de chance en effet d'acquérir une valeur stable. Un tel travail doit être mené par les partenaires sociaux avec la contribution de l'État qui est à l'initiative de plusieurs conventions collectives dans les services (Jobert et Tallard, 1997) –, mais il doit aussi être accompli par les chercheurs, qui ont tout un ensemble d'interrogations à affronter. À ce titre, l'analyse des activités qui ont été celles des emplois-jeunes et des compétences qu'ils ont mobilisées représente un pas important dans l'identification de ces interrogations et de leurs multiples dimensions.

Références

Beaud S., Pialoux M., 1999, *Retour sur la condition ouvrière*, Paris, Fayard.

Bourdieu P., 1994, *Raisons pratiques*, Éd. du Seuil.

Burnod G., Chenu A., 2001, « Employés qualifiés et non – qualifiés : une proposition d'aménagement de la nomenclature des catégories socioprofessionnelles, *Travail et Emploi*, 86, pp. 87-105.

Caillaud P., 2000, *Le diplôme*, Thèse en droit privé, Université de Nantes.

Chenu A., 1990, *L'archipel des employés*, Repères, Paris, Éd. La Découverte.

Combes M.C., 2002, « La compétence relationnelle : une question d'organisation », *Travail et Emploi,* 92, pp. 5-18.

Concialdi P., Ponthieux S., 1999, « L'emploi à bas salaire : les femmes d'abord », pp. 23-42, *Travail genre et sociétés*, 1999, Paris, Éd. L'Harmattan.

Cornu R., 2001, *Éducation, savoir et production*, Presses de l'Université de Bruxelles.

Goffman E., 1968, *Asiles*, Paris, Éd. de Minuit.

Commissariat Général du Plan, Groupe Prospective des métiers et des qualifications, 2001, *Services : organisation et compétences tournées vers le client – Pour une lecture transversale des CEP tertiaires*, Paris, Documentation française.

– 2002, *Avenirs des métiers*, Paris, Documentation française.

–2003, *Les métiers face aux technologies de l'information*, Paris, Documentation française.

Dupray A., Guitton C., Monchatre S., *Réfléchir la compétence*, Toulouse, Octarès.

Gadrey J., 1992, *Socio – économie des services*, Repères, Paris, Éd. La Découverte, 2003.

Gauron A., Sauvageot C., 2002, « Avenir des métiers, avenir du système éducatif », *CPC-Info,* 37, ministère de l'Éducation nationale, pp.13-14.

Fourcade B., 1997, « La création des premiers baccalauréats professionnels de la métallurgie : maintenance, productique, électrotechnique », pp.105-148, *in* : Möbus M. et Verdier E. dir, *Les diplômes professionnels en Allemagne et en France – conception et jeux d'acteurs*, Paris, Éd. L'Harmattan.

Jobert A., Tallard M., 1997, « Politiques de formation et de certification des branches professionnelles en France, pp.77-91, *in* : Möbus M. et Verdier E. dir, *Les diplômes professionnels en Allemagne et en France – conception et jeux d'acteurs*, Paris, Éd. L'Harmattan.

Lichtenberger Y., 1999, « Compétence, organisation du travail et confrontation sociale », *Formation-Emploi*, 67, pp.93-108.

Maillard F., 1994, «CAP-BEP, association ou concurrence – Le cas des formations de la vente», *Formation-Emploi*, 47, pp.59-72.

Maillard F., 2002, « Les diplômes du tertiaire – Une politique ambiguë », pp.125-137, *in* : Moreau G. dir., *Le patronat, l'État et la formation des jeunes*, Paris, Éd. La Dispute.

Maillard F., 2003, « Les référentiels des diplômes professionnels – Une mise en valeur de leurs enjeux sociaux », *Revue française de pédagogie*, 145, pp.63-76.

Pichault F., 2002, *TIC et métiers en émergence*, ministère de l'économie, des finances et de l'industrie, DIGITIP, Collection Chiffres Clés-Analyses.

Piotet F., 2002, *La révolution des métiers*, Le lien social, Paris, Presses universitaires de France.

Tanguy L., 1994, « Rationalisation pédagogique et légitimité politique», pp.23-53, *in* : Ropé F., Tanguy L. dir, *Savoirs et compétences*, Paris, Éd. L'Harmattan.

Annexes

RÉSUMÉS ET MOTS CLÉS

CONFIGURATIONS D'ACTIVITÉS DES EMPLOIS-JEUNES ET DEVENIR DES NOUVEAUX SERVICES

Patricia CHAMPY-REMOUSSENARD
Pierre HIGELÉ, Brigitte PAGNANI

Résumé. — Le dispositif « Nouveaux services, emplois-jeunes » a donné l'occasion à un certain nombre de jeunes adultes de faire l'expérience d'activités de travail plus ou moins nouvelles. Nous avons cherché à comprendre quelles étaient ces activités et mis en évidence des configurations d'activités résultant de la pluriactivité dominante dans leurs situations de travail. Tout en décrivant ces formes de pluriactivité, à partir des entretiens réalisés auprès des emplois-jeunes en Lorraine, nous proposons une réflexion plus large sur divers enjeux qui lui sont attachés en termes de condition de travail et d'emploi, de valorisation de l'expérience, de formation et de qualification. Cette contribution pose également les questions et problèmes d'ordre épistémo-méthodologiques associés à une perspective d'analyse d'activités de travail émergentes, dans le contexte d'une expérimentation sociale largement médiatisée et traversée d'enjeux économiques, sociaux et ploitiques.

Mots clés. — Situations de travail, pluriactivité, analyse du travail, activités émergente, nouveaux services, formation.

EXPÉRIENCES DE TRAVAIL ET DYNAMIQUES DE PROFESSIONNALISATION

Anne FLYE SAINTE MARIE, Pierre ANDRÉ DUPUIS

Résumé. — À partir des témoignages de quinze jeunes salariés dans le cadre du dispositif « Nouveaux-Services Nouveaux Emplois », nous avons découvert des perceptions du statut d'emploi-jeune et des regards sur l'expérience de travail très hétérogènes. Pour la moitié des jeunes concernés, l'emploi-jeune était perçu comme jouant un rôle positif de tremplin vers un emploi définitif ou comme permettant d'accéder à de nouvelles compétences. Pour tous ceux-là, l'emploi-jeune a permis d'installer une image positive de soi et une réelle confiance en l'avenir. Pour quelques-uns, l'emploi-jeune a été appréhendé comme une utile solution d'attente leur permettant de voir leurs compétences reconnues et de prendre confiance en soi. Il reste pourtant quelques jeunes ayant vécu leur emploi-jeune sur le registre de la déception et de l'inquiétude quant à l'avenir professionnel.

Mots clés. — Rapport au travail, professionnalisation, compétences, reconnaissance, image de soi.

LES EMPLOIS-JEUNES DANS LES ASSOCIATIONS LORRAINES : LES NOUVEAUX MÉTIERS DU CHAMP ASSOCIATIF ?

Vincent MEYER

Résumé. — Cette contribution reprend les principaux résultats d'une recherche réalisée de mai 2001 à janvier 2002 auprès de correspondants locaux de professionnalisation en région Lorraine et de neuf associations œuvrant dans le champ dit des services à la personne. Elle présente une modélisation de l'impact du dispositif Nouveaux services-Emploi-jeune (EJ) dans le champ associatif centrée sur les positionnements respectifs des acteurs associatifs et des personnes sous contrat EJ.

Mots clés. — Emplois-jeunes, formation, associations, professionnalisation, nouveaux métiers.

LES EMPLOIS-JEUNES DANS LE MONDE DU ROCK EN LORRAINE : FACTEURS DE CHANGEMENT ?

Fabien HEIN

Résumé. — Le « monde » du rock lorrain se compose de « l'ensemble des individus et des organisations dont l'activité est nécessaire pour produire les événements et les objets qui sont caractéristiques de ce monde » (Becker, 1983 : 404). Le dispositif emplois-jeunes a constitué pour ce « monde » une opportunité de stabiliser professionnellement un certain nombre d'activités et d'individus. Sur la base d'une enquête ethnographique menée auprès d'un échantillon d'acteurs du dispositif, cet article propose de revenir sur un processus de professionnalisation en action, qui, pendant un temps, a été perçu par ses acteurs, comme un moyen de modifier en profondeur le fonctionnement de ce monde, en même temps qu'il leur permettait d'y envisager une carrière professionnelle. Cet article entend conserver la mémoire de cette période.

Mots clés. — Emplois-jeunes, monde du rock, marché du travail, changement, professionnalisation.

TRANSFERT ET RECONNAISSANCE DES COMPÉTENCES DES ANCIENS EMPLOIS-JEUNES DANS LE SECTEUR DES SERVICES

Pierre-André DUPUIS, Anne FLYE SAINTE MARIE

Résumé. — L'analyse de la nature, des conditions, et des limites du transfert des compétences d'un emploi à un autre reste abstraite si elle n'est pas référée à l'analyse des activités et des situations de travail. Mais la reconnaissance et la valorisation des compétences jouent aussi un grand rôle dans la façon dont elles peuvent s'intégrer dans des dynamiques personnelles et professionnelles leur donnant un sens au-delà des circonstances particulières de leur mise en œuvre, ce qui est en outre un facteur de motivation. Malgré un statut parfois vécu comme dévalorisant, l'emploi-jeune a pu, à ces conditions, constituer une première expérience significative de travail, surtout lorsque la formation a contribué à construire une « méta-compétence » de transfert.

Mots clés. — Transfert, compétences, reconnaissance, expérience.

VERS LA RECONNAISSANCE DES COMPÉTENCES CONSTRUITES *IN SITU* : UN ENJEU DE PROFESSIONNALISATION POUR LES EMPLOIS-JEUNES ?

Brigitte PAGNANI

Mots clés. — Compétence, expérience, reconnaissance, formation, transfert.

Résumé. — Le programme « Nouveaux Services - Nouveaux Emplois » constitue un analyseur intéressant de l'évolution du rapport emploi-formation dont l'ajustement est recherché, aujourd'hui, au travers de la valorisation et de la reconnaissance de l'expérience et des compétences. La question qui se pose est celle de la formalisation de ces compétences quand, de surcroît, l'objectif en est l évaluation. À partir de quelle représentation de la compétence sont-elles formalisées ? Sur quelle grille d'analyse s'appuie-t-on pour les formaliser ? L'enjeu est de taille. Cette contribution rend compte des résultats de trois recherches qui portent sur la tentative de caractérisation et d'analyse des compétences qu'une centaine de jeunes sous contrat « emploi-jeune » ont développées dans des emplois de service, à partir de leurs représentations propres. Il résulte que les compétences sociales sont prépondérantes dans ces emplois et qu'elles se construisent dans les situations de travail dans une logique de professionnalisation. S'agissant d'emplois nouveaux, émergents ou reconfigurés, et devant l'acuité du problème de l'insertion durable des jeunes sur le marché de l'emploi, la question de la reconnaissance de ces compétences sociales apparaît incontournable.

Mots clés. — Compétence(s), expérience, professionnalisation, validation des acquis de l'expérience, savoir-faire sociaux.

UNE POPULATION D'ANCIENS EMPLOIS-JEUNES MOBILISANT DES COMPÉTENCES RELATIONNELLES DANS LES ACTIVITÉS DE SERVICE

Patricia CHAMPY-REMOUSSENARD

Résumé. — Les compétences « relationnelles » ont fait, pour les anciens emplois-jeunes interviewés à l'occasion de la recherche « La reconnaissance de l'expérience professionnelle dans les activités de service pour une population d'anciens emplois-jeunes », l'objet de processus de transfert depuis les activités de l'emploi-jeune vers les activités qu'ils exercent actuellement dans différents secteurs professionnels. Leur construction est présentée comme résultant quasi exclusivement des situations de travail et elles ne semblent rien devoir à la formation institutionnelle. Enfin, elles s'avèrent particulièrement difficiles à formaliser, à reconnaître et donc potentiellement à valider. La réflexion proposée pose un certain nombre de questions liées à la position consensuelle exprimée par les interviewés à propos de ces compétences relationnelles.

Mots clés. — Relation de service, compétences relationnelles, formation, formalisation.

VALIDER L'EXPÉRIENCE ACQUISE PAR D'ANCIENS EMPLOIS-JEUNES DANS LE SECTEUR DES SERVICES : QUELS ENJEUX ?

Alexandra LAROCHE

Résumé. — Aujourd'hui, par l'acte de valider, il s'agit de faire acquérir un statut à cette forme particulière d'apprentissage dont relèvent les « savoirs d'action ». Aussi, avons-nous tenté de comprendre quel regard était porté sur ce nouveau mode d'accès au diplôme par une population d'anciens Emplois-Jeunes, en raison de ses caractéristiques en correspondance étroite avec les conditions d'accès à la validation instituées par la loi de modernisation sociale du 17 janvier 2002. Dans cette perspective, le dispositif « Nouveaux, Services, Emplois-Jeunes » constitue un analyseur pertinent des usages et effets potentiels des pratiques de validation et de reconnaissance des acquis élaborées par le ministère de l'Éducation nationale.

Mots clés. — Acquis de l'expérience, compétence, emploi-jeune, mise en mots, reconnaissance, validation, valorisation.

SERVICES, COMPÉTENCES ET CERTIFICATIONS. LES ÉVOLUTIONS DE L'OFFRE DE DIPLÔMES PROFESSIONNELS DANS LE SECTEUR DES SERVICES

Fabienne MAILLARD

Résumé. — En dépit du nombre élevé de titres et de diplômes professionnels en place dans le champ des services, l'offre de certifications est régulièrement jugée inadaptée aux besoins des entreprises comme des individus. Le caractère récurrent de ces critiques, qui semblent relativement indifférentes aux évolutions de la carte des diplômes comme de leurs contenus, met en valeur les problèmes que posent l'identification et la définition du champ des services, de ses emplois, mais aussi des compétences nécessaires aux activités professionnelles. Souvent attribués aux institutions qui construisent des diplômes, ces problèmes sont intrinsèquement liés aux modes de reconnaissance du travail dans les activités de service, reconnaissance que la certification ne suffit pas à établir.

Mots clés. — Services, certification, référentiel, compétences relationnelles, professionnalité, qualification.

PRÉSENTATION DES AUTEURS

Patricia CHAMPY-REMOUSSENARD
Maître de conférences en sciences de l'éducation
Équipe de recherche sur les acteurs de l'éducation et de la formation (ÉRAEF)
Université Nancy 2
patricia.remoussenard@univ-nancy2.fr

Pierre André DUPUIS
Professeur en sciences de l'éducation
Équipe de recherche sur les acteurs de l'éducation et de la formation (ÉRAEF)
Université Nancy 2
Dupuis@univ-nancy2.fr

Anne FLYE SAINTE MARIE
Maître de conférences en sciences de l'éducation
Équipe de recherche sur les acteurs de l'éducation et de la formation (ÉRAEF)
Université Nancy 2
anne.flye.sainte.marie@univ-nancy2.fr

Fabien HEIN
Doctorant en sociologie
Équipe de recherche en anthropologie et sociologie de l'expertise (ÉRASE)
Université de Metz
fabio21@club-internet.fr

Pierre HIGELÉ
Professeur en sciences de l'éducation
Équipe de recherche sur les acteurs de l'éducation et de la formation (ÉRAEF)
Université Nancy 2
Higele@univ-nancy2.fr

Alexandra LAROCHE
Doctorante en sciences de l'éducation
Équipe de recherche sur les acteurs de l'éducation et de la formation (ÉRAEF)
Université Nancy 2
Laroche.Alexandra@wanadoo.fr

Fabienne MAILLARD
Direction de l'enseignement scolaire, ministère de l'Éducation nationale
Laboratoire Savoirs et Socialisations en Éducation et Formation,
Université de Picardie
fabienne.maillard@education.gouv.fr

Vincent MEYER
Maître de conférences HDR en sciences de l'information et de la communication
Centre de recherche sur les médiations (CREM)
Université de Metz
vmeyer@sha.univ-metz.fr

Brigitte PAGNANI
Doctorante
Ingénieur d'études au Cuces-Universités de Nancy
Équipe de recherche sur les acteurs de l'éducation et de la formation (ÉRAEF)
Université Nancy 2
Brigitte.pagnani@wanadoo.fr

Bertrand SCHWARTZ
Professeur émérite en sciences de l'éducation
Délégué honoraire à l'insertion des jeunes
mseparis@wanadoo.fr

TABLE DES MATIÈRES

Achevé d'imprimer sur les presses de
France Quercy - 46001 Cahors

Imprimé en France

N° d'impression : 43117
Dépôt légal : décembre 2004